KB019876

놀다 보면
크는 아이들

일러두기

- 이 책은 2014년 3월부터 2018년 12월까지 58회 동안 〈개똥이네 집〉에 '놀이하는 아이들'로 연재한 글을 '놀이'와 '재미'를 관련지어 다시 구성하였습니다.
- 이 책에 나오는 어린이 이름은 모두 바꾸었습니다.
- 이 책에 실린 사진 대부분은 필자가 어린이들이 놀이하는 모습을 찍은 것입니다. 필자가 제공하지 않은 사진은 제공 기관과 개인을 밝혀 놓았습니다.

놀다 보면
크는 아이들

이상호 글

열두 가지 재미를 품은 놀이의 세계

보리

놀이를 지도하지 않아도 되는 날이
올 것이라 믿으며

길을 지나가다 아이들이 놀고 있으면 가던 걸음을 멈추고 놀이 이야기에 귀를 세운 지 벌써 30년이 넘었다. 그런데도 장님 코끼리 만지듯 놀이를 제대로 알지 못해 씨름하고 있다. 그래도 놀이의 본질은 재미라는 사실을 온몸과 마음으로 깨닫게 되어 다행이다.

놀이에 관심을 갖기 시작하던 1987년에 놀이연구회 '놂'을 만들고 10년 동안 여러 놀이를 알아갔다. 그 뒤 20년은 놀이 하나하나가 어떤 재미를 가지고 있는지 탐구하는 시간이었다. 대학원에서 공부도 하고, 여러 모임에서 공부하면서 재미의 실체는 파악했지만 놀이와 재미의 관계를 또렷하게 정리할 수 없어 아이들이 노는 모습을 지켜보며 답을 찾는 과정을 되풀이했다.

이 책은 재미에 대해 고민하고 탐구한 결과물로, 놀이의 재미를 열두 가지로 묶었다. 자기가 어려서 놀았던 경험에 견주어 동의하지 못할 수도 있고, 지나치게 단순화시켜 놀이의 본질을 왜곡했다고 생각하는 독자도 있을 것이다. 그럼에도 아이들에게 놀이를 가르치거나 함께 놀 때 재미까지 느낄 수 있도록 가르쳐야 한다는 점을 말하고 싶었다. 보통은 놀이방법이나 규칙을 가르치는 데 그치는 경우가 많기 때문이다.

2015년 전국 시도 교육감이 모여 '어린이놀이헌장'을 만들면서 교육계를 중심으로 사회 전반에서 어린이의 놀 권리 보장을 위해 노력했다. 시도마다 놀 권리 조례를 만들어 제도적 장치를 마련했지만 아이들이 운동장이나 공터, 놀이터에서 노는 모습은 늘지 않았다. 오히려 핸드폰 게임중독에 시달리는 아이들이 많아진 것이 현실이다. 이를 지켜보면서 놀 권리는 선언이나 주장으로 보장될 수 없다는 것을 다시 한번 확인하였다. 그렇다면 무엇을 어떻게 해야 할까?

1970~80년대에는 학교 운동장과 골목에 노는 아이들이 넘쳐났다. 한쪽에서는 그때처럼 놀 시간을 주고 아이들 마음대로 놀게 내버려 두면 놀이가 살아날 거라고 말한다. 그러나 시계를 거꾸로 돌릴 수 없듯이 달라진 사회, 문화 현실을 외면할 수 없다. 달라진 놀이환경을 받아들이고 이에 맞는 대안을 찾아야 한다.

자생적이고 자발적인 놀이가 더 이상 구현되기는 어려운 현실이다. 그렇다면 놀이의 본질인 재미를 느낄 수 있도록 지원하는 것이 우선되어야 한다. 아이들은 재미를 느껴야 다시 놀기 때문이다. 그다음에 놀 시간과 놀 공간을 마련해 주는 것이 순서다.

2021년, 민간자격정보서비스에 따르면 놀이 관련한 자격증을 발급하는 기관이나 단체가 1,364곳에 이른다. 전래놀이지도사 자격증을 발급하는 곳은

152곳으로 가장 많고, 전통놀이, 책놀이, 숲놀이, 자연놀이, 생태놀이, 노인놀이, 가족놀이, 다문화놀이같이 다양한 영역에서 놀이지도사를 길러내고 있다. 이와 별도로 게임지도사는 279곳에서 자격증을 발급하고 있어 놀이, 게임 지도사가 넘쳐난다. 이들은 학교 방과후 프로그램이나 특별활동, 지역아동센터, 문화 공간에서 놀이를 지도하면서 아이들의 놀이를 지원하고 있다.

현실적으로 이들이 다양한 영역에서 놀이를 지도할 때가 아이들이 놀기에 가장 좋은 조건이다. 이때 아이들이 놀이방법이나 규칙을 체험하는 것이 아니라 재미있게 놀 수 있도록 해야 한다. 지도사들과 함께한 놀이가 너무 재미있어서 주변 아이들과 스스로 어울려 놀 수 있게 된다면 재미의 또 다른 표현인 '또 하고 싶다'가 이루어질 수 있다.

놀이하는 아이들의 마음이 달라져야 그동안 어렵게 조성된 놀이시간 확보, 놀이 공간 마련이 의미가 있다. 놀이는 재미있어야 한다는 평범한 진리가 다양한 형식과 내용, 주제에서 실현될 때 아동의 놀 권리가 조금씩 보장될 수 있으리라 생각한다.

이 책은 모두 3부로 되어 있다. 1부는 놀이에서 재미가 어떻게 작동하는지 중심 원리와 함께 놀이를 소개하였다. 열두 가지 재미에 대해 간추려 설명하고 아울러 그 원리가 담긴 놀이를 소개함으로써 이해를 돕고자 하였다. 1부가 사람과 사람의 관계 맺기와 관련된 재미라면 2부는 자연이라는 주변 환경과 소통하면서 얻을 수 있는 재미를 담았다. 사람이 자연에 적응하는 과정에서 놀이가 어떻게 이바지하는지를 중심으로 다뤘다. 3부는 어른이 아기와 함께 놀아주는 놀이를 중심으로 다뤘다. 육아 경험이 부족한 오늘날 아기 엄마들에게 아기에게 놀이가 왜 중요하고 어떻게 놀아줘야 하는지를 소개했다. 놀이의 재미가 대상에 따라 조금씩 달라 3부로 나눴음을 밝혀 둔다. 부록에서는 본문에 다 담지 못한 놀이방법을 소개했다. 본문에서 다루지 않은 놀이도 더러 담았으니 놀이방법을 자세히 알고 싶은 독자는 참고하기 바란다.

이 책이 나오기까지 많은 사람들이 애써 주었다. 보리출판사의 〈개똥이네 놀이터〉는 5년 동안 달마다 연재할 수 있도록 기회를 주었는데 이 책은 이를 고치고 다듬은 것이다. 연재하는 처음부터 끝까지 서툰 원고를 읽고 경험을 보태 조언한 양정자 선생님은 또 다른 필자다. 그리고 놀이 현장에서 찍은 사진을 선뜻 내어주신 강성복 박사님, 아기 노래를 사용할 수 있도록 해주신 김숙경 교수님께도 감사드린다. '놀이는 이래서 재미있어요' 하며 몸으로 마음으로 깨우쳐 준 수많은 아이들에게도 머리 숙여 인사드린다. 그 아이들이 노는 모습이 이 책에 실렸는데 일일이 허락받지 못했다. 놀이로 더 나은 세상을 꿈꾸는 나를 이해해 주리라 믿는다.

놀이연구회 '놂' 선생님들, 사단법인 '놀이하는사람들'에서 함께 했던 많은 이들, '품놀이협동조합'의 조합원님과 회원들 한명 한명을 찾아뵙고 인사드리지 못하고 지면으로 고마움을 전한다.

충주 영죽리에서
이상호

2부 자연과 하나되는 재미

3부 아기 놀이

1부

재미있어야
논다

나는 어릴 적에 잘 놀았다. 학교에서는 쉬는 시간과 점심시간마다 놀았고, 학교가 끝나면 가방을 집에 던져 놓고 누나가 밥 먹으라고 부르러 올 때까지 놀았다. 추워도 더워도 놀았고, 엄마에게 혼나가며 종일 놀았다. 그렇게 놀다 보니 어느새 어린 시절이 지나갔다. 아마 1970~80년대에 어린 시절을 보낸 사람들은 나와 비슷할 것이다.

이제는 상황이 바뀌어 마을에서, 학교 운동장에서, 놀이터에서 노는 아이들이 사라지고 있다. 어른들이 놀지 못하게 하거나 놀 시간과 놀 공간이 주어지지 않기 때문이다. 오죽하면 유엔아동권리협약에 '모든 어린이는 충분히 쉬고 놀 권리가 있다'는 말이 들어갔을까. 예전이나 지금이나 아이들은 놀고 싶어 하고, 노는 것을 좋아한다. 놀이는 아이들 생활의 전부이며 본질이기 때문이다. 그렇다면 그냥 놀면 되는데 놀 수 없으니 문제다. 이런 상황이 오래가 아이들은 노는 것 자체를 포기하게 된다.

지금까지 놀이 회복을 위한 다양한 노력이 있었다. 1957년에 만들어진 '어린이헌장' 3항에 '어린이에게는 마음껏 놀고 공부할 수 있는 시설과 환경을 마련해 주어야 한다'는 항목이 들어갔다. '어린이헌장'이 1988년에 개정되면서 5항에 '어린이는 즐겁고 유익한 놀이와 오락을 위한 시설과 공간을 제공받아야 한다'는 것이 추가되었다.

2000년대에 접어들며 우리나라 어린이 삶이 경제협력개발기구(OECD) 국가 최하위를 기록해 사회문제로 대두되었다. 국가와 교육기관은 '놀이할 시간과 환경 부족'이 원인이라며 다양한 노력을 기울였다. 2015년에 전국 시도교육감협의회는 '어린이 놀이헌장'을 만들어 세상에 알렸다.

2016년에는 정부가 제정 공포한 '아동권리헌장' 8항에 '아동은 휴식과 여가를 누리며 다양한 놀이와 오락, 문화·예술 활동을 자유롭고 즐겁게 참여할 권리가 있다'고 명시하였다. 2017년에는 강원도를 비롯해 경상남북도, 인천에서 어린이의 놀 권리를 조례로 제정했다. 그러나 이런 노력에도 노는 아이들은 늘지 않았다.

오늘날 사회는 놀이환경이 좋았던 1970~80년대로 되돌아 갈 수 없고, 아이들에게 놀이시간과 안전하게 놀 공간을 제공해도 잘 놀지 못한다. 이런 상황에서 충분한 환경을 갖춘 방과후 활동, 돌봄 공간, 문화센터에서라도 어떻게 하면 아이들이 잘 놀게 할 수 있을까가 주요한 고민이다.

놀이의 재미를 알게 하는 것이 중요해

우리가 어린 시절 그렇게 잘 놀았던 까닭은 무엇일까? 30년 넘게 아이들과 놀고, 아이들이 노는 모습을 관찰하고, 놀이를 연구하다 보니 그 답은 명확해졌다. 노는 게 재미있기 때문이다. 아이들은 재미있다고 느낄 때 잘 논다. 재미는 주관적인 정서여서 개인의 경험이나 기호에 좌우되지만 특정 놀이가 전승된 것은 재미가 있어서이다.

그런데 놀이를 지도하는 사람들 가운데 아이들이 놀이를 재미없어 한다며 요즘 아이들은 우리 때와 다르다거나 안 놀아봐서 그런다고 여기기도 한다. 실제로는 그 놀이의 재미를 전달하지 못한 까닭이 더 클 것이다. 놀이를 할 줄 아는 것과 그 놀이가 갖는 재미를 느끼도록 알려주는 것은 다르다.

그렇다면 한 가지 놀이에는 여러 재미가 뒤섞여 있는데 그 놀이의 재미를 어떻게 느끼게 할까? 그 답은 뜻밖에 간단하다. 여러 재미 가운데 중심재미를 느낄 수 있게 놀이를 알려주면 된다. 중심재미란 그 놀이가 시작되고 끝날 때까지 일관되게 나타나는 재미이다. 그 밖에 놀이가 벌어지는 상황에 따라 생기거나 없어지는 재미를 보조재미로 구분하면 그 놀이의 재미를 이해할 수 있다. 숨바꼭질은 처음부터 끝까지 숨고 찾는 재미가 지속된다. 그래서 숨고 찾는 재미가 중심재미이고, 술래를 속이는 과정에서 옷을 바꿔 입거나 장소를 옮기면서 생기는 재미는 보조재미로 구분할 수 있다.

얼음땡에서는 쫓고 쫓기는 재미가 중심재미라면 술래가 다가올 때 "얼음!"을 외쳐 술래를 약 올리는 재미는 보조재미다. 숨바꼭질, 얼음땡은 놀이방법이 중심재미와 일치하지만 그렇지 않은 경우도 있다. 소꿉놀이는 아이가 엄마나 선생님을 흉내 내며 놀이가 이뤄지지만 누가 시켜서 억지로 할 때는 재미가 없다. 자기 역할에 몰입했을 때 재미를 느끼기 때문이다. 소꿉놀이의 중심재미는 역할 묘사가 아니라 자기와 대상을 동일시해서 그 역할을 표현할 때 오는 만족감이다. 억지로 아빠 역할을 맡은 동생은 진짜 엄마처럼 야단치는 언니가 느끼는 재미를 느끼지 못하는 것이다.

딱지치기나 구슬치기는 더 많은 딱지와 구슬을 따는 것이 중심재미라고 생각하기 쉽지만 하나라도 더 따려고 열중하고 몰입하는 아이는 딱지와 구슬을 많이 잃은 아이다. 딱지치기의 중심재미는 딱지를 잃고 싶지 않은 간절함에서 오는 소유욕인 것이다. 그래서 딱지치기를 알려줄 때는 딱지를 원하는 만큼 가져가게 하지 않고 정해진 개수를 나눠주고 규칙을 지키도록 해서 딱지를 잃지 않으려는 마음을 갖게 해야 한다. 딱지를 직접 만들면 딱지치기의 재미를 느끼는 데 더 가까워질 수 있다.

놀이의 열두 가지 재미

오랫동안 아이들이 노는 모습을 관찰하고 검토하면서 놀이의 중심재미를 열두 가지로 나눌 수 있게 되었다. 겨루는 재미, 자기를 표현하는 재미, 운에 기대는 재미, 아찔함과 어지럼의 재미, 익숙해야 느끼는 재미, 소유하는 재미, 어려움을 이겨내는 재미, 창작의 재미, 질서를 거스르는 재미, 쫓고 쫓기는 재미, 숨고 찾는 재미, 말놀이의 재미이다.

놀이의 중심재미는 인간의 특징과 놀이의 연관성에서 찾아야 한다. 인간은 사회적 특성과 동물적 특성을 가졌다. 아동기의 놀이는 인간이 갖춰야 할 동물적 능력을 획득하는 데 중요하다. 갓난아기는 스스로 일어서고, 걷기까지 수많은 연습을 거친다. 원하는 대로 손을 쓰려면 손의 근육을 훈련하는 과정이 필요하다. 놀이는 아이들이 살아가면서 필요한 능력을 갖추도록 한다. 놀이는 재미있기 때문에 또 하고 싶게 만든다. 그렇게 놀이를 반복하면서 동물적 능력들을 얻게 된다.

겨루는 재미를 통해서 지구력, 근력, 민첩성을 기르고, 아찔함과 어지럼의 재미는 균형감각과 뇌를 발달시킨다. 쫓고 쫓기는 재미와 숨고 찾는 재미는 이동능력을 높여준다. 이런 유형의 놀이는 종류도 많고, 놀이방법이 단순해 어린아이들이 많이 한다.

인간의 사회적 특성은 다른 사람들과 어울려 살아갈 수 있는 능력을 갖는 다는 점이다. 소꿉놀이에서는 자기를 표현하고 상대와 공감한다. 운에 기대는 놀이는 불평등한 위치나 조건에서 뒤집어 생각할 수 있는 능력을 길러준다. 소유하려는 욕구와 관련된 놀이는 소유하려면 어떤 규칙을 지켜야 하는지 알게 하여 법과 규칙, 질서로 욕구가 좌절될 때 받는 압박을 해소할 출구를 경험하게 해준다. 새로운 것을 창작했을 때 성취감을 경험함으로써 도전의식을 고취시킬 수 있다. 언어를 매개로 하는 놀이는 적절한 의사표현과 임기응변력을 비롯해 언어능력을 길러준다.

사회적·동물적 능력을 획득하는 과정은 복합적으로 발생한다. 편을 나눠 겨루는 놀이는 근력과 지구력 같은 동물적 능력이 더 많이 요구되지만 협동심과 리더십 같은 사회적 능력도 필요하다. 따라서 두 축이 맞물리면서 다양한 능력을 체득하게 된다. 한 가지 놀이에 작용하는 복합적인 보조재미들도 다양한 능력들을 기르는 지원군 역할을 하는 것이다.

놀이를 재미의 관점에서 접근하고 분류하는 것은 객관적 데이터에 근거한 양적 연구가 아니라 오랫동안 놀이를 지도해 온 경험과 교육적 역할을 고려한 질적 연구이다. 다시 말해 재미에 따른 놀이 분류는 달라진 놀이환경에서 어떻게 하면 아이들이 잘 놀 수 있을까 하는 고민에 대한 결과물이다.

예전에는 언니가 노는 것을 보고, 언니처럼 잘 하려고 혼자서 노력하다가 어느 순간 언니들 틈에 끼어 놀며 자연스레 재미를 느꼈다. '관찰-모방-숙달'의 과정이 순환되어 놀이가 이어졌다. 그래서 지금처럼 재미에 주목할 필요가 없었다. 지금은 아이들이 놀이를 관찰할 기회가 적어져 전승의 과정이 단절되었다. 누군가 놀이를 의도적으로 가르쳐야 하는 상황에서 어떻게 하는 것이 최선인가를 찾을 필요가 생긴 것이다.

놀면서 자라나는 아이들

놀이를 지도한다는 말이 거부감 들 수 있다. 놀이는 자기가 하고 싶어서 해야 되는데 가르친다는 것은 이를 거스르기 때문이다. 이런 주장은 타당해 보이지만 의도되고 계획된 시간과 공간 안에서만 놀 수 있는 오늘날 아이들에게 자발성과 자유만을 주고 알아서 놀기를 바라는 것은 무책임한 일이다. 아이들에게 밖에 나가 놀라고 하면 "뭐 하고 놀아요?" 하고 되묻는 형편이다.

놀이지도란 놀이방법을 가르치고 놀이의 시작부터 끝까지 진행하는 것이 아니다. 아이들이 스스로 재미를 느껴 놀이지도가 끝난 뒤에도 스스로 놀 수 있는 힘을 기를 수 있도록 지원하는 것이다. 제한된 기회라도 놀이에 재미를 느껴 즐겨 논다면 아이들은 자기의 몸을 자유자재로 움직일 수 있고, 자기의 마음을 다스릴 수 있으며, 주변 사람들과 잘 어울려 살아갈 수 있는 능력을 갖출 수 있다.

놀이지도자로서 오랫동안 놀이를 연구한 것은 아이들이 놀면서 즐거워하는 모습을 보는 게 좋아서만은 아니다. 아이들이 놀면서 커가는 모습을 보는 것이 더 큰 까닭이었다. 자기 뜻을 잘 표현하지 않던 아이가 자기 생각을 분명하게 말하는 모습을 보았고, 남 탓만 하던 아이가 자기 잘못을 인정하는 모습을 보았으며, 친구들이 싫어하던 짓만 골라 하던 아이가 고쳐 나가는 모습을 보았다.

그 아이들을 보면서 놀이가 가진 힘을 확인할 수 있었고, 이것이 오랫동안 놀이를 연구하고 널리 퍼트리는 일을 할 수 있는 원동력이 되었다. 놀면서 웃는 아이들을 보며 지금 행복한 아이가 미래에도 행복할 것이란 생각이 들었다. 그러나 아이들이 점점 놀지 못해 힘들어하는 모습을 지켜보면서 어떻게든 놀이를 되돌려 주어야 한다는 생각이, 신념이 되었다.

신념을 실현하기 위해 놀이방법을 알려주는 데 그치지 않고 재미까지 느낄 수 있도록 돕고 싶은 것이 이 책을 쓴 까닭이다.

겨루는 재미

놀이할 때는 서로 이기려고 겨룬다. 이기면 환호하고, 지면 억울해하면서 다시 도전한다. 이는 놀이를 지속시키는 동력이며 재미를 느끼는 요소다. 혼자 공기놀이를 하는 것보다 여러 사람과 서로 겨루는 것이 더 재미있는 까닭이기도 하다. 그래서 많은 놀이가 두 패로 나뉘어 겨루는 모습을 띤다.

편으로 나눠서 노는 아이들을 보면 저마다 상황을 판단하고 제 스스로 힘껏 맡은 일을 해낸다. 같은 편끼리는 협동하고 상대편과는 대립하면서 이기기 위해 최선을 다한다. 자기를 희생하여 자기편이 유리해진다면 기꺼이 스스로 헌신하기도 한다. 저마다 일사분란하게 움직이면서 자기가 가진 능력 이상의 힘을 발휘하기도 한다.

아무리 더워도 창문을 열라고 하지 않으면 창문을 꼭 닫고 땀을 흘리는 아이들이 많아졌다. 객관적 상황을 인지하지 못하고 누가 시키지 않으면 무엇을 어떻게 판단하고 행동해야 하는지 생각조차 안 한다. 이는 스스로 상황을 판단하지 못하고 다른 사람의 지시에 의존하면서 생긴 결과다.

알아서 판단하고 행동하는 능력도 반복된 경험과 시행착오를 거쳐서 획득해야 한다. 겨루기 놀이는 전체 속에서 자기를 객관화하는 능력을 길러 어떻게 처신하는 것이 최선인지 깨닫는 데 유용하다.

엎치락뒤치락 재미의 꽃 씨름

5학년 때였던 것 같다. 우리 반은 운동장 구석 모래판에서 틈만 나면 씨름을 했다. 샅바도 없이 서로 허리춤을 잡고 하는 씨름이었다.

이길 자신이 없던 나는 씨름을 피하고 있었는데 나와 덩치가 비슷한 조심성 많은 친구가 한판

씨름대회에 나선 어린이들이 겨루기를 하고 있다.

붙자고 했다. 해볼 만하단 생각에 응했는데 제대로 힘도 써보지 못하고 연거푸 졌다. 나도 오기가 생겨 계속 도전하다 보니 요령이 생겨 오른쪽으로 힘을 주는 척해서 친구가 오른쪽에 힘을 줄 때 왼쪽으로 힘을 몰아 쓰면서 다리를 걸어 넘어뜨리기도 했다.

요즘은 몸과 몸이 직접 닿는 놀이에 거부감이 있어 아이들은 씨름을 별로 좋아하지 않는다. 놀이로 즐기던 씨름은 이제 명절에 텔레비전으로 보는 민속운동이 되었다. 하지만 일정한 거리를 두고 겨루는 눈씨름, 팔씨름, 선씨름, 손바닥씨름, 돼지씨름, 다리씨름, 엄지씨름, 토끼씨름에는 관심을 보인다.

눈을 깜박이지 않고 오래 버티는 눈씨름은 이기든 지든 큰 부담이 없고 어디서든 쉽게 할 수 있어 인기가 좋다. 팔씨름은 힘이 맞지 않는 상대편과 겨룰 때는 팔목을 잡고 겨루면서 힘의 균형을 맞추기도 한다. 팔씨름에서는 팔꿈치

교실에서 팔씨름하는 아이들

를 움직이지 않는 것이 중요해서 상대편 팔꿈치 밑에 손을 대고 하기도 한다.

선씨름은 선 채로 서로 한쪽 발을 댄 채 손을 잡고 상대의 균형을 무너뜨리는 놀이다. 힘이 세다고 이기는 게 아니다. 상대의 힘을 적절하게 활용해 균형을 무너뜨리는 기술이 필요해서 결과를 쉽게 단정할 수 없다.

손바닥씨름은 일정한 거리를 두고 마주 서서 서로 손바닥을 부딪쳐 균형을 무너뜨리는 것이다. 마주 보고 어깨 넓이 만큼 발을 벌리고 손바닥을 상대쪽으로 밀거나 피하면서 놀이가 펼쳐진다. 팔을 뻗어 힘으로 밀어붙일 때 상대가 피하면 몸의 균형이 무너져 먼저 발을 떼게 된다. 상대의 움직임과 힘의 강약을 파악해서 능동적으로 대처해야 이길 수 있다.

돼지씨름은 쪼그려 앉아 팔을 다리 사

상대방의 힘을
이용하는 선씨름

손바닥씨름

돼지씨름의 기본자세 옆모습　　　　뒷모습　　　　겨루는 모습

이에 끼고 상대방과 부딪쳐 넘어뜨리는 놀이다. 정확한 자세를 취하지 않으면 엉덩이가 들리고, 그 상태에서 어기적 걷게 되면 엉덩이끼리 부딪치기 때문에 기본자세가 중요하다. 놀이하기 전에, 기본자세에서 좁은 걸음이나 콩콩 뛰면서 이동하는 연습을 해야 한다. 돼지씨름은 어른들도 즐겨 했다고 한다. 함께 일을 하러 가야 하는데 누군가 늦게 오면 그 사람을 기다리면서 겨뤘는데 누군가 벌러덩 넘어지면 한바탕 웃음이 넘쳤다.

그 밖에 무릎을 세우고 정강이끼리 마주 대고 넘어뜨리는 다리씨름, 서로 네 손가락을 엇갈린 채 엄지를 세워 상대를 제압하는 엄지씨름도 있다. 줄을 잡아당기며 겨루는 줄씨름, "찡꽁 빵꽁!" 하면서 서로 등을 맞대고 번갈아 숙이는 토끼씨름도 있다. 토끼씨름은 겨룬다기보다 즐기는 놀이다.

씨름은 힘이 한쪽으로 크게 기울면 재미없다. 따라서 힘이 엇비슷한 상대를 찾아 겨루는 것이 중요하다. 처음에는 여러 씨름을 여러 번 해보게 한 다음에 바둑돌을 열 개씩 나눠줬다. 그리고 바둑돌을 하나씩 걸고 토끼씨름을 먼저 한 다음에 어떤 씨름을 할지 서로 의논해서 씨름을 하게 했다. 토끼씨름은 서로가 몸을 부댄 뒤 겨루기를 이어갔으면 하는 마음에 먼저 하게 했다. 아이들은 익숙한 팔씨름으로 겨루기를 시작한다. 그리고 힘은 약한데 참을성이 많은 아이들은 눈씨름과 손바닥 씨름을 좋아하였다.

토끼씨름의 기본자세　왼쪽 사람 숙이기　　　　　오른쪽 사람 숙이기

겨루기에서 승부를 내는 방법은 토너먼트와 리그전이 있다. 토너먼트는 진 쪽이 바로 탈락하기 때문에 최종 승자를 가리기에 유리하지만 아이들이 가진 능력을 충분히 발휘하지 못하는 한계가 있다. 리그전은 참여자 모두와 겨룰 수 있지만 겨뤄야 하는 횟수가 많아 최종 승자를 가리는 데 시간이 많이 걸린다. 그래서 정해진 놀이시간이 끝났을 때 바둑돌을 가장 많이 가진 사람이 '씨름왕'이 되는 토큰제를 하게 되었다.

전통사회에서 황소를 걸고 벌어진 큰 씨름판은 지워내기 방식을 썼는데, 이기면 계속하고 지면 물러나는 것을 말한다. 선수가 따로 있는 것이 아니고 누구나 선수가 될 수 있다. 씨름판이 벌어지면 자연스레 아이들이 나서는데 이를 '애기 씨름'이라고 한다. 그러다가 청소년이 나오고, 시간이 지나면서 청년이 등장한다. 씨름판은 이때부터 달아오른다.

새로운 사람이 이기고 또다시 새로운 승자가 등장하면서 분위기가 고조된다. 누구든 상대를 이길 수 있다 싶으면 나서는 열린 판이기에 구경꾼은 좀더 몰입해서 선수와 한 덩어리가 된다. 연거푸 이겨서 도전할 사람이 없다고 판단되면 심판이 "판막음합니다." 하고 외칠 때 아무도 나오지 않으면 우승자가 되어 장사란 칭호와 함께 황소가 주어진다. 그런데 판막음하려고 할 때 새로운 사람이 등장하면 다시 판을 되풀이한다. 그곳에 있는 모든 사람이 도저히 도전할 엄두가 나지 않을 때 비로소 판이 끝나는 것이다.

씨름은 아이들이 꼴을 베다가도 미역 감으려고 물가에 갔다가도 나무하러 갔다가도 서로 허리춤을 잡고 힘과 재능을 겨루며 평소에 즐겨 하던 놀이였다. 이런 과정이 단오나 추석에 벌어지는 씨름판에서 실력으로 나타나는 것이다.

지금도 씨름하다 힘이 빠져서 친구 등짝에 머리를 얹었을 때 솔솔 풍기던 땀 냄새가 기억난다. 몸과 몸이 닿으면 왠지 모를 끈끈한 정이 흘렀다. 상대를 이기려는 마음도 있지만 겨루기 자체를 즐겼기에 이런 느낌이 들었던 것 같다.

자기편을 위해 최선을 다하는 오징어놀이

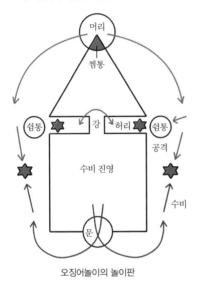

■ 공격편 동선 ■ 수비편 동선
★공격편과 수비편의 격전지

오징어놀이의 놀이판

오징어놀이는 땅에 그린 놀이판이 오징어와 비슷해서 붙은 이름이다. 땅놀이는 삼각형, 원, 사각형을 그려 노는데, 오징어놀이는 삼각형, 사각형, 원을 모두 그린다. 전국 어디에서나 많이 했던 놀이였는데 요즘은 거의 볼 수 없다.

그런데 이 놀이는 아이들끼리 강한 동료 의식을 느끼고, 겨루기에서 신명을 경험할 수 있어서 아주 중요하다.

오징어놀이는 편을 나누어 겨루는 대표적인 놀이로, 놀이 진행 상황을 파악해서 능동적으로 대처해야 하므로 고학년에 적합하다. 한두 번 해서는 놀이의 진정한 재미를 느낄 수 없어 열 번 이상 놀아봐야 한다. 그때가 되면 아이들끼리 놀이판을 그리고 놀게 된다.

공격편은 강을 건너면 두 발로 돌아다닐 수 있고, 수비편은 수비 진영 안에서만 두 발로 다닐 수 있다. 그래서 서로 공격권을 가지려고 겨룬다. 시간이 지나면서 두 편이 겨루는 중심 격전지가 바뀌어 역동성을 갖는다. 공격과 수비가 격돌하는 공간의 변화는 아래와 같다.

시간의 변화	처 음	중 반	마무리
주요 공간	밖, 강(빈번), 금을 사이에 두고 각자의 진영	밖, 강(약간), 문 주변	문 주위, 수비 주변

놀이가 시작되면 오징어 머리와 몸통 사이인 강이 처음 격전지가 된다. 공격편이 강을 건너면 두 발이 되기 때문에 수비편은 이를 막는 것이 중요하다. 놀이판 밖의 공유 영역에서는 강을 건넌 공격자는 두 발로 다니고, 강을 건너지 못한 공격자와 수비는 모두 앙감질(외발)로 움직여야 한다.

공격과 수비가 만나면 상대를 넘어뜨리거나 들고 있는 발을 땅에 닿게 하려 심한 몸싸움이 일어난다. 놀이가 진행되면서 공격편은 강을 건너는 수가 많아져 활동 영역이 커지고, 수비는 두 발의 공격자에게 죽기 쉽기 때문에 자기 진영으로 몰리게 돼 방어태세를 갖추게 된다.

공격편은 수비편을 금 밖으로 끌어내거나 앙감질로 돌아다니는 수비편을 죽이다가 문으로 쳐들어가 찜통까지 나아가 발을 찍으면 이긴다. 이기느냐 지느냐가 결정되는 상황 앞에서 두 편은 격렬한 몸싸움이 벌어진다. 이처럼 격전지가 바뀌면서 공격편은 강을 넘는 재미, 문 주변에서 공격하는 재미, 수비편은 강을 건너지 못하게 막는 재미, 문 주변에서 수비를 막는 재미가 자연스레 통일되어 재미가 최고조에 이른다.

천안에 있는 대흥초등학교에서 6학년을 가르치고 있을 때였다. 우리 반 아이들은 수업을 마치면 축구에 매달려 살았다. 축구는 뛰고 달리기 때문에 신체발달에 좋지만 아이들끼리 하는 동네 축구는 잘하는 사람은 더 잘하게 되고, 못하는 사람은 계속 못하게 돼 축구를 아예 하지 않는 아이들이 생긴다.

모든 아이들이 참여할 수 있는 놀이를 고민하다 오징어놀이 놀이판을 축구하러 가는 길목에 커다랗게 그려 놓았다. 처음에는 그냥 밟고 지나가다가 차

오징어놀이를 하는 아이들은 자기편을 위해 스스로 자기 역할을 찾아 격렬하게 움직인다.

츰 놀이판에 붙들려 축구를 하는 횟수가 반으로 줄더니 마침내 오징어놀이가 대세가 되었다. 이렇게 되기까지 두 달 정도 걸렸다.

아이들이 오징어놀이를 하게 된 까닭은 자기 능력에 따른 역할을 하면서 만족감과 보람을 느낄 수 있기 때문이다. 축구 할 때는 달리기를 못하고 공을 다루는 기술이 없어 뒷전이던 아이들도 오징어놀이에서는 자기편을 위해 중요한 역할을 해냈다. 누구나 자기편 승리에 기여함으로써 서로 존중받을 수 있어 모든 아이들이 즐겨 하는 놀이가 된 것이다.

눈치란 현재 상황을 빨리 알아차리고 적절하게 대응하는 것을 말한다. 공격편이 강을 넘으려고 노리고 있거나 문으로 우르르 쳐들어올 때 멀뚱하게 서 있는 수비편은 아무도 없다. 놀이하는 아이들은 긴박한 상황에서 능동적으로 움직이며 자기 역할을 찾아 최선을 다한다. 여기저기에서 다양한 겨루기가 펼쳐지는 상황에서 누가 누구에게 지시하거나 요구하지 않는다. 스스로 대처하기 때문에 이겨서 자랑스럽고 져서 분한 것이다.

오징어놀이를 되풀이하다 보면 긴박한 상황에 맞닥뜨렸을 때 어떻게 대처해야 하는지 '눈치력'을 기를 수 있다.

왕이 권장한 놀이 투호

　민속과 관련된 곳에는 투호를 체험하게 만들어 놓아 여러 번 해보았지만
별로 재미를 느끼지 못했다. 다른 사람들은 투호의 어떤 점을 재미있어하는지
관찰해 보아도 나와 별로 다르지 않아 보였다. 놀이라기보다 전통문화를 체험
하는 것 같았다. 재미없는 놀이라면 사라졌어야 하는데 단지 전통문화이기 때
문에 지금까지 이어졌을까?

　평균대를 꺼내려고 체육 창고에 들어갔다가 먼지를 수북이 뒤집어쓴 투호
통과 화살을 보았다. 먼지를 털고 있는데 아이들이 달려들어 놀이가 시작되었
다. 아이들은 투호를 한다지만 화살을 제멋대로 던지는 정도였다. 우선 마구
잡이로 던지는 것을 그만두게 했다. 그리고 바닥에 선을 그어 화살을 던지는
곳을 만들고 차례로 던져 넣게 했다. 한 사람이 열 개씩 던지되, 자기가 몇 개
를 넣을 수 있는지 이야기하고 던지게 했다. 우리 반 열세 명 가운데 자기가 말
한 대로 들어간 아이는 한 명인데, 두 개를 넣겠다고 한 준영이다.

　던지는 거리를 2m에서 1.5m로 좁히고, 놀이 동기를 주기 위해 투호를 많이
넣은 순서대로 밥을 먼저 먹기로 했다. 던지는 거리를 좁히자 네 개를 넣은 아
이가 나왔다. 그래도 거의 한두 개를 넣는 정도였다. 동률이 많아 그 아이들끼리
다시 해서 순위를 정했다. 칠판에 누가 먼저 밥을 먹을지 적고, 금요일마다 밥
먹는 순서를 다시 정하기로 하고 누구나 투호를 연습할 수 있도록 했다.

　아이들은 아침 일찍 학교에 와서, 점심을 빨리 먹고 나서, 학원 차를 기다리
면서 짬만 나면 투호를 했다. 밥 먹는 순서를 정하는 전날인 목요일에는 투호

투호통을 중심에 두고 아이들이 빙 둘러서서 투호화살을 던지고 있다.

에 더 열심이었다. 그런데 어느 순간 밥을 먼저 먹는다는 목적은 뒷전이 되고, 놀이에 몰두했다. 일기 마지막에 '오늘의 기록'이라는 칸을 만들어 그날 투호 기록을 적어 놓은 아이도 있었다. 아이들이 투호에 재미를 느낀 것이다.

민속촌 민속놀이 마당에 놓아둔 투호 앞에서 밥과 음료 내기에 하나라도 더 넣으려고 놀이에 몰두하던 40대 중반 어른들이 떠올랐다. 그때 그들은 넣어야 할 목적이 분명했던 것이다. 아이들은 밥을 먼저 먹고 싶다는 뚜렷한 목적 때문에 투호에 입문했지만 이제는 목적과 상관없이 투호의 재미에 빠졌다.

투호를 한 지 한 달이 거의 다 되어 갈 무렵부터 놀라운 일이 벌어졌다. 준영이가 계속 일등을 하는데 화살 일곱 개가 통으로 빨려 들어간다. 모두 눈이 동그래졌다. 여덟 개째를 넣으려 할 때는 아이들이 소리 지르며 방해했지만 소용이 없었다. 우뚝 서서 오로지 통만 바라보고 던지는데 마치 큰 바위가 서 있는 느낌이 들 정도였다. 준영이는 자기와 겨루는 새로운 목적을 가지게 된 것이다. 오늘은 여덟 개를 넣겠다는 목적은 밥을 먼저 먹을 수 있다는 자극과 질적으로 다르다.

그 순간 천 원짜리 지폐에 퇴계 이황과 함께 있던 투호 그림이 떠올랐다. 성종은 '투호는 희롱하고 노는 것이 아니라 마음 다스리기를 구하는 것'이라고 했다. 노자는 '남을 이기는 사람은 힘이 있다고 하지만 자기를 이기는 사람은 진정으로 강하다'고 했다. 공자는 '자기를 극복하고 예로 돌아가는 것이 인'이라고 했다. 결국 준영이는 자기와 겨뤄 이뤄낸 것이다.

화살이 망가질 정도로 투호에 몰두하면서 생각지도 않은 일이 벌어졌다. 아이들이 몰라보게 차분해졌다. 많은 아이들이 자기와 겨루는 데 몰두했기 때문이다. 핸드폰, 게임, 현란한 음악으로 무게중심이 자꾸 위로만 올라가는 요즘 세태와 비교해 볼 때 뜻밖의 성과다.

투호는 통과 화살이 없어도 집에서 할 수 있다. 분유통 같은 빈 통에 휴지를 두껍게 깔고 바둑돌을 던져 넣는 것도 같은 효과를 낸다. 가족들과는 누가 많이 넣는가 겨루기보다 함께 넣기가 더 좋다. 목표한 수를 넣으면 간식을 먹는다든가 하는 목표를 제시하면 좋다. 중앙에 통을 놓고 빙 둘러앉으면 동시에 할 수 있고, 직선으로 해도 괜찮다. 다만 던지는 선은 유지해야 한다.

한 사람이 열 개를 던지되 식구 수의 세 배를 넣는 것을 목표로 한다. 식구가 네 명이라면 열두 개가 목표치다. 그러면 들어갈 때마다 식구들이 모두 기뻐하고, 안 들어가면 아쉬움의 탄성을 지르며 응원하는 목소리를 높이기도 한다. 목표에 이르지 못하면 절대 보상하지 않아야 한다.

한집에 살아서 가족이 되는 것이 아니다. 진정한 소통과 화합을 원한다면 투호가 답을 줄 수 있다.

생각을 들여다보는 고누

쉬는 시간에 아이들이 고누를 두고 있다.

벽초 홍명희의 대하소설 《임꺽정》과 이인직의 신소설 《은세계》에 '우물고누 첫수'란 말이 나온다. 그런데 요즘은 '우물고누 첫수'라고 하면 잘 모른다. 고누는 윷놀이와 더불어 한국 사람이 즐기던 말판놀이였다. 땅에 간단한 놀이판을 그리고, 주변에 있는 돌이나 나뭇가지를 말로 삼아 놀았다.

고누는 크게 길막기, 따먹기, 복합형으로 나눈다. 길막기는 서로 번갈아 말을 옮기다 말을 움직일 수 없으면 지는 것으로, 우물고누, 호박고누가 대표적이다. 따먹기는 놀이판을 작은 바둑판처럼 그리는데 줄 수에 따라 넉줄고누 여섯줄고누, 팔팔고누라고 한다. 서로 번갈아 말을 움직이다 상대편 말 사이에 끼이거나 옆에 놓이면 말을 따먹는다. 상대의 말을 따먹기에 길막기보다 역동적이다. 따먹기 가운데 패랭이고누는 특이하게 특정한 지점에 있는 말을 따먹는다.

복합형은 길막기와 따먹기가 혼합된 가장 발전된 형태다. 참고누(곤질고누)라고 하는데 집을 차지한다는 것을 빼고는 바둑과 비슷하다. 고누가 바둑과 장기의 옛모습이라고 하는 까닭도 여기에 있다. 그 밖에 장수고누, 왕고누를 비롯해 이름은 같은데 변형된 형태까지 50여 가지에 이른다. 이렇게 종류가 많다는 것은 자주 놀다 보니 새로운 재미를 찾게 되고 그 과정에서 변형이 생겨난 것이다. 아이들은 규칙이 간단한 길막기와 따먹기 고누를 즐겼는데 1990년대에 들어서면서 갑자기 자취를 감추었다.

겨루기 놀이라고 하면 씨름처럼 몸을 활용해 힘이나 기술을 매개로 전개되는 것을 떠올린다. 그러나 지혜나 사유를 매개로 한 놀이도 겨루기 놀이다. 생각을 겨루는 것으로 바둑이 있는데 2013년에 한국갤럽에서 조사한 바에 따르면 바둑 인구는 천만 명에 이른다. 이렇게 많은 사람들이 바둑을 즐기는 것은 다른 놀이에서 얻을 수 없는 재미를 느끼기 때문이다.

상대편이 어떤 생각으로 놓았는지 놀이판에 드러나고, 그걸 보고 대처하는 과정이 반복된다. 그러는 과정에서 자기 생각이 상대편에 읽히거나 감춰지고, 상대의 생각을 제대로 읽거나 잘못 읽어 함정에 빠지기도 한다. 놀이의 모든 과정에서 치열한 머리 싸움이 펼쳐진다.

아이들이 흥미를 보이지 않는 놀이를 지도할 때는 동기를 유발하여 관심을 갖게 해야 한다. 놀이와 관련된 책을 읽어주거나 이야기를 들려주는 방식도 있지만 그 놀이의 특징을 파악해 아이들에게 가르쳐 주는 것이 효과가 있다. 고누는 잘 두는 사람과 못 두는 사람이 대결을 하면 지적 기술의 차이로 결과가 뻔해 모두 재미없어진다. 그래서 '고누왕 뽑기'를 해서 지적 기술을 익히도록 돕는 과정이 필요하다.

리그전으로 하면 이기고 진 것을 기록해야 해서 놀이에 몰입하는 것을 방해한다. 그래서 바둑돌을 열다섯 개씩을 나눠주었다. 승패에 따라 바둑돌을 주거나 받게 했다. 처음에는 아무 생각 없이 두다가 바둑돌을 잃게 되면 어떻게 하면 딸 수 있는지 고민하게 되고, 상대가 왜 말을 이 자리에 두었는지 생각하게 된다. 이런 과정이 되풀이되면서 서서히 재미를 느낀다.

반에서 고누왕이 된 승찬이 이름을 칠판에 크게 적어 주었다. 바둑학원을 다닌 경험이 있어 고누 원리를 금방 파악했다. 매주 금요일에 고누왕 선발대회를 열었다. 아이들은 학교에 오자마자 서로 얼굴을 맞대고 삼삼오오 고누를 두기 시작했다. 짬이 날 때마다 땅이나 종이에 말판을 그려 고누 두는 아이들이 많아졌다. 겨우 이주일 만에 많은 아이들이 고누 삼매에 빠졌다. 목요일에는 고누 둘 시간을 달라고 조르기까지 했다.

요즘은 고누를 해본 아이가 많지 않다. 가르쳐 주면 놀이방법도 다 듣기 전에 "시시해요, 재미없어요." 한다. 정적이고 평면적인 고누는 전개가 빠른 전자오락이나 핸드폰 게임에 익숙한 아이들에게 맞지 않기 때문이다. 그러나 즉흥적이고 말초적 자극에서 얻는 즐거움과 다르게 차분히 생각하고 신중히 판단해 상대를 꺾었을 때 지적 우월감과 만족감에서 느끼는 재미는 묵직하고 오래간다.

첨단 디지털기기의 잦은 사용으로 팝콘처럼 바로 튀어 오르는 것에만 반응하는 아이들이 점점 늘어나고 있다. 우리 아이들이 고누와 친해질 수 있다면 다른 사람의 행동이나 판단을 헤아리고, 자기 생각을 표현할 수 있는 여유와 넉넉함을 가질 수 있을 것이다.

역할놀이로 대표되는 소꿉놀이는 상상을 표현하는 놀이다. '일상'에서 하고 싶은 역할을 '비일상'이라는 상상의 세계에서 구현하며 재미를 느낀다. 별다른 제약 없이 자기 생각을 표현할 수 있어 만족감을 얻는다. 표현의 내용은 자기보다 크거나 지위를 가진 사람을 모방하는데 부모, 형제, 교사, 성직자가 그 대상이다. 아기 역할도 있지만 아이들은 그다지 좋아하지 않는다.

아이들은 가상의 놀이 상황이 현실과 일치한다고 여겨질 때 온전히 몰입하며 논다. 구성원 모두가 상상의 세계라는 것을 느낄 수 있도록 놀이도구가 갖춰지면 더 좋다. 아이들은 좁은 공간을 좋아한다. 아이들이 인지할 수 있는 공간에서 그들만의 세계를 만들고 싶은 욕구 때문이다.

모방의 소재는 특별한 경험을 다루기도 한다. 예전에는 혼례식을 흉내 낸 풀각시놀이를 주로 했는데 이제는 학교놀이나 병원놀이를 많이 한다. 아이는 커가면서 특정한 상황을 놀이로 만들기도 한다. 사냥하는 상황을 흉내 낸 포수놀이, 닭을 훔치고 지키는 닭잡기, 도둑을 잡는 도둑잡기가 그렇다. 이런 놀이는 표현이 자유로워 일상에서 눌렸던 속박으로부터 벗어나게 된다. 그래서 프로이트는 '스트레스를 해소하는 출구가 놀이'라고 하였다.

요즘 가정, 학교, 사회에서 아이들에게 주는 압박이 점점 치밀해지고 강력해진다. 놀이를 통해 억눌린 욕구를 풀어내야 일상을 유지할 수 있다.

닭살이 그리고 쥐와 고양이

놀이는 문화와 역사를 담아낸다. 그래서 나라마다 놀이가 다르고, 사회 변화에 따라 놀이도 변한다. 이를 잘 보여주는 놀이가 닭살이다. 예전에는 집집마다 서너 마리씩 닭을 키우면서 살았기에 아이들은 닭과 함께 살았고, 닭과 병아리를 지키는 것이 생활의 일부였다. 닭을 흉내 낸 닭싸움이나 닭을 싸움시키는 닭싸움(鬪鷄)을 비롯해 여러 놀이에서 닭이 등장하는 것은 어쩌면 당연한 일인지 모른다.

닭살이는 닭을 잡아 먹는 짐승, 울타리로 구성된다. 닭을 잡아먹는 짐승은 지역마다 조금씩 다른데 경기도는 너구리나 살쾡이, 쥐가 등장한다. 충북에서는 고양이와 솔개, 충남에서는 족제비와 여우가 등장하고, 강원도에서는 매가 등장한다. 가장 많이 등장하는 짐승은 살쾡이다.

닭살이는 줄거리가 있다는 점이 특색이다. 달걀을 탐내는 짐승이 닭에게 달걀을 구걸하고, 닭은 무너진 울타리를 고쳐 주면 달걀을 주겠다고 한다. 그런데 울타리를 고쳐 주면 닭은 튼튼한 울타리를 믿고 달걀을 안 준다고 시침을 뗀다. 달걀을 탐낸 짐승은 화가 나서 닭을 잡으러 간다는 내용이다. 이 줄거리에 맞게 서로 자기 역할을 말과 행동으로 표현하면서 놀이가 펼쳐진다.

닭에게 구걸하는 족제비는 '사흘을 굶었다, 하도 굶어서 눈에 헛것이 보인다, 죽기 전에 달걀 하나만 먹으면 소원이 없겠다' 하는 이유를 들며 배고픈 시늉을 한다. 닭장을 고쳐야 하는 닭은 '주인이 게을러서 닭장이 무너졌는데 고쳐 주질 않아 걱정이다, 나는 밤마다 무너진 닭장 때문에 잠이 안 온다' 하며

닭살이 하는 아이들. 아이들이 손을 맞잡고 울타리가 되어 닭을 지킨다.

닭장을 고쳐야 하는 이유를 댄다.

울타리를 고친 뒤 족제비는 울타리가 튼튼하게 세워졌으니 약속을 지켜라, 달걀 얻어먹기가 힘들다 하며 생색을 낸다. 이제 닭은 달걀을 주지 않으려고 '어렵게 낳은 달걀을 어떻게 주나, 너는 니 새끼를 남 먹으라고 주니, 품으면 예쁜 병아리가 될 텐데' 하며 족제비를 약 올리는 식이다.

그러나 어느 때부터인지 닭살이 대신 쥐와 고양이로 놀기 시작했다. 그런데 쥐와 고양이는 천적이기에 고양이는 쥐를 잡아야 하는 까닭을 설명할 필요가 없어 고양이가 쫓고 쥐는 도망 다니는 역할만 하면 된다. 처음에는 쫓고 쫓기는 것에 재미를 느끼지만 울타리가 허술해지면서 놀이가 시시해진다.

닭살이에서는 살쾡이가 무너진 울타리를 세우는 데 많은 시간을 보내면서 울타리 역할이 강조된다. 하지만 쥐와 고양이에서는 울타리가 쥐를 보호해야 한다는 명분이 없어 쥐와 고양이만 주목받고 울타리는 들러리가 되기 때문이다.

쥐와 고양이는 놀이시간이 짧아 많이 하는 놀이가 되었지만 역할놀이에서 쫓고 쫓기는 놀이로 중심이 바뀌게 되었다. 2015년 어린이놀이헌장이 만들어지고 학교마다 안정적인 놀이시간을 확보하고 있다. 그러나 어떤 놀이를 할지 충분한 교사 연수가 이뤄지지 않으면서 아이들에게 맡겨지고 있는 실정이다. 그러나 놀이 경험이 부족한 아이들은 어떻게 놀아야 할지 잘 모른다.

이런 변화에 맞춰 충분한 시간을 갖고 닭살이를 알려주면 좋겠다. 그러면 자기가 맡은 역할을 표현하는 재미를 얻을 수 있을 것이다. 처음에는 서툴지만 서너 번 하다 보면 어떤 역할을 해야 하는지 알게 되고 점차 상황에 몰입해 자기를 드러내면서 표현의 즐거움을 즐기게 된다.

우리 반 아이들에게 닭살이를 알려주면서 "배가 너무 고픈데 어떻게 하면 닭이 달걀을 줄까?" 하고 물었더니 아이들 눈이 초롱초롱해지며 시키지도 않았는데 배를 구부리고 눈을 풀면서 죽어가는 목소리로 한마디씩 했다.

"달걀 좀 팔아요, 배고파 죽을 것 같아요."

"닭 씨, 나 달걀 하나만 주면 안 잡아먹지."

"우리 엄마가 달걀 가져오라고 했어요. 제발 달걀 하나만 주세요."

놀이를 설명하면서 상황을 제시했는데 아이들이 곧바로 반응했다. 그래서 열 명 단위로 놀이를 해보았는데 살쾡이와 닭은 물론이고 울타리도 뻣뻣하게 누워서 자기가 맡은 역할에 최선을 다했다. 생각했던 것보다 쉽게 상황에 빠져드는 모습을 보면서 아이들한테는 자기를 표현하는 능력이 있다는 것을 발견할 수 있었다.

내가 만든 신세계 소꿉놀이

교실 뒤편에서 여자아이 셋과 남자아이 한 명이 병원놀이를 하고 있다. 1학년 국어 교과서에 〈앗 따끔〉이란 동화가 나왔을 때인데 병원에 가기 싫어하는 아이가 엄마 손에 이끌려 주사를 맞는다는 내용이다. 그 때문인지 아이들이 며칠 전부터 병원놀이에 열심이다. 치과에서 치료받는 과정을 재현하는데 너무 진지해서 끼어들 틈이 없다.

의사인 지영이는 위엄 있는 말투로, 까칠한 엄마 손에 이끌려 억지로 들어오는 찬수는 엄살떠는 말투로, 간호사 수연이는 상냥한 말투로 병원놀이를 즐기니 교실은 순식간에 진료실이 되었다.

소꿉놀이가 가능한 나이는 초등학교 입학 전후이다. 자기가 생각한 바를 말이나 행동으로 표현할 줄 알고, 다른 사람도 그들의 생각이 있다는 사실을 인정할 줄 알아야 한다. 언어능력과 더불어 자기를 객관적으로 볼 수 있는 능력, 타인과의 관계 설정 능력이 갖춰져야 한다.

놀잇감을 가지고 혼잣말하면서 노는 대여섯 살 아이들의 소꿉놀이는 온전한 소꿉놀이로 보기 어렵다. 또래와 놀이를 주고받지도 못하고 일방적이기 때문에 소꿉놀이를 연습하는 과정으로 봐야 한다. 단역을 맡을 수도 있지만 시키는 것을 하는 정도이지 자기를 표현하며 재미를 느끼기에는 한계가 있다.

소꿉놀이의 소재는 주로 엄마놀이, 아빠놀이다. 친밀하게 만날 수 있는 대상이 엄마와 아빠이기 때문이다. 모든 교육의 뿌리는 모방 능력에서 출발하는데 언어, 웃음, 표정 짓기, 공감하기도 마찬가지다. 따라서 소꿉놀이는 아이들이 주변에서 본 것을 모방하는 것을 중심 내용으로 한다.

모든 놀이에는 규칙이 있다. 규칙은 놀이가 유지되는 동력이면서 어디까지 허용되는지를 가르는 잣대가 된다. 아빠 역을 맡은 준형이가 갑자기 아기가 되어 어리광을 부리거나 엄마 역을 하던 선영이가 간호사가 되면 놀이가 끝나 버린다. 소꿉놀이의 규칙은 자기가 맡은 역할을 충실히 하는 것이다. 개인에 따라 역할이 다르게 표현되어 규칙이 없는 것처럼 보이지만 친절한 엄마든 화내는 엄마든 놀이에서 엄마 역할이 수행되는 규칙이 지켜져 놀이가 계속된다.

이 과정에서 놀이하는 아이들이 모두 온전히 몰입하는 것이 중요하다. 진짜 엄마처럼 말하고 행동해야 엄마놀이인 것이다. 아이들도 자기가 엄마나 아빠가 아닌 것을 알고 있다. 그렇지만 놀이에서 엄마나 아빠인 척하는 가운데 상상의 세계에서 노닐 수 있게 된다. 놀이에서 '~하는 척'할 수 있는 것은 인간의 특성이다. 인류는 이런 특성을 가졌기에 상징을 통한 언어, 예술을 발전시킬 수 있었다. 또한 현실과 상상을 오가는 방법을 터득하는 기회가 된다.

시, 음악, 그림, 축제, 의례의 출발점은 이런 놀이 정신에 뿌리를 두고 있다. 이를 잘 구현해 볼 수 있는 놀이가 소꿉놀이고, 나이가 많아지면 하기 어려운 놀이 중 하나이다.

도둑잡기와 경찰과 도둑

2015년 5월 제주에서 제44회 전국소년체육대회가 열렸다. 충북 대표로 우리 학교 양궁 선수 두 명이 출전하게 되어 인솔자로 제주에 동행했다. 시합 전날 전국의 궁사들이 연습하러 경기장에 왔는데 쉬는 시간에 경찰과 도둑 놀이를 아느냐고 물어보았다. 모두 평소에 즐겨 한단다. 그렇다면 이 놀이는 당시 전국에서 즐기던 놀이로 봐도 된다.

놀이방법은 간단하다. 두 편으로 나누어 가위바위보를 해서 이긴 편이 경찰을 할지 도둑을 할지 정한다. 경찰은 도둑을 잡아서 감옥(미끄럼틀이나 정글짐)에 가두고 모두 잡으면 놀이가 끝나고 역할을 바꿔서 한다. 도둑은 경찰을 피해 숨기도 하고 잡히지 않게 도망 다닌다. 도둑은 잡힌 자기편을 살려줄 수 있어서 경찰은 역할을 정해 감옥을 잘 지켜야 한다.

학교에서 할 경우 '교실로 들어가기 없기' 같은 규칙을 정하고 시작한다. 1~2학년이 얼음땡을 많이 한다면 경찰과 도둑은 조금 큰 아이들이 하는데 동급생끼리도 하고 여러 연령대가 함께 하기도 한다.

경찰과 도둑은 쫓고 쫓기는 놀이지만 아이 놀이에 영향을 준 도둑잡기는 역할놀이였다. 도둑잡기는 경찰편과 도둑편으로 나눈 다음 도둑이 들었다고 가정하고 시작한다. 도둑들은 적당한 곳에 숨고 경찰은 수숫단을 허리에 차고 경찰 흉내를 내면서 범인을 찾아 붙잡아 온다. 그러면 경찰 가운데 한 사람이 재판관이 되어 도둑의 죄를 묻고 다스리는 놀이다.

어떤 때는 행상인, 경찰, 도둑 세 편으로 나누어 하기도 한다. 도둑이 행상인

포수놀이 하는 아이들. 의자에 앉아 있는 아이가 왕이고, 무릎 꿇은 아이가 포수이다.

의 물건을 훔치면 행상인이 경찰에게 신고한다. 그러면 경찰이 도둑을 잡아 조사하거나 설득하는 흉내를 내며 놀기도 한다. 숨고 찾는 활동도 중요하지만 자기가 맡은 역할을 표현하는 것이 더 중요하다.

도둑잡기와 비슷한 놀이로 포수놀이가 있다. 포수놀이는 왕과 포수, 여러 동물이 등장하고 놀이방법은 도둑잡기와 같다. 이런 놀이는 아닌 척하기와 역할을 맡은 사람이 역할에 맞게 표현하는 것이 중심이다. 특정한 사람의 역할이 강조되는 놀이로 수박따기가 있다. 수박을 따러 온 사람과 수박을 지키는 할머니가 상황에 따라 적절히 대응하면서 놀이가 펼쳐진다.

놀이 앞부분에 수박이 익는 과정이 묘사된다. 수박이 자라는 모습을 직접 보았던 예전 아이들은 그 과정을 말로 표현할 수 있었다. 수박 따는 사람이 수박을 감추고 다시 따겠다며 이런저런 핑계를 대는 과정이 놀이의 본론이다. 수박 따러 온 아이의 핑계는 그 아이의 임기응변, 재치와 기지가 잘 드러나 놀이의 흥을 돋운다. 갖은 핑계를 대며 수박을 따가려 하고, 그 핑계가 헛되다는 것을 지적하는 할머니의 기지는 역할놀이의 진수를 보여준다.

> 수박 따는 사람: 할멈 할멈 수박 따러 왔소.
> 할머니: 먼저 따간 수박은 어쩌고 또 왔나?
> 수박 따는 사람: 아, 수박을 들고 가다 놓쳐 버리지 않았어요. 하나만 더 따게 해 주시오.

수박을 다시 따러 온 핑계는 갖가지다.

- 아, 글쎄 귀한 것이라고 선반 위에 놓았는데 서생원(생쥐)이 다 갉아먹지 않았소.
- 언덕에서 굴러 떨어져 깨졌다네.
- 어찌나 무거운지 개울을 건너다가 그만 빠뜨려 떠내려갔다오.
- 고개 너머에 도둑이 몽둥이를 들고 내놓으라고 하는데 어쩔 수 없어 뺏겼다오.

역할놀이는 자기가 맡은 역할을 자유롭게 드러내야 한다. 왕이면 왕으로 위엄을 부리고, 포수는 공손히 받드는 역할을 해야 한다. 그러나 요즘의 경찰과 도둑 놀이는 역할을 정해서 이를 표현할 시간과 여유가 없고 숨고 찾을 수 있는 공간도 없어 단순히 쫓고 쫓기는 활동만 남게 되었다.

세상을 살다 보면 뜻밖의 상황에 부딪히게 된다. 이때 상황에 맞게 올바로 대응할 수 있어야 한다. 소꿉놀이가 직접 대응이라면 포수놀이나 수박따기는 상황을 파악하고 그에 맞게 대응하는 놀이다.

각자 맡은 역할이 제대로 구현되었는지는 함께 논 사람들이 어떻게 받아들였느냐에 따른다. 적절할 수도 있고, 그렇지 않을 수도 있다. 예상을 뛰어넘는 기발함에 박수를 받기도 한다. 정답이 없기에 잘하고 못하고는 중요하지 않다. 아이들은 시행착오를 겪으며 성장한다. 소꿉놀이는 이를 가능하게 한다.

흉내 내는 놀이는 상대의 입장을 이해하고, 자기를 어떻게 표현해야 하는지, 상황에 따라 어떻게 대응해야 하는지 알게 하는 밑거름이 된다.

인류는 내일을 알 수 없어 신에게 의지했다. 거북점이나 주사위로 전염병이 끝날 때를 예측하고 신의 뜻을 믿고 따랐다. 그런 신탁의 도구가 주술성이 약화되고 유희성이 강화되면서 다양한 놀이를 만들어 냈다. 운놀이는 오로지 운에 의존하면서 고유한 영역을 차지하게 되었다.

운을 결정하는 도구는 다양한데 주사위, 윤목, 윷, 심지 뽑기, 룰렛, 가위바위보, 숫자 세기가 있다. 운에 기대는 놀이로는 주사위를 도구로 사용하는 뱀주사위놀이가 대표적이다. 윤목은 전통사회에서 자주 활용된 도구인데 승경도, 남승도에 사용되었고, 윷을 도구로 하는 놀이는 윷놀이가 대표적이며, 가위바위보가 중심인 놀이로는 어미새끼가 있다.

운에 기대는 놀이는 결과를 모르기에 '해볼 만하다'는 가능성과 누구나 좋은 결과를 확정할 수 없다는 평등한 조건에 뿌리를 두었다. 운놀이에서는 사회생활에서 겪는 불평등이 없다. 그래서 연령이나 능력에 매이지 않고 모든 사람이 즐길 수 있다.

운에 기대는 놀이는 도박, 한탕주의로 매도당하기도 한다. 카이와는 놀이를 분류할 때 아곤(경쟁)과 알레아(운)를 대등한 위치에 놓았다. 어쩌면 인간은 태어날 때부터 운이 작용하고, 운에서 벗어날 수 없는 존재일지도 모른다. 놀이도 인간의 삶과 밀착되어 운놀이는 시대 변화와 무관하게 계속된다.

목청껏 자랑하는 어미새끼

가위바위보는 놀이를 하기 전에 차례를 정하거나 편을 나눌 때, 공격과 수비를 정할 때 한다. 주로 놀이를 지원하는 역할이지만 어미새끼에서는 가위바위보가 중심이 된다. 가위바위보의 결과에 따라 발짝 뛰기를 해서 승패를 가리기 때문이다. 발을 한 번 떼어놓는 걸음이란 뜻인 '발짝'에 '뛰기'가 붙어 걷는 것보다 더 가는 형태를 말한다. '세 발짝 뛰기'라면 쉬지 않고 연이어 크게 세 발 뛰는 것이다.

그런데 발짝 뛰기가 잘 안 되는 아이도 있어서 놀이를 하기 전에 발짝 뛰기를 먼저 해보아야 한다. 발짝 뛰기가 되면 본격적으로 놀이를 시작한다. 두 명씩 짝을 지어 한 사람은 어미가 되고, 다른 한 사람은 새끼가 된다. 어미는 가위바위보를 하고, 새끼는 어미가 불러주는 만큼 발짝을 뛰어 반환점을 돌아 먼저 들어오는 편이 이기는 놀이다.

어미와 새끼는 역할이 다르지만 목표가 같은 운명 공동체이다. 새끼는 빨리

출발선

어미들

새끼들

반환점

어미 역할을 맡은 아이가 다섯 발짝 뛰라고 소리를 지르고 있다.

뛰어 돌아오고 싶지만 뛰는 걸음 수는 어미가 가위바위보를 어떻게 하느냐에 달려 있다. 그래서 목이 빠지게 어미를 바라보지만 가위바위보가 뜻대로 되지 않는다.

노는 모습을 보면 어미는 새끼가 멀어질수록 목소리가 차츰 커지다가 외침이 된다. 외침은 가위바위보에서 이겼다는 것을 자랑하는 것이다. 뛰지 못하고 그 자리에 가만히 있는 새끼들은 속이 타지만 새끼보다 더 속이 타는 것은 어미이다. 가위바위보는 오로지 운에 달렸는데 결과가 새끼에게 그대로 투사되니 더 답답하다.

어미새끼 놀이는 어미가 자기가 이겼다는 것을 마음껏 자랑하는 것이 놀이의 중심재미이므로 어미가 출발선 앞으로 나가 이긴 수를 알리지 않도록 해야 한다. 그러면 소리가 작아지기 때문에 큰 소리를 낼 기회를 잃어버린다. 마음껏 소리 치며 승리를 자랑할 수 있도록 반환점은 멀리 잡을수록 좋다.

많은 놀이가 힘이나 기술, 민첩성으로 승패를 결정하는데 어미새끼 놀이는 오로지 가위바위보만 잘하면 된다. 그래서 평소에 공부가 뒤처지거나 반에서 존재감이 없는 아이들이 일상의 모든 짐들을 털어버리고 어미새끼 놀이에 몰입할 수 있다.

반환점을 돌아오면 새끼 역할을 맡았던 아이는 어미 역할을 맡는다. 조금 전, 어미를 맡은 친구가 지면 속으로 미워했는데 어미가 되어 보니 원하는 대로 되지 않는다는 걸 알게 된다. 그 순간 상대 입장에서 생각하는 걸 배운다. 너른 공간만 있으면 어디서든 쉽게 할 수 있는 놀이다.

운과 운용의 파노라마 윷놀이

결혼을 한 삼 남매가 명절에 어머니집에 모여 가족 대항 윷놀이를 벌였다. 윷놀이에서 진 가족이 밥상을 차리고 설거지를 하기로 하자 어른들이 더 열심이다.

아이부터 어른까지 함께할 수 있는 놀이로는 윷놀이가 최고다. 특별한 기술 없이 운에 따라 놀이가 진행되어 세대를 아우를 수 있다. 윷놀이의 시작은 하늘의 뜻을 묻는 '신탁(神託)'이었다고 한다. 화전을 일구는 마을과 논농사를 짓는 마을 가운데 어느 마을에 풍년이 들지 점치는 도구였다는 것이다.

내가 사는 충주시 앙성면에서는 해마다 가을이면 면민 체육대회를 하는데 이때 마을별 윷놀이 대회도 한다. 결승전에 오른 두 마을의 대결이 볼 만하다. 윷을 던지는 것은 잠깐이고 말판을 쓰는 데 오랜 시간이 걸렸다. 마치 누구 고집이 더 센가를 겨루는 것 같았다. '업어야 한다'와 '돌아가야 한다'로 목청을 돋우는데 나중에는 서로 얼굴을 붉히기까지 하다가 한 어르신이 가버리는 바람에 겨우 진행되기도 했다.

이 이야기에서 윷놀이는 윷을 던져 나오는 운과, 말을 움직이는 말판 운용 두 축으로 펼쳐지는 놀이라는 것을 알 수 있다. 운이 먼저이고 말판을 쓰는 행위가 나중이다. 이 두 축이 반복되면서 놀이가 진행된다.

윷놀이는 개인 대항보다 단체 대항이 더 재미있다. 개인 대항은 판의 흐름도 빠르고 갈등이 없어 재미있을 것 같지만 윷놀이의 진짜 재미에 이르지 못한다. 여럿이 편을 먹고 하면 서로 다른 주장이 충돌하면서 판이 무르익는다.

어떤 끗수가 나올지 기대하는 재미, 지켜보는 재미, 운용한 말판이 어떤 결과를 가져오는지 지켜보는 재미로 윷놀이가 풍성해진다.

가족 대항 윷놀이에서 지우네 가족이 꼴찌를 했다. 마지막에 세 개의 말(세 동)을 업고 가다가 거의 끝에서 잡히는 바람에 꼴찌를 한 것이다. 잡히는 순간 지우가 볼멘소리로 아빠를 원망한다.

"내가 업지 말라고 했잖아."

지우 아빠가 빙그레 웃었다. 그 웃음에는 많은 의미가 담겨 있다. 업지 않으면 상대적으로 너무 많이 남아 꼴찌할 것이고, 업으면 위험 부담이 있지만 꼴찌를 면할 가능성이 있었기 때문이다. 지우 엄마도 웃는다. 지우의 원망도 알겠고, 남편의 뜻도 이해했기 때문이다.

사람은 원하는 결과를 얻지 못했을 때 남을 원망할 수 있고, 운을 탓할 수도 있다. 윷놀이에서는 남을 탓하기보다 운이 나빴기 때문이라고 생각해야 한다. 윷놀이를 자주 하다 보면 내 의지 밖의 힘으로 작동하는 운의 실체를 알게 된다. 그러다 보면 좋든 나쁘든 결과를 받아들이게 된다. 남을 탓한다고 결과가 바뀌지 않는다는 것을 알기 때문이다.

공부도 되고 놀이도 되는 승경도와 남승도

보드게임에 관심이 많아 보드게임 카페에 가 보았다. 잘 알려진 '체스'나 '루미큐브'는 기본이고 '할리갈리' '뱅' '블래츠' '추로' '스파이폴' '카탄' 같은 처음 보는 놀이가 책장에 수북이 쌓여 있다. 우리나라 보드게임인 장기와 바둑은 구석에서 먼지를 뒤집어쓰고 있었다. 이런저런 놀이를 살펴보고 나오다 다른 나라와 견줄 우리나라 보드게임을 떠올려 보았다.

조선시대를 대표하는 보드게임으로 승경도가 있다. 이 놀이는 '종경도'라고 부르기도 하는데 '벼슬살이를 하는 도표'라는 뜻이다. 양반가에서는 복잡한 관직의 칭호와 관계를 가르치기 위해 어릴 때부터 이 놀이를 장려하였다.

승경도를 하다 보면 벼슬의 이름과 그 벼슬의 지위도 알 수 있다. 놀이판 가장자리에는 지방의 수령이 표시되어 있어 중앙직과 외직도 구분할 수 있도록 했다. 놀이판 중앙부의 첫 꼭대기는 정1품을, 그다음에는 종1품을 늘어놓는 것이 일반적이다. 중앙 맨 아래 또는 가장자리 일부에 파직, 금고, 유배, 사약이란 벌칙이 있다. 당시 관료사회의 모습이 반영돼 귀양을 가거나 사약을 받아 놀이에서 탈락하기도 한다. 그러나 일제강점기에 왕조가 붕괴되면서 관직도 소멸되어 승경도는 의미를 잃게 되었다.

승경도와 같은 방법으로 전국의 명승지를 유람하는 남승도(覽勝圖) 놀이가 있다. 남승도는 놀이판, 윤목, 말이 필요한데 놀이판에 전국 명승지가 표시되어 있다. 한양에서 출발해 전국 유람지를 돌아 다시 한양으로 돌아오면 이긴다. 제주도나 울릉도로 유배를 가거나 회오리바람을 만나면 벌칙을 받아 말을 쓰지 못하고 쉬어야 한다. 남승도를 하다 보면 어느 지역에 어떤 명승지가 있는지 알게 되어 지리를 공부할 수 있어 서당에서도 권장한 놀이였다.

조선을 여행한 선교사들은 조선인들이 서구 사람들보다 여행하기를 훨씬 좋아했다고 기록으로 남겼다. 간단한 도구를 챙겨 전국의 명승지를 찾아 둘러보는 것을 큰 소망으로 여겼던 당시 사람들은 어린 시절 즐긴 남승도 영향을 받았을 것이다.

승경도는 윤목의 끗수(운)에 따라 벼슬이 올라가지만 처음

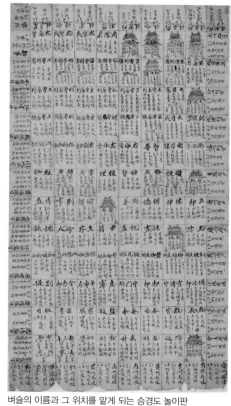
벼슬의 이름과 그 위치를 맡게 되는 승경도 놀이판

나온 끗수로 신분을 결정하기 때문에 처음 끗수가 중요하다. 신분제 사회 모습이 놀이에 반영된 셈이다. 조선시대는 아이가 노는 것을 '공부에 방해되는 행위'로 여겨 양반층에서는 금지했지만 승경도와 남승도는 권장했다. 공부에 도움이 되기 때문인데 평민의 자녀들은 이런 놀이가 있는지도 몰랐고 한자로 쓰여 있어 놀 수도 없었다.

처음 놀이를 접하면 놀이판에 빼곡히 적힌 글자에 압도된다. 칸 밑에는 작은 글씨로 어디로 가야 하는지 적혀 있어 선뜻 놀이할 마음이 나지 않는다. 그

전국의 명승지를 알게 하는 청구람승도 놀이판

렇지만 놀이를 하다 보면 관직이나 지명이 반복적으로 나와 글이 눈에 들어오기 시작한다.

처음에는 어디로 갈지 찾는 데도 시간이 많이 걸리지만 점차 시간이 줄어든다. 나중에는 던지자마자 바로 말을 움직이게 된다. 이렇게 되면 본격적으로 재미를 느끼게 된다. 스무 판 정도를 해야 그 재미를 알기 때문에 서너 판에 놀이를 멈추면 '어려운 옛날 놀이'로만 남는다.

승경도에 관심을 보이고 좋아하는 아이가 있어 자주 놀게 되었다. 아이는 집에 놀잇감이 있어 부모님과 해봤기에 내가 어디로 가야 할지 모르면 가르쳐 주면서 우쭐하기도 했다. 그러다가 내가 어디로 가야 하는지 차츰 눈에 들어오면서 승경도에 재미를 느끼기 시작했다. 내가 먼저 하자고 할 때도 있었는데 처음에 어렵다고 여겼던 부분이 재미를 지속시키는 힘이 되었다.

승경도에 재미를 붙여 남승도에 도전했다. 승경도와 똑같은 어려움을 겪었지만 그것이 과정이라는 걸 알기에 참고 계속했더니 '조피(朝避)'가 안성에 있는 산이라는 걸 알고 바로 말을 움직일 수 있었다. '탄금(彈琴)'이 나오자 내가 사는 충주의 탄금대라서 그런지 바로 찾았고 반갑기도 했다. 윤목을 굴려 '2'가 나오면 '지지(遲遲)'가 돼 쉬어야 하기 때문에 '2'가 나오지 말라고 빌면서 윤목을 던졌다. 그러는 사이 남승도 놀이에 빠지게 되었다.

급기야 자려고 누웠는데 명승지의 이름과 그곳이 어느 지역에 있는지 머릿속에 그려지기에 이르렀다. 진주에 사는 친구를 만나 촉석루에 올랐을 때 산청과 의령과는 가깝기에 윤목을 굴려 1이 나오면 되고, 창령과 합천은 2, 거창과 함양은 3, 하동과 남해, 사천은 4, 여수는 5가 나와야 되며 멀리 떨어진 완도, 강진, 장흥은 6이 나와야 촉석루에 올 수 있음을 떠올리기도 했다.

사극을 볼 때는 선전관은 무과 내직이며, 문경 현감과 북평사는 문과 외직임을 알고 보게 되었다. 참판, 판서, 찬성은 당상관으로 오늘날의 장관급이라는 걸 알아 극의 흐름을 아는 데 도움이 되기도 했다.

보드게임 카페에 승경도와 남승도를 들여놓아도 활용되지 않을 것이다. 그러나 놀이 원리를 응용한다면 새로운 놀이로 거듭날 수 있다. 오늘날의 정부 부처를 써넣거나 각 시도의 관광명소를 돌아보는 놀이판을 만든다면 지역 안내에 도움이 될 것이다.

승경도에서는 처음 끗수가 중요하므로 이를 반영해 포유류, 조류, 양서류, 파충류, 어류로 나눈다면 동물의 종류뿐 아니라 유형별 생태 특징도 알 수 있다. 무엇보다 공부한다는 부담을 줄여 놀이로 접근할 수 있도록 하는 게 중요하다.

훌륭한 놀이 유산을 구시대 유물로 치부하고 외국 놀이만 들여온다면 우리 놀이는 영영 잊히고 말 것이다.

머리와 꼬리를 왔다갔다 뱀주사위놀이

주사위를 던져서 나온 숫자에 따라 말을 옮기는 뱀주사위놀이가 있다. 뱀 꼬리에 닿으면 뱀을 따라 말이 내려가고, 사다리가 시작되는 곳에 말이 놓이면 사다리를 따라 올라간다. 인도나 네팔에서 구입한 놀이판에는 사다리가 그려져 있는데 우리나라 놀이판에는 사다리 대신 고속도로가 그려져 있다. 1968년 개통된 경부고속도로 홍보와 연관된다니 무섭기까지 하다.

말이 20에 놓인다면 자그마치 54칸이나 올라가 74번까지 고속 상승할 수 있다. 20번에 그려진 그림은 간첩을 발견하는 것이고 74번은 상을 받는 그림이다. 그림들을 좀 더 살펴보면 뱀 꼬리 칸에 그려진 그림들은 싸움하기, 게으름 피우기, 과식하기, 폭약 장난 들이 그려져 있다.

고속도로를 탈 수 있는 그림에는 열심히 일하기, 공부하기, 과학 실험하기, 나무 심기가 그려져 있다. 1970~80년대 어른들이 아이들에게 거는 기대가 놀이판에 축약되어 있다.

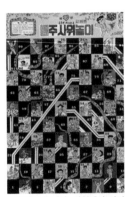

뱀주사위 놀이판. 사회에서 바라는 어린이 모습이 올라가는 칸으로 되어 있다.

뱀주사위놀이에서 주사위는 놀이의 시작과 전개에서 중요한 역할을 한다. 놀이판은 여러 모습으로 바뀔 수 있지만 주사위에 운을 거는 것은 변함없다. 주사위가 놀이에 쓰인 것은 아주 오래전부터인 것 같다. 로마 장군 카이사르가 루비콘 강을 건너며 '주사위는 던져졌다'란 말을 남겼는데 주사위가 오래전부터 쓰였다는 것을 알 수 있다.

1학년 아이들과 뱀주사위놀이를 하면서 새로운 놀이판을 만들었다. 큰 도화지에 1~100까지 칸을 그려 뱀 꼬리에 도착하면 내려가는 것은 그대로 하고, 올라가는 지점은 사다리로 하고 내용을 정했다. 우유 잘 먹기, 인사 잘하기, 일기 쓰기, 심부름하기는 올라가는 항목에 두고, 싸우기, 고자질하기, 편식하기는 내려가는 항목으로 적다가 어른의 기대를 놀이에 주입한다는 면에서 예전과 같다는 생각이 들었다. 만드는 것을 중지하고 아이들과 함께 내용을 정했다.

아이들과 함께 만든 '우리 반 뱀주사위놀이'에는 아이들이 정한 내용을 담았다.

아이들이 '일찍 일어나요, 게임 안 해요, 급식 잘 먹어요, 우유 남기지 않고 먹어요, 복도에서 뛰지 않아요, 엄마 말 잘 들어요, 친구와 싸우지 않아요, 친구 놀리지 않아요, 욕하지 않아요' 하고 말한다. 학교에 들어온 지 1년도 채 되지 않았는데 어른 생각을 그대로 이야기해서 씁쓸했다. 아무튼 올라가고 내려가는 칸에 하나씩 적으며 '우리 반 뱀주사위 놀이판'을 만들었다.

아이들은 하나밖에 없는 놀이판을 차지하려고 일찍 학교에 오기도 했다. 그래서 두 개를 더 만들어 놓았다. 어떤 아이는 주사위를 던지기 전에 두 손을 모아 주문을 외듯 원하는 숫자를 중얼거리기도 하고, 뱀 꼬리에 닿으면 땅을 치면서 앓는 소리를 내기도 했다. 자기들이 만든 것이기에 더 애착이 가서 재미있어하는 것 같다.

1970년대. 아이들이 학교운동장에 설치된 회전그네(위)와 뺑뺑이(아래)에서 돌고 있다.

외부의 자극은 몸과 마음에 다양한 반응을 일으킨다. 높은 곳에 올라가 아래를 내려다볼 때, 빙글빙글 돌다가 멈췄을 때 짜릿하고 아찔하다. 그네, 널뛰기, 목마타기는 땅으로부터 높이 올라갔을 때의 아찔함, 달팽이 놀이, 떡장수놀이는 회전에 따른 어지럼증, 고무줄놀이는 반복과 회전으로 짜릿함을 주어 재미에 빠져들게 된다.

놀이기구 가운데 뺑뺑이, 늑목, 트램블린(방방이), 회전목마, 회전그네, 롤러코스터도 아찔함과 어지러움이 일어나게 해 아이들이 좋아한다.

자기 몸을 가누지 못하는 아기들도 움직임을 즐긴다고 한다. 보채는 아기를 안고 조금만 흔들어 주어도 울음을 멈춘다. 어린아이들은 혼자 빙글빙글 돌다가 어지러워 비틀대다가도 다시 돌기를 반복한다.

지금은 사라진 회전그네, 뺑뺑이에서 아이들이 북적대며 놀았다. 학교안전사고 예방 및 보상에 관한 법률이 시행(2007.9.1.)되면서 놀이기구에서 놀다 다치면 학교장이 책임져야 한다는 조항에 따라 안전이 우선되었기 때문이다.

안전을 이유로 철거한 것인데 아이들의 놀이 욕구를 외면한 것은 유감이다.

노래에 맞춰 줄을 가지고 노는 고무줄놀이

고무줄놀이는 여자아이들이 밖에서 즐겨 한 놀이 가운데 하나다. 고무줄놀이에는 노래가 함께하는데 군가를 차용한 〈전우의 시체를 넘고 넘어〉 〈무찌르자 오랑캐〉가 대표 노래이다. 군가는 행진할 때 발을 맞추기 위해 첫 박자에 강세가 있고 가락이 일정해 여러 명이 동작을 맞추기 좋다.

그 뒤 교과서에 나온 〈산골짜기 다람쥐〉 〈금강산 찾아가자〉 〈하얀 눈 위에 구두 발자국〉 같은 노래도 고무줄 노래로 널리 불렸다. 텔레비전이 널리 보급된 1980년대 후반에는 만화영화 주제곡을 활용했으며, '딱따구리구리 마요네즈 / 마요네즈 케첩은 맛있어'나 '탄다 탄다 밥 탄다' 같은 내용을 알 수 없는 노래도 유행했다.

고무줄놀이를 처음 하는 아이들은 가늘고 탄력 있는 고무줄이 익숙하지 않아 줄과 따로 논다. 그래서 짧은 노래에 뛰거나 밟는 단순한 동작을 반복한다. 너무 단조로우면 두 줄 또는 세 줄을 다리 사이에 두고 혼자 놀거나 줄 잡은 사람 둘레를 빙빙 도는 동작을 반복한다. 열 살 정도가 되면 몸이 유연해지고 고무줄에 익숙해져 한 줄 고무줄에서 놀 수 있게 된다. 이때부터 제대로 고무줄놀이를 할 수 있다.

많은 여자아이들이 자주 즐겨 했던 고무줄놀이는 특별한 재미가 있다. 학부모가 된 사람들과 어릴 때 했던 놀이 이야기를 하면 주저 없이 고무줄놀이를 꺼낸다. 모두 당시 놀던 모습을 생생하게 그려내는 것을 보면 그때 재미를 온전하게 간직하고 있는 것 같다. 고무줄놀이의 특별한 재미를 알기 위해 고무줄놀이를 살펴보자.

첫째, 노래를 부르면서 한다는 것이다. 노래는 처음부터 끝까지 길잡이 역할을 한다. 노래의 시작과 끝은 곧 고무줄놀이의 시작과 끝이다. 노래에 따라 그에 맞는 다양한 동작이 펼쳐진다.

둘째, 여러 명이 어울려 하는 경우가 많다. 두 명이 줄을 잡고 한 사람이 하는 경우도 있지만 편으로 하는 경우가 더 많다. 세 명이 할 때는 제대로 하는지에 신경을 집중하지만 여러 명이 할 때는 일사분란한 동작과 즐거운 분위기가 더 강조된다. 덩달아 노랫소리도 커지기 마련이다.

셋째, 발목에서 시작한 고무줄 높이가 점차 위로 올라간다. 쉬운 단계에서 어려운 단계로 나아가는 전형적인 전개 방식이다. 위로 올라갈수록 동작이 커진 만큼 해냈을 때 큰 성취감을 얻을 수 있다.

넷째, 노래의 리듬을 타기에 경쾌한 율동이 따르는데 그에 맞춰 특정한 동작이 반복된다. 흥겨운 동작은 고무줄놀이의 재미를 이해하는 열쇠다. 고무줄놀이 하는 모습을 지켜보면 땅을 차고 위로 폴짝 뛰는 동작이 많다. 이 동작이 제자리에서 되풀이되어 숨이 가빠지지만 노래가 계속되기에 반사적으로 움직이게 된다. 몸이 힘든 상태에서 반복적인 동작이 계속되면 점차 자기 자신을 잊는 몰아의 경지에 이르러 황홀 또는 희열의 상태가 된다.

고무줄놀이는 첫 소절의 동작이 다음 소절에도 반복된다. 그래서 첫 소절의 동작을 익히기만 하면 나머지는 저절로 할 수 있다. 똑같은 동작을 되풀이하면서 노래에 맞춰 몸이 저절로 움직이는 경지에 이르게 된다. 반복되는 박자와 동작, 리듬을 가진 노래는 귀를 통해 몸으로 전달되면서 몰아를 부추긴다. 반복되는 상하 동작에 회전 동작이 추가되면서 몰아를 심화시키는 촉매 역할을 한다. 여러 명이 한 몸처럼 움직이면서 집단 신명을 유도하여 자기 능력 이

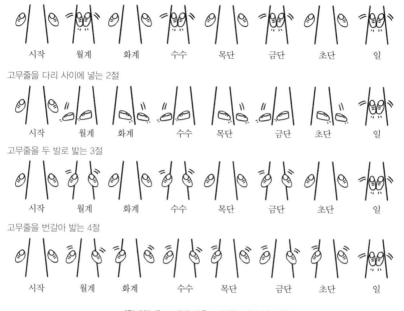

두 발을 고무줄 안에 넣는 1절

시작 　 월계 　 화계 　 수수 　 목단 　 금단 　 초단 　 일

고무줄을 다리 사이에 넣는 2절

시작 　 월계 　 화계 　 수수 　 목단 　 금단 　 초단 　 일

고무줄을 두 발로 밟는 3절

시작 　 월계 　 화계 　 수수 　 목단 　 금단 　 초단 　 일

고무줄을 번갈아 밟는 4절

시작 　 월계 　 화계 　 수수 　 목단 　 금단 　 초단 　 일

〈월계화계〉 노래에 맞춘 고무줄놀이의 발 모양

상을 구현하는 동력이 된다. 노래는 고무줄 높이가 높아지면 힘들어지기 때문에 몰아에 이르게 하는 장치로 볼 수 있다.

그래서 고무줄놀이를 지도할 때는 일정한 박자를 갖춘 노래, 반복되는 동작, 높이의 조절, 회전 요소의 삽입을 고려할 필요가 있다. 처음에는 고무줄과 몸이 따로 놀아 어렵게 느껴지지만 짧은 마디로 된 노래를 부르면서 어렵지 않게 따라할 수 있다.

초보자들에게는 〈월계화계〉 노래에 맞춘 고무줄놀이가 적당하다. 1절은 고무줄을 밟지 않고 두 발을 고무줄 안에 넣도록 하고, 2절은 고무줄이 다리 사이에 놓이게 하고, 3절은 고무줄을 두 발로 밟고, 4절은 고무줄을 한 줄씩 번갈아 밟는 방식으로 전개된다. 한 번만 해보면 바로 따라 할 수 있다. 위아래로 뛰는 동작을 반복하게 하는 데 중점을 둔다.

긴 검정 고무줄이 낯선 아이들을 위해서는 바닥에 어깨 넓이보다 좁게 두 줄을 그리고 동작을 시범 보이고 아이들이 천천히 따라 하게 한다. 그러면 줄에 대한 부담이 없어 쉽게 한다. 어느 정도 익숙해진 뒤 고무줄에서 같은 동작을 하게 하면 어느새 '월계화계수수목단금단초단일'을 노래하며 신나게 노는 것을 볼 수 있다.

어느 정도 고무줄과 익숙해지면 세 명이 고무줄을 잡고 빙글빙글 도는 〈장난감 기차〉나 〈다람쥐〉 노래에 맞춰 고무줄놀이를 지도하는데 넘고 뛰고 돌고를 단순히 반복한다. 노래가 끝나면 조금 어지럼증을 느끼게 된다. 단순한 과정이지만 고무줄놀이의 특징을 최대한 고려했기 때문에 아이들은 어렵지 않게 따라 한다.

노래에 따라 고무줄이 팽팽해야 할 때가 있지만 다리에 감고 풀 때는 느슨해야 한다. 그래서 놀이를 시작하기 전에 어느 정도 팽팽한지 고무줄을 만져 보고 잡고 있는 사람에게 앞으로, 뒤로 움직이라고 주문하기도 한다.

고무줄 높이는 '발목-종아리-무릎-허벅지-허리-가슴-어깨-목(턱밑)-머리-머리 위 한 뼘-머리 위 두 뼘' 차례로 올라간다. 고무줄 높이가 올라갈수록 동작의 크기가 달라지는데 단조로운 반복에 변화를 주어 새로운 것을 하는 느낌이 들게 한다. 탄력 있는 고무의 특성으로 반복한다는 느낌도 잘 들지 않는다.

나는 누나가 넷이라 고무줄놀이와 함께 자랐다. 아주 어릴 때부터 등에 업혀서 고무줄놀이에 함께했고, 조금 커서는 고무줄을 잡아주면서 노래에 따라 달라지는 동작을 지켜보았다. 누나들이 학교에 가고 나면 혼자 기둥에 고무줄을 매놓고 넘거나 흉내를 내기도 했다. 그런데 학교에 들어가 보니 남자들은

교실 뒤편에서 아이들이 겅중 뛰어오르며 신나게 고무줄놀이를 하고 있다.

'고무줄 끊기'만 했지 고무줄놀이를 하지 않았다. 그렇게 고무줄놀이와 멀어졌는데 신발을 벗어던지고 치마를 허리춤에 꾸겨 넣고 고무줄을 넘던 누나들이 왜 그랬는지는 숙제가 되었다.

그런데 30년이 지난 뒤 민속학을 공부하며 무속 현장을 조사하는 과정에서 무당 춤을 보면서 누나가 고무줄놀이하던 모습이 겹쳐졌다. 겅중겅중 상하로 뛰고, 북과 꽹과리가 박자를 맞추고, 뛰면서 돌고 체력이 바닥을 드러낼 즈음 신이 내려와 전혀 다른 사람이 되는 모습은 가슴까지 올라간 줄을 끌어와 한참을 뛰다가 상기된 얼굴로 앉아 숨을 할딱이는 누나인 것이다. 무당과 누나를 직접 견주는 것은 무리이지만 몰아, 황홀경이라는 점에서는 일맥상통하다는 생각이 든다.

그런데 지금은 더 이상 고무줄놀이를 하는 아이들을 볼 수 없다. 제 몸을 제대로 추스르지 못하는 아이들에게 가장 좋은 놀이가 고무줄놀이인데 맥이 끊어지고 말았다. 이 놀이는 짧은 시간에 많은 운동량과 리듬에 따라 자기 몸을 움직이는 능력, 다른 사람과 동작을 맞추는 과정에서 신체 조절 능력도 길러진다. 결국 원하는 대로 몸을 쓸 수 있도록 하는 최고의 놀이가 고무줄놀이다. 이런 측면에서 이 놀이를 꼭 되살렸으면 하는 바람이다.

빙글빙글 달팽이놀이와 떡장수놀이

아이들은 나선 모양으로 그린 놀이판을 따라 빙글빙글 돌면서 어지럼증이 주는 재미를 즐긴다.

땅에 나선 모양으로 그린 놀이판이 달팽이를 닮아서 달팽이놀이라는 이름이 붙은 놀이가 있다. 북한에서는 땅에 그린 모양을 따라 빙글빙글 돌기 때문에 '돌아잡기'라고도 하고, 강원도 지역에서는 '골뱅이놀음'이라고도 한다. 나선형 놀이판은 보기만 해도 어지럼을 일으킨다.

나선을 따라 달리다 보면 눈으로 느낀 자극이 전달되어 어지럼이 갑절이 되어 묘한 재미를 느낀다. 나선 모양을 네다섯 겹 된 놀이판을 그리는 게 쉽지는 않다. 땅에 놀이판을 그려놓았다면 달팽이놀이와 떡장수놀이를 함께 하면 좋다.

먼저 달팽이놀이는 두 편이 뛰어와 만나는 곳에서 가위바위보로 승패를 가른 뒤 이긴 사람은 계속 뛰고 진 사람은 집으로 돌아간다. 얼핏 보면 빨리 뛰어 가위바위보를 겨루는 놀이로 볼 수 있지만 나선 모양의 놀이판에서 어지럼

달팽이놀이는 나선 모양을 따라 집을 뛰어나온 두 사람이 만나면 가위바위보를 한다.

을 느낄 수 있게 해야 한다. 달리는 사람은 조금이라도 많이 가려다 보니 선을 넘어가기도 하고 놀이판이 곡선이라 중심 잡기가 어렵기도 해 폭을 넓게 그려야 한다.

떡장수놀이는 여러 명이 한꺼번에 달린다.

양쪽에서 달려온 두 아이는 서로 부딪힐 수 있어 만날 때 "반갑습니다." 하고 인사하도록 하면 두 아이는 만나기 전에 속도를 조절하여 안전 문제를 해결할 수 있다.

떡장수놀이는 술래가 떡장수가 되고, 다른 사람들은 떡을 사는 과정을 흉내 내는 놀이다. 한 명씩 달리는 달팽이놀이와 달리 여러 명이 한꺼번에 곡선을 따라 달리기 때문에 긴박함과 함께 더 큰 어지럼증을 느껴 저절로 소리를 지른다. 떡을 찬 뒤 여럿이 급하게 도망가다 보니 앞사람과 속도 차이로 넘어지기도 한다. 유치원생이나 저학년은 속도 조절이 어려워 놀이하기 전에 줄줄이 뛰어 보게 하는 것도 좋다.

초등학교 2학년 아이들이 달팽이놀이를 좋아해서 운동장에 놀이판을 굵게 그려놓았더니 틈만 나면 나가서 놀았다. 뛰는 아이도 즐겁고 보는 아이도 자기편이 가위바위보에서 이겼는지 보느라 집중도가 높았다. 팔을 돌리며 달리는 아이가 있었는데 달리다 보니 몸이 기울어 균형을 잡으려는 방편이었던 것 같다. 몇 명이 이 아이를 따라 하더니 신도 나고 균형도 잘 잡혔는지 뛸 때마다 소리를 지르면서 팔을 돌리며 뛰었다.

떡장수놀이는 생각보다 아이들이 많이 하지 않았다. 흥정의 의미를 모르기도 하고, 여럿이 우르르 뛰는 것보다 일대일로 겨루며 뛰는 것을 더 좋아한 것으로 보인다.

힘껏 하늘을 밀어 올리는 그네뛰기

옛 소녀들이 높이 높이 그네를 타고 있다.

단옷날, 남성들이 씨름을 하였다면 여성들은 그네뛰기를 했다. 넓은 강변이나 모래사장, 마당 같은 곳에 높다란 그네를 달아놓고 뛰는 그네뛰기는 하늘 높이 몸을 날리는 진취성과 개방성의 표현이기도 하다. 강한 체력, 고도의 긴장감, 기민성, 박진감, 현기증을 느끼는 이 놀이는 발랄한 젊음의 표현이기도 하다.

그네는 지방에 따라 '근데, 군데, 근듸, 군의, 그리, 구리, 굴기, 굴리, 홀기, 궁구, 군디'라고도 부르며 한자어로 추천(鞦韆)이라고 한다. 문헌상 그네뛰기가 나타나기 시작한 것은 13세기 초 고려 말기 무렵이지만 그때 그네가 시작되었다거나 이때 비로소 성행했다는 뜻은 아니다. 그보다 아득한 옛날부터 그네뛰기를 했을 것으로 보인다. 그러나 우리나라에서 언제부터 그네뛰기를 했는지, 어느 때부터 단오놀이가 되었는지 정확한 사료를 찾기는 어려웠다.

그러나 단옷날 열렸던 그네뛰기 대회는 1937년 중일전쟁을 일으킨 일제가 전쟁 중에 한가하게 놀 수 없다고 중단시켜 단절되고 말았다. 오늘날에는 밀양 아랑제, 남원 춘향제 같은 축제 때 더러 그네뛰기를 하는 것으로 명맥을 유지하고 있다.

단옷날이 되면 마을 어귀나 동네에 있는 큰 느티나무나 버드나무 가지에 매단 그네를 '줄그네'라고 했다. 마땅한 나무가 없을 때에는 '땅그네'라고 하여 인공적으로 만들기도 했다. 그네를 뛰는 방법은 한 사람이 뛰는 '외그네'와 두 사람이 마주 보고 뛰는 '쌍그네'가 있었다. 쌍그네는 두 명이 호흡을 맞춰야 하기에 쉽지 않다.

단옷날에 했던 그네의 축소판이 학교나 공원 놀이터에 설치한 그네다. 학교 운동장에 있는 그네는 아이들이 많이 탄다. 어린아이도 타지만 큰 아이들도 즐겨 탄다. 규칙이 있는 것도 아니고 겨루는 것도 아닌데 아이들이 좋아하는 까닭은 몸이 지상으로부터 분리되면서 느끼게 되는 현기증 때문이다. 몸이 허공에 떠 있는 상태에서 위아래로 움직일 때는 걷거나 달릴 때와 느낌이 뚜렷이 다르다. 온몸으로 현기증이 전해지면서 즐거움과 만족감을 준다.

그네에 앉아서 발을 땅에 대고 한쪽으로 밀면 그네가 돌아가면서 줄이 꼬인다. 줄이 더 이상 꼬이지 않을 때 발을 떼면 줄이 풀리면서 빙글빙글 도는 '그네 돌리기'를 하는 아이도 이따금 볼 수 있다. 옆 사람과 발을 엇갈려 그네에 놓고 비스듬히 앉아 두 명이 타면서 측면에서의 상하 이동을 즐기기도 한다.

옛날 그네는 줄이 길어 높이 올라가고 뒤로 빠르게 내려오면서 아찔함을 느끼는데 요즘 그네는 아찔함을 느끼기에는 줄이 짧다. 그러나 어린아이들은 별로

스스로 발을 굴려 짜릿함과 아찔함을 느끼며 그네를 탔던 아이들

높지 않아도 민감하게 반응한다. 어린아이 입장에서는 강한 자극으로 받아들여지기 때문이다.

전통 그네를 설치해 놓은 놀이공원에서 그네 타는 사람들을 지켜본 적이 있다. 서서 그네를 뛰는 사람은 별로 없고 앉아서 타는데 그것도 뒤에서 밀어주어야 앞으로 나가는 경우가 많았다. 앉아서 뛸 때에도 탄력을 이용하지 못해 그네가 서면서 끝나 버렸다. 어쩌다 서서 뛰는 사람도 그네를 어떻게 굴러야 하는지 몰랐다. 그네를 뛸 수 있는 사람이 없는데 높은 기둥에 긴 줄을 매놓은 것은 놀이기구가 아니라 장식품에 불과했다.

학교 그네는 베어링을 장착해 부드럽게 움직이는데 기둥에 매단 전통 그네는 타는 사람이 자기 힘으로 굴러야 움직인다. 그래서 그네를 높이 올리기 쉽지 않지만 힘껏 발을 굴려 높이 올라갔을 때 느끼는 짜릿함, 약간의 출렁거림과 함께 뒤로 빠르게 내려올 때 느끼는 아찔함은 절로 환호성을 지르게 한다.

안전이 강조되면서 학교나 공원의 그네는 베어링을 장착해 앉아서 흔들거리는 것에 만족하라고 한다. 안전도 중요하지만 밋밋한 일상을 날려버릴 짜릿함까지 빼앗는 것은 다시 생각해 봐야 할 것이다.

솟구칠 때 쾌감을 만끽하는 널뛰기

널뛰기는 큰 명절인 설날, 단오, 한가위에 많이 했다. '정월에 널뛰기를 하면 그해에는 발바닥에 가시가 들지 않는다' '처녀 시절에 널을 뛰지 않으면 시집을 가서 아이를 낳지 못한다' 하는 속담이 있을 정도로 널뛰기는 명절에 반드시 해야 하는 놀이였다.

널뛰기를 하려면 널빤지와 널받침이 있어야 좋다. 보통 널빤지는 탄력성이 있고 견고한 나무로 하되, 중간이 두껍고 양끝이 얇아야 한다. 널받침은 '고이개'라고도 하는데 짚단이나 흙을 담은 가마니를 이용한다. 받침이 낮으면 널이 닿는 부분의 땅을 파서 높이를 조절하기도 한다.

널을 뛰면 힘이 들어도 계속 뛰고 싶은 기분이 든다. 아무런 도구 없이 몸이 하늘로 솟구쳐 순간 정지했다가 떨어질 때 느끼는 쾌감 때문이다. 그 쾌감이 온몸을 통해 머리로 전달되면서 더 높이 솟구치고 싶은 욕구를 자극한다.

널뛰기 하는 방법은 널빤지 양쪽에 한 사람씩 올라서서 무게 중심을 잡는다. 몸무게 차이가 나면 가벼운 쪽으로 널판을 길게 하는데 이를 '밥을 더 갖는다'고 한다. 뛰는 방법은 자기가 튀어 오르는 것과 상대방이 떨어질 때의 에너지를 이용할 줄 알아야 한다. 널뛰기는 누가 잘 뛰는지 겨루는 것이 아니라 상대와 호흡을 맞춰 오르내리는 가운데 재미를 느낀다.

서울에서 전통놀이 한마당 행사를 진행한 적이 있다. 다른 놀이보다 널뛰기에 많은 사람이 관심을 가졌는데, 외국 사람은 시소와 다른 구조에 신기해했다. 여러 사람이 뛰어 보겠다고 나섰지만 제대로 되지는 않았다. 떨어지는 사람이

한 소녀가 내려오는 상대방과 호흡을 맞춰 힘껏 오르며 널을 뛰고 있다.

발을 굴러 에너지를 전달하면 올라가는 사람은 그 에너지를 받아 솟구쳐야 하는데 그 타이밍을 맞추지 못해 에너지가 전달되지 않았다. 널을 뛰기 위해서는 상하 작용만으로는 어렵고 서로 에너지를 주고받을 줄 알아야 한다.

두꺼운 송판에 멍석 고이개는 그림의 떡이 되었다. 할 수 없이 내가 맞은편에서 여러 차례 응대를 했는데 상대가 못 뛰는 바람에 힘이 더 들어 쉬고 있었다. 그때 50대 후반의 아주머니가 널을 보고 반가워하면서 친구를 불렀다. 둘이서 널빤지 양쪽에 올라섰는데 한쪽이 기우니까 고이개를 조정했다. 그 모습을 보니 기대가 되어 고이개 위 널빤지에 앉아 중심을 잡아주자 제대로 널뛰기가 시작되었다.

처음에는 몸을 푸는지 약하게 쿵덕쿵덕 하더니 조금 지나자 세게 구르더니 나중에는 주위 사람들이 다 놀랄 정도로 높이 솟구쳤다. 떨어질 때 '쿵' 하고 내리누르는 힘이 나에게 전달되었고 거의 동시에 맞은편에서 사뿐히 위로 솟구쳤다. 약간 호리호리한 아주머니는 높이 오르자 신이 났는지 다리를 앞뒤로 벌렸다가 떨어지기 전에 오므려 구르기도 했다.

한바탕 널을 뛰고 숨을 고르면서 처녀 적에는 사람 키보다 훨씬 높이도 뛰었고, 여러 기술을 부리며 뛰었다고 한다. 그러나 지금은 나이 들어 몸이 무거워 못 하겠단다. 널을 잘 뛰는 사람은 튀어 올랐을 때 무릎을 펴서 두 다리를 곧게 펴는 곧추뛰기, 두 다리를 앞뒤로 벌려 뛰는 가위발 뛰기, 몸을 한바퀴 도는 데사리 기술을 펼친다. 데사리는 여느 사람들은 구현하기 어려운 기예 수준의 동작이다.

시소는 겉모습이 널과 닮았지만 중심이 고정되어 중력에 의한 상하운동에서 더 나가지 못한다. 그래도 어린아이는 땅에서 위로 올라갈 때 느낌을 좋아하지만 커가면서 흥미를 잃는다. 더 이상 새로운 것이 없기 때문이다. 반면 널뛰기는 상대에 따라 변수가 많다. 상대의 무게와 구를 때의 타이밍, 그에 따른 응대가 단순하지 않다. 아주 미세한 에너지의 이동을 온몸으로 감지해야 하고 위로 솟구쳤을 때 허공에서 균형을 잡거나 기술을 펼쳐야 한다.

상대가 가위발 뛰기를 한다면 나도 그렇게 해서 우위를 보여줄 필요가 있다. 많은 사람이 지켜볼 때는 더욱 그렇다. 단순한 동작을 반복하는 것처럼 보이지만 머리에서 발끝까지 모든 감각과 근육이 작동해야 하기에 쉽지 않다.

널뛰기와 달리 혼자서 뛰고 떨어지길 반복하는 트램블린(방방이)이 있다. 작은 가정용도 있고, 키즈카페에는 대형도 있는데, 위로 솟구치면 몸이 무중력 상태가 되어 짜릿해진다. 보통 30분에서 1시간을 즐기는데 쉬지 않고 뛰는 까닭은 허공에서 자유자재로 몸을 움직일 때 느끼는 해방감 때문이다. 신나게 뛰고 내려오면 무중력 상태에서 풀어졌던 관절과 근육이 중력에 반응하느라 휘청하게 된다. 조금 지나면 정상으로 돌아오는데 위로 솟구쳐 올랐을 때 짜릿한 느낌은 사라지지 않는다. 그래서 또 하고 싶어진다.

아이들이 트램블린을 좋아하는 것은 쾌감을 느끼는 것이 널뛰기와 같기 때문이다. 허공에서 느끼는 자유로움과 쾌감을 좇는 것은 인간의 본능적 욕구다. 따라서 놀이에서 이런 즐거움을 줄 수 있어야 한다. 널뛰기는 안전 문제가 생길 수 있지만 옆에서 손을 잡아주거나 긴 끈을 잡는 방식으로 해결할 수 있다.

민속학자들의 건의로 투호가 되살아났듯 박물관 앞마당에 널을 마련하여 누구나 뛰어 보게 하면 어떨까. 널뛰기의 재미를 느끼는 사람이 많아지면 우리나라를 대표하는 놀이로 발전할 수 있다.

높은 곳에서 아찔함을 즐기는
대말타기와 비행기 낙하산

아이들은 빨리 어른이 되고 싶어 한다. 그래서 어른들이 하는 여러 가지를 흉내 내어 죽마타기와 대말타기를 즐겼다. 죽마타기는 어른들이 말을 타는 모습을 흉내 낸 놀이고, 대말타기는 키를 높여 걸어 다니는 놀이다. 죽마는 막대기를 다리 사이에 끼우고 돌아다니는 유아용 놀이고, 대말은 '큰 말'이라는 뜻으로 발판에 올라서 이동하는 놀이다. 키가 쑥 커진 상태에서 주위를 둘러보면 평지에서 보는 것과 느낌이 다르다.

죽마타기는 '3부 아기 놀이'에서 살펴보고, 여기서는 대말타기에 대해 소개한다. 대말타기는 삼국시대 이전부터 행해졌다. 고구려 무덤인 팔청리 고분과 수산리 고분 벽화에 고분의 주인 앞에서 높은 나무다리를 타고 재주를 보이는 모습이 있다.

이런 유형의 놀이는 세계 여러 나라에서 흔히 볼 수 있다. 서양에서는 삐에로가 대말을 신발처럼 신고 큰 키로 행진하는 것을 볼 수 있다. 일본에서는 기둥 뒤쪽에 발판을 대고 기둥을 앞세워 탄다. 우리는 기둥 안쪽에 발판을 대고 기둥이 몸에 착 달라붙게 해서 탄다. 어느 것이 더 나은가는 가늠할 수 없고 문화의 차이로 보아야 한다.

대말은 나무로 만드는데 기둥으로 쓸 나무는 길이 2~3m, 굵기는 직경이 4~5cm 정도로 두 개 준비한다. 기둥 아랫부분에 발을 올려놓을 수 있는 발 받침은 짧은 나무토막을 대고 단단하게 못을 박거나 노끈으로 묶는다. 발 받침은 바닥에서 30~50cm 높이에 만드는데 잘 타는 사람은 150cm 정도로 높이 올리기도 한다. 발 받침을 두세 개 만들어 처음에는 낮은 곳에서 연습하고 익숙해지면 차츰 높은 곳으로 올라가게 만들기도 한다.

대말을 다 만들면 대말에서 떨어지지 않고 다니는 것이 놀이의 주된 활동이다. 여럿이 어울리면 편을 나누어 계주 형식으로 겨루기도 한다. 대말과 몸이 하나가 될 정도로 익숙해지면 뒤로 가기, 껑충껑충 뛰기, 서로 밀쳐서 넘어뜨리기를 하면서 단조로움에 변화를 준다. 그러나 요즘은 대말을 타고 움직일 수 있는 능력을 갖춘 아이들이 별로 없어 깡통을 달아 깡통말을 만들어 놀기도 한다.

대말타기는 균형을 잡으면서 걷기가 쉽지 않아 연습을 많이 해야 한다. 잘못하면 안전사고가 나기에 점차 사라지게 되었다. 깡통말을 타면 높지 않아 안전하기에 유아들도 할 수 있다.

높은 곳에 올라 아래를 내려다보면 무서워서 마음이 졸아들지만 즐기는 경우도 있다. 케이블카를 타면 창 쪽으로 몰려들고, 돈을 내고 유리잔도를 걷는다. 높은 곳에 만들어놓은 유리잔도를 걸은 사람들은 아찔함, 짜릿함, 현기증을 이야기한다. 별다른 활동 없이 높은 곳에 올라가 무서움을 느끼는 것 자체가 즐거움이다.

지금은 안전을 이유로 사라졌지만 학교 운동장에 늑목은 빼놓을 수 없는 놀이기구였다. 유연성을 기르기 위한 실내용 기구인데 우리나라에서는 운동장에 설치되면서 놀이기구가 되었다. 늑목을 활용한 놀이로 비행기 낙하산이 있다. 술래가 특정한 글자나 그림을 이야기하고 목적지를 돌아오는 사이 술래가 지시한 것을 바닥에 쓰거나 그린 뒤 늑목에 올라간다. 술래는 미리 정해 놓은 늑목 칸까지 올라가서 아이들을 치는 것이다.

늑목에 올라가서 내려다볼 때 느끼는 아찔함이 비행기 낙하산을 반복하게 한다. 늑목은 아래에서는 별로 높아 보이지 않는데 위로 올라가 아래를 내려보면 다리가 후들거린다. 떨어지지 않을까 하는 두려움이 근육을 긴장시키고 뇌를 자극해 엔도르핀을 분비하여 기분 좋게 한다. 잔도, 케이블카, 대말타기, 늑목은 높은 곳으로 올라갔을 때 느끼는 아찔함과 스릴에 기댄다.

어쩌면 인류의 조상이 사나운 짐승을 피하거나 멀리 있는 작은 동물을 찾기 위해 높은 곳에 올라가던 흔적이 후대에 전해져 이를 재현했을 때 즐거움을 느끼는 것인지 모르겠다.

초등학교 3~4학년쯤 되면 기술이 필요한 공기놀이, 고무줄놀이, 구슬치기, 제기차기를 하는 형이나 언니들 주변을 기웃거린다. 그러나 어린 동생들을 끼워주는 형이나 언니는 별로 없다. 기술이 필요한 놀이는 놀이방법을 안다고 해도 제대로 놀 수 없기 때문이다.

오랫동안 많은 이들이 즐겨 했던 놀이는 기술이 요구되는 놀이가 많다. 이들 놀이는 기술이 어느 궤도에 오를 때까지는 재미가 없다. 따라서 이들 놀이는 놀이에 필요한 기술을 익힐 수 있도록 돕는 것이 중요하다.

공기놀이도 못하는 아이들이 많은 요즘, 짧은 시간에 기술을 익힐 수 있도록 하려면 어떻게 하는 것이 좋을까? 놀이에서 자발성은 너무도 중요하지만 잠시 미뤄두기로 하자. 지도가 끝나면 아이들은 스스로 재미있게 놀 수 있을 것이다.

놀이를 효과적으로 지도하기 위해서는 놀이마다 중심이 되는 기술을 중점적으로 익히게 해야 한다. 탁구나 테니스를 짧은 시간에 잘하기 위해 기본 동작을 익히는 것과 같다. 반복하는 동작이 지루할 수 있지만 이 과정을 견뎌낼 수 있도록 격려하는 것이 중요하다.

아무리 힘들어도 어려운 과정을 이겨내고 해냈을 때 느끼는 성취감은 다른 놀이에서 얻을 수 없다. 일상에서 맞닥뜨린 힘든 상황에서 포기하지 않고 적극 대처하는 긍정적 태도도 갖게 한다.

어려운 단계에 맞서는 자치기

자치기는 다른 나라에서도 많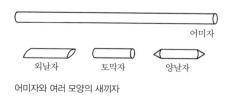
이 하는 놀이 중 하나다. 서양에
서는 '팁 캣(Tip Cat)', 인도, 라오
스를 비롯해 동남아에서는 '굴

어미자와 여러 모양의 새끼자

리 단다(Guli Danda)'란 이름으로 부르는데 우리나라와 놀이방법이 거의 같다.

자치기를 하려면 긴 막대(어미자)와 작은 막대(새끼자)가 필요하다. 새끼자
를 만드는 방법은 양쪽 끝을 연필처럼 뾰족하게 깎기(양날자), 한쪽만 비스듬
히 깎기(외날자), 양쪽 다 깎지 않고 그냥 두기(토막자)가 있는데 외날자로 노
는 경우가 많았다. 새끼자가 튀어 오르는 모습이 메뚜기가 뛰는 것 같다고 '메
뚜기', 토끼가 뛰는 것 같다고 '토끼자'라고 부르기도 한다. 어미자는 '큰자' '왕
자'라고도 한다. 자치기는 한 편에 네다섯 명씩 편을 나누어 논다.

놀이방법은 원을 그려서 하느냐, 구멍을 파서 하느냐에 따라 조금 다르지만
기본 방식은 비슷하다. 어려운 기술이 필요하기에 어린아이들은 자치기에 끼
지 못한다. 자치기는 기술이 좋아지면 성취감을 얻을 수 있고, 다른 사람에게
자기 기술을 자랑할 수 있어 아이들이 좋아한다. 체육 시간에 야구와 비슷하
다고 놀이를 설명했더니 쉽게 이해했다.

그런데 아이들은 새끼자를 공중으로 튀어 오르게 하지 못했다. 어미자로 새
끼자를 치지 못하고 연거푸 땅만 치거나, 새끼자의 끝을 쳐야 하는데 가운데
를 쳐서 튀어 오르지 않았다. 자치기를 여러 벌 만들어 새끼자와 어미자를 한

인도에서 자치기 하는 일곱 살 난 아이를 보았다. 왼편은 구멍에 있는 새끼자를 들어올리는 모습이고, 오른편은 바닥에 있는 새끼자를 쳐서 올리려고 하는 모습이다.

개씩 준 다음 새끼자를 바닥에 놓고 끝을 쳐서 위로 올리는 연습을 시켰다. 각자 연습하니 짧은 시간에 실력이 부쩍 늘었다.

그다음에는 위로 올라온 새끼자를 치는 과정을 연습했다. 새끼자가 위로 충분히 올라올 때 어미자로 치도록 했다. 헛치는 경우도 있었지만 조금씩 나아졌다. 이때 새끼자를 친 뒤에 주우러 가지 못하게 하는 것이 중요하다. 아직 치지 못한 아이가 있어 다칠 수 있기 때문이다. 줄을 그어 놓고 누구 것이 가장 멀리 날아갔는지 겨루기도 했다.

이런 과정을 거치고 편을 나눠 자치기를 했다. 기본이 되어서 그런지 얼마 지나지 않아 놀이에 푹 빠져들었다. 수비하는 아이들에게는 과학실에서 사용하는 보안경을 쓰게 했고, 장갑도 주었다. 아이들은 처음에 답답하다고 했지만 익숙해질 때까지 사용하다가 시간이 지나 장갑은 벗고 보안경만 쓰고 놀았다.

놀이 횟수가 늘면서 한 손으로 새끼자를 잡았다가 떨어뜨리면서 어미자로 쳐서 멀리 보내는 '양손치기', 한 손으로 새끼자와 어미자를 같이 잡고 있다가 새끼자를 공중에 띄운 다음 떨어지는 새끼자를 쳐서 멀리 보내는 '한손치기'도 곧잘 했다. 바닥에 있는 새끼자를 위로 띄운 다음 한바퀴 돌아서 치는 '돌려치기'도 거뜬히 해냈다.

다리 사이에 팔을 넣어서 새끼자를 쳐 올린 다음 팔을 빼서 치는 '다리치기'는 새끼자도 높이 올라가야 하지만 새끼자를 친 다음 다리 사이에 있는 팔을 민첩하게 빼서 쳐야 하기에 쉽지 않다. 다리치기는 마지막 단계라 아이들 대부분이 실패했는데 점차 해내는 아이가 생기기 시작했다. 나중에 물어보았더니 그 부분만 따로 연습했다고 한다. 저절로 잘할 수는 없는 것이다.

1978년 2월 18일, 〈경향신문〉에 자치기 사고와 관련된 대법원 판결이 실렸다. 세 명의 아이들이 자치기를 하는데 A군이 친 잣대가 B군 왼쪽 눈에 맞아 시력을 잃어 B군의 식구들이 손해배상 청구소송을 낸 일이었다. 소송을 낸 원고는 패소했다. 자치기는 아이들끼리 하는 흔한 놀이로, 어디로 날아갈지 모르는 잣대를 조심할 의무는 놀이하는 사람 모두에게 있다고 판단했다.

요즘은 예전과 달리 운동장에 아이들이 그리 많지 않아 자치기를 해도 다칠 확률이 적다. 아이들은 규모가 큰 놀이를 경험해 본 적이 없어 자치기를 좋아한다. 놀이에 관심이 많아지는 요즘, 맞아도 다치지 않도록 새끼자를 실리콘으로 만들고, 자치기 놀이용 보안경을 마련한다면 학교나 공터에서 안전하고 쉽게 할 수 있는 놀이로 손색이 없다.

될 듯 말 듯 공기놀이

우리나라 사람치고 공기놀이를 모르거나 안 해 본 사람은 없을 것이다. 과거와 현재를 잇는 놀이기도 하다. 다섯 개의 작은 물체가 공기놀이라는 이름으로 아이들 사이에 놓이는 순간 아이들은 웃고, 기원하고, 한탄한다. 때로는 엄숙한 표정으로 뚫어지게 들여다보고, 만족스러운 표정을 짓기도 하며 정신을 빼앗긴다.

1994년 서울 상월초등학교에서 3학년 아이들을 가르칠 때다. 수업 종이 울리면 공기놀이를 그만두기로 약속했는데 두 아이가 자리로 돌아오지 않고 뒤에서 공기놀이를 하고 있었다. 내가 다가가도 모른다. 한 아이가 '여덟 살 꺾기'를 되풀이하고 있었다. 완전히 공기놀이 삼매에 빠진 것이다. 마치 공기놀이 하러 학교에 오는 것 같았다.

공기놀이는 공기 하나를 위로 던지고 바닥에 있는 공기를 집는 것이 중심 기술이다. 그런데 처음 하는 아이가 바닥에 있는 공기를 집고, 떨어지는 공기를 받는다는 것은 무척 어렵다. 그래서 동작을 나눠 연습해야 한다. 먼저 손바닥으로 땅(바닥)을 치고 떨어지는 공기를 잡는 연습이 필요하다. 이 또한 쉽지 않다. 위로 던지는 높이가 일정하지 않고 떨어지는 지점에서 기다려 받아야 하는데 손을 위로 올려받다 보니 자세가 흩어져 성공률이 떨어진다.

그래서 공기 한 개를 주고 바닥치기를 100번 성공하도록 했다. 아이들은 처음과 달리 점차 위로 올리는 높이가 일정해지고 떨어지는 곳에 손을 갖다 대면서 자세가 안정되었다.

그다음에는 공기 두 개를 주어 바닥에 있는 공기를 집고 위로 올린 공기 받기를 100번 하도록 했다. 지루해할 줄 알았는데 아이들이 생각보다 잘 해냈다. 단순 반복이라고 생각했는데 아이들은 받는 횟수가 늘어나는 것에 재미를 느꼈다.

이런 과정을 거쳐 조금씩 공기놀이에 재미를 붙여 나중에는 다섯 알 공기를 잘하게 되었다. 공기놀이를 할 때는 바닥에 공깃돌 수십 개를 놓고 하는 많은 공기를 먼 저 한 뒤에 다섯 알 공기를 하면 좋다. 많은 공기는 별다른 기술 없이 돌 하나를 위로 던지고 바닥에 있는 돌을 집는 것이 주된 활동이다. 던지고 바닥에 있는 돌을 집고 떨어지는 돌을 받는 과정이 되풀이되면서 공기의 기본 기술을 익힐 수 있다.

그러나 주변에서 공깃돌을 쉽게 구하지 못하는 상황이 되면서 시나브로 사라졌는데 처음 공기를 접하는 아이들에게 적용하면 좋다. 놀이를 조사하는 곳에서 만난 할머니들은 어릴 때 가장 많이 한 놀이로 공기놀이를 꼽는다. 그러면서 "요즘 하는 공기놀이는 너무 싱거워." 하신다. 그분들이 어릴 때 놀던 방식과 많이 다르다는 것이다. 시집가기 전까지 공기놀이를 했다고 한다. 보통 열여섯에서 스무 살에 혼인했으니 나이가 꽤 들어서까지 한 것이다.

단계도 있고, 던지고 받는 다양한 기술이 있었다고 한다. 두 손을 모두 사용하거나 때로는 몸까지 사용했다. 그 가운데 지금도 해 볼 만한 몇 가지를 소개한다.

알 낳기: 앞서 잡아 손에 쥐고 있는 돌을 땅에 내려놓으면서 다른 것을 집는다.

알 품기: 바닥에 있는 돌을 가슴 위로 올려놓는다.

강가부리: 손 안에 있는 공깃돌을 모두 위로 올리며 바닥에 있는 돌을 줍

는다.

담 넘기: 담을 넘듯이 왼손으로 담을 만들고 집어서 담 밖으로 던졌다가 잡는다.

솥 걸기: 돌 세 개를 바닥에 모아 화덕을 만들고 다른 사람이 주는 공깃돌을 그 위에 올려놓는다.

공기놀이는 '첫 집기'로 시작해서 마지막 단계를 먼저 끝내는 사람이 이기는 방식으로 진행됐다고 한다. 단계는 지방마다 다르지만 지금처럼 나이를 정해서 하는 방식과 전혀 다르다. 공기를 잘한다 해도 모든 단계를 한 번에 통과하는 사람은 없었다고 한다. 그래서 어떻게든 죽지 않고 끝까지 가려고 하니 시집가기 전까지 계속할 수 있었던 것이다. 도전할 이유가 분명했기에 더 잘해 보려는 욕심이 재미로 바뀐 것이다.

지금은 한 알 집기부터 꺾기까지 죽지 않고 나이를 먹으면 '보통 잘한다'고 하고, 한번에 열 살까지 나이를 먹으면 '잘한다'고 하고, 번번이 열 살 이상이

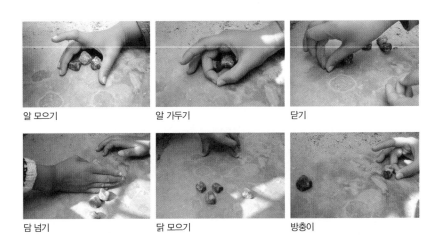

알 모으기   알 가두기   닫기

담 넘기   닭 모으기   방충이

되면 '매우 잘한다'고 할 수 있다. 매우 잘하게 되면 다른 사람과 겨루는 것이 무의미해지면서 흥미를 잃게 된다. 이때 할머니들이 하던 방식대로 새로운 도전과제를 제시하면 새로운 양상이 펼쳐진다. 아이들은 아예 안 되면 포기하지만 될동말동할 때는 계속한다. 어느 정도 익숙해졌다고 그만두지 말고 다양한 단계를 제시하면 오랫동안 공기놀이가 주는 재미를 만끽할 수 있다.

사진은 2015년 인도 북부에서 한 아이가 닭을 키우는 과정을 공기 네 알로 흉내 내는 것을 찍은 것이다. 예전에 우리가 공기하던 방식과 닮아서 신기하고 놀라웠다.

기술이 필요한 놀이는 노력한 만큼 대가가 있다. 그래서 계속 도전할 과제를 만들어 주고 익히게 하다 보면 다른 사람이 흉내 내기 어려운 정도에 이르게 된다. 사람들은 그런 사람을 달인이라고 하고, 그가 보여주는 멋진 기술을 묘기 또는 기예라 한다.

다리 힘을 길러 주는 제기차기

요즘은 아이들끼리 제기차기를 하지 않는다. 몸은 커졌는데 다리에 힘이 없어서이다. 제기차기는 공중에 뜬 제기를 자유자재로 찰 수 있는 능력이 필요하다. 제기를 잘 찬다는 것은 다리에 힘이 있어 중심 잡기를 잘한다는 것이다.

제기 차는 방법은 크게 세 가지가 있다. 땅에 발을 대었다 들어서 차는 '맨제기(땅강아지)', 땅에 발을 대지 않고 허공에 뜬 발로 차는 '헐렁이', 양발로 번갈아 차는 '양발차기'가 있다. 맨제기를 가장 많이 차는데 익숙해지면 헐렁이와 양발차기로 발전한다.

다리 힘을 기르고 몸의 중심을 잡는 데 제기차기보다 더 좋은 게 없다. 제기차기는 자세가 흐트러지면 여러 개 차기 어렵다. 그래서 먼저 허리를 곧추세우고 하나만 찬 다음 제기를 땅에 떨어뜨리도록 연습시켰다. 그러면 자세가 안정되어 두세 개도 찰 수 있다. 그 뒤에 두 개 차고 떨어뜨리기, 세 개 차고 떨어뜨리기, 네 개 차고 떨어뜨리기를 한다. 제기를 차는 숫자를 늘려나가면 짧은 시간에 제기차기 기술을 익힐 수 있다.

어느 정도 기술이 익혀지면 '종드리기'를 한다. 종드리기까지 나아가야 본격적인 놀이가 된다. 제기차기는 제기를 차는 것보다 종드리기가 더 중요하다. 종드리기는 진 사람이 종이 되어 많이 찬 사람에게 제기를 차시라고 공손히 드리는 것이다. 공손히 제기를 드리지 않고 던져주면 발로 뻥 차기 때문에 종드리기를 되풀이해야 한다. 종드리기가 싫어서 차기를 죽어라 연습하게 된다.

학교 운동장에서 아이들이 빙 둘러서서 제기차기를 하고 있다. 오른쪽 사진은 가운데 아이가 오른쪽 아이에게 '종드리기'를 하고 있는 모습이다.

차기는 자기와의 싸움이고, 차기를 계속 연습하는 것은 다른 사람보다 잘하고 싶은 욕구이다. 차기와 종드리기가 잘 버무려져야 제기차기가 재미있어진다. 제기차기를 하지 않는 아이들에게 제기차기를 가르쳤다. 처음에는 힘들고 재미없어했다. 재미를 주려고 종드리기를 시도해 봤지만 발에 맞추는 것도 어려운 형편이고, 종에 대한 개념도 없어 흥미를 갖지 않았다.

그래서 '제기차기 인증제'를 했다. 1~5개를 차면 초급, 9개까지 차면 중급, 10개 이상 차면 고급으로 졸업이다. 일주일에 한 번 인증시험을 봤는데 한 달 정도 지나니 졸업생이 하나둘 생기기 시작했다. 두 달 정도 지나서는 반 정도가 중급을 통과했다. 이때부터 자기들끼리 누가 더 많이 차나 시합을 했다. 그래서 종드리기를 알려줬더니 혼자 연습하는 아이가 부쩍 늘었다.

5학년이 끝나갈 무렵 주머니에 제기가 있는 아이들이 많이 보였다. 그런데 문구점에서 산 것이 아니라 수제 제기였다. 부모님이 만들어 준 것도 있고 다른 아이 것을 보고 만든 것도 있는데 파는 제기보다 더 무거웠다. 문방구에서 파는 것은 가벼워서 바람에 약해 보완한 맞춤형 제기인 셈이다. 제기를 만들어서 가지고 다닐 만큼 아이들의 다리 힘도 세진 것은 분명하다.

반복 연습으로 숙달되면 재미있는 쌩쌩이

쌩쌩이는 여러 나라에서 쉽게 볼 수 있는 세계적인 놀이인데 그 나라의 자연환경에 따라 소재는 다양하다. 우리나라는 나무를 깎아서 놀다가 단추가 나오면서 단추를 이용하게 되었다. 돌리면 쌩쌩 소리가 나기 때문에 쌩쌩이라는 이름이 생겨났으며 단추로 만든 것은 '단추팽이'라고 부르기도 했다. 구멍이 있으면 좋고, 없으면 뚫어서 만들 수 있다.

쌩쌩이가 잘 돌아가기 위해서는 회전구(단추)는 무겁고 줄은 얇아야 하며 구멍 사이의 거리는 좁아야 한다. 아이들이 처음 돌릴 때는 요령이 부족해 위의 조건을 고려해서 잘 돌아가게 해주는 것이 좋다. 그러나 회전구가 돌아가는 힘으로 줄이 감기고 풀려야 하는데 타이밍을 맞추기가 쉽지 않아 힘들어한다. 혼자 시도하다가 포기하는 경우에는 두 손을 잡아 주어 언제 당겨야 하고 놓아야 하는지 느낌으로 깨닫게 하는 것이 좋다.

여러 번 설명하기보다 직접 느끼게 하는 것이 훨씬 빠르다. 그러다가 한 번만 제대로 성공하면 그 뒤에는 아이 스스로 할 수 있다. 기초 요령을 터득하면 난이도를 조절하는 것이 필요하다. 쉽게 돌릴 수 없도록 조건을 만드는 것이다. 그러면 전에 돌렸던 경험을 살려 다양한 방법으로 돌리려고 한다. 그 과정이 길수록 성취감도 커진다. 돌리는 데 성공한 경험이 있으면 쉽게 포기하지 않는다.

사진에 보이는 쌩쌩이는 구멍 간격을 조절해서 만든 것으로 간격이 좁은 것부터 연습시킨다. 어려운 과정을 거쳐야 성취감이 크기 때문이다. 그다음에

구멍 간격이 넓은 것을 연습하
도록 하면 차례로 성공해 나가
며 환호한다. 구멍의 간격을 만
들기 어려우면 서너 개를 동시
에 돌리는 방법도 있다.

쌩쌩이는 구멍 간격이 좁을수록 잘 돌아간다.

　미야가와 히로가 쓴 그림책《윙윙 실팽이가 돌아가면》에서는 쌩쌩이를 돌
리는 과정을 감동적으로 그렸다. 주인공 창호가 운동장과 이어진 놀이터에서
놀다 다쳐 병원에 가면서 놀이터가 폐쇄되고, 새로 온 교장 선생님에게 놀이
터를 열어 달라면서 이야기가 펼쳐진다.

　교장 선생님은 쌩쌩이 한 개를 아이들에게 주고 돌리면 열어 주겠다고 한
다. 아이들이 어렵게 성공하지만 이번에는 두 개를, 나중에는 새 개를, 마지막
에는 네 개를 돌리라고 한다. 다른 아이들은 다 포기했지만 창호는 끝까지 도
전하여 성공한다는 줄거리다.

　교장 선생님은 아이들에게 쌩쌩이의 재미를 전하는 방법을 알고 있다. 반
복해서 연습하지 않으면 재미를 느끼지 못한다. 놀이뿐 아니라 아이들이 어떤
것을 하려고 할 때 어른이 해줄 수 있는 것이 그리 많지 않다. 밥상은 차려줄
수 있지만 밥을 대신 먹어줄 수 없는 것과 마찬가지다.

　쌩쌩이는 줄을 잡아당기고 놓아줄 때를 스스로 깨닫지 못하면 옆에서 아무
리 거들어도 소용없다. 이렇게 저렇게 궁리를 거듭하여 터득할 때 얻는 재미
는 그 과정을 이겨낸 사람만이 느낄 수 있다.

　요즘, 아이들은 어려운 과정을 이겨내야 재미를 얻을 수 있는 놀이를 쉽게
포기한다. 반복 연습을 해서 기술을 익힐 시간이 없고, 의지도 약하기 때문이
다. 기술을 익히는 과정은 신체 능력을 단련하는 것과 연관되는데 이런 놀이

를 경험하지 못한 아이는 자기 몸을 마음대로 운용하는 능력이 떨어진다. 또한 어떤 일을 끈기 있게 해내려고 노력하지 않는다. 만족감과 성취감은 쉽게 얻어지는 것이 아니라 어려운 과정을 이겨냈을 때 주어지는 것인데 이런 경험이 부족하면 심약한 아이로 자라게 된다.

아이들을 가르치면서 가장 어려울 때는 무기력에 빠진 아이를 만나는 것이다. 어떤 일에도 시큰둥하고 의욕을 보이지 않고 총기 없는 눈으로 어깨를 축 늘어뜨리고 주변을 배회하는 모습을 보면 안쓰럽다. 이런 아이에게 의욕을 불러일으키고 자존감을 갖게 하는 방법으로 놀이 기술을 익히게 하면 좋다.

놀이 기술을 익히면서 재미를 경험하게 하고, 그 재미가 성취감으로 이어져 자존감을 높여주는 데 효과적이다.

무임승차했다 영웅이 될 수 있는 비석치기

비석치기가 기록된 문헌은 아직 발견되지 않았지만 돌을 사용하고, 전개되는 방식이 단순하며 다른 나라에서도 행해진다는 점에서 오랜 역사를 가진 놀이로 보인다. 비석치기의 '비석'에 대해 무덤 앞에 세우는 비석(碑石)에서 왔다는 것과 돌을 던져 날아다닌다는 비석(飛石)에서 왔다는 주장이 있다.

비석(碑石)은 백성들이 벼슬아치가 세운 송덕비 앞을 지날 때 욕설을 하거나 발로 찼는데 이것이 점차 놀이가 되었다는 것이다. 교과서를 비롯해 여러 책에 이 주장이 소개되면서 널리 알려졌다.

그러나 지역에 따라 돌차기(강원도 통천), 비사잭기(경기도 개성), 말따먹기, 돌맞추기(경상도 울진)로 불리는 걸 보면 비석은 돌을 던져 맞춘다는 뜻에서 '날아다니는 돌(飛石)'로 쓰였다는 것을 알 수 있다.

비석치기는 돌을 던져서 맞히는 놀이라는 점에서 석전놀이에서 비롯되었다는 주장도 있다. 표준국어대사전에는 비석치기의 표준어가 비사치기로 되어 있다.

비석치기: '비사치기'의 방언(충청).
비사치기: 아이들 놀이의 하나. 손바닥만 한 납작한 돌을 세워 놓고 얼마쯤 떨어진 곳에서 돌을 던져 맞히거나 발로 돌을 차서 맞혀 넘어뜨린다. 어원·←비사 [〈碑石〉] +치-+-기]]

표준국어대사전은 '비사치기'를 표준어로 보고, 어원을 '비사(碑石)'라고 표시했다. 그러나 오랫동안 불려왔던 비석치기로 사용하는 것이 좋다고 생각한다.

4학년 교과서에 비석치기가 나오길래 아이들에게 놀이를 아는지 물어보았더니 아는 아이는 많은데 해본 아이는 몇 명 되지 않았다. 재미있다는 아이는 아무도 없었다. 비석치기는 놀이도구도 간단하고, 장소가 넓지 않아도 쉽게 할 수 있는 놀이였는데 2000년대에 들어 완전히 자취를 감추었다. 텔레비전, 인터넷의 급속한 보급과 학원의 증가로 놀 시간이 부족해지고 함께 어울릴 또래가 없어진 까닭이 크다.

비석치기가 이어지지 못한 상황에서 놀이를 하다 보면 웃지 못할 모습을 쉽게 볼 수 있다. 놀이의 가장 중심이 되는 던지는 자세를 보면 야구공을 던지듯 위에서 내리 던지는 아이, 허리를 구부리고 옆으로 빗겨 던지는 아이, 땅에 돌을 내려놓고 밀면서 던지는 아이, 그 모습이 각양각색이다.

하지만 이렇게 던지면 너무 멀리 가거나 비석에 미치지 못해 비석을 쓰러뜨리기 어렵다. 형들이 비석 던지는 모습을 본 적이 없기 때문에 나타나는 현상이기도 하고, 평소에 손에 쥘 만한 크기의 물체(돌이나 나무)를 던져본 적이 없어서이다. 이런 상황에서 비석치기는 재미도 없어 중단될 수밖에 없다. 1단계인 던져 맞추기도 쉽지 않다.

던져 맞추기는 비석치기를 관통하는 핵심 기술이기 때문에 충분히 익혀야 다음 단계로 나아갈 수 있다. 따라서 일대일로 짝을 지어 여러 번 던질 수 있도록 하는 것이 좋다. 대부분의 놀이는 처음에는 쉽고 갈수록 어려워지는데 비석치기는 거꾸로 처음이 어렵다. 그래서 첫 단계를 생략하고 다른 단계로 넘어가기도 한다.

그렇다면 가장 어려운 기술을 첫 단계로 둔 것은 무슨 까닭일까? 비석치기는 놀이시간이 길고 순간마다 집중해야 한다. 긴 시간 몰입해서 즐기기 위해서는 어떤 보상(자극)이 필요하다. 어려운 첫 단계에서 비석을 맞춰 쓰러뜨렸을 때의 쾌감이 보상 역할을 한다. 그 뒤 펼쳐지는 쉬운 단계에서도 쓰러뜨렸다는 동일 결과는 처음에 각인되었던 쾌감을 불러일으켜 놀이를 계속하게 한다.

지금은 자생성을 잃은 놀이가 되었지만 비교적 끝까지 살아남은 몇 안 되는 놀이 가운데 하나이고, 놀이의 재미를 알고 나면 틈만 나면 하게 되는 놀이다. 놀이를 할수록 기술이 좋아져 성취감을 얻기 때문이다.

전국에 분포하는 비석치기의 기본 구조는 세워 놓은 비석을 갖가지 방법으로 쓰러뜨리는 것으로 동작도 거의 비슷하다. 다리 부위를 중심으로 전개되는 방식과 윗몸 부위를 중심으로 전개되는 방식으로 나뉜다. 다리 부위는 제자리에서 던져 맞추기, 한 눈 가리고 던져 맞추기, 한발 들고 거리를 달리해서 밟은 뒤 던져 맞추기, 던진 돌을 발로 차서 맞추기, 발등에 올려놓고 가서 맞추기, 발 사이에 끼고 가서 맞추기, 오금에 끼고 가서 맞추기, 사타구니에 끼고 가서 맞추기가 있다.

윗몸 부위를 중심으로 전개되는 비석치기는 허리에 돌을 얹고 가서 쓰러뜨리기, 배 위에 얹고 가서 쓰러뜨리기, 가슴 위, 겨드랑이, 어깨, 턱, 머리에 얹고 가서 쓰러뜨리기가 있다. 마지막에는 돌을 얹고 눈을 감고 가서 쓰러뜨리기가 있는데 너무 어려워 돌을 던져 놓고 눈을 감고 가서 주워 밀어 넘어뜨리기도 한다.

단계에 따라 부르는 말은 지역마다 차이가 있지만 공통된 것을 중심으로 보면 도둑처럼 살금살금 가야 한다고 '도둑발', 발 사이에 끼고 토끼처럼 뛰는 '토끼뜀', 오줌 쌌을 때 어기적거리는 모습이 닮았다고 '오줌싸개', 항문에 끼

토끼뜀 단계의 비석치기

고 떨어뜨려 맞추는 '똥싸개', 배를 쭉 내밀고 가는 '배사장', 어깨에 견장을 단 '훈장(계급장)', 신문을 겨드랑이에 끼고 돌리는 모습을 흉내 낸 '신문팔이'가 있다. 단계 이름에서 쉽게 연상할 수 있듯이 움직이는 모습은 의도한 것이 아니고 비석을 껴서 어쩔 수 없이 나오는 모양새라 이것을 보는 것도 재미있는 구경거리다.

놀이가 펼쳐지는 방식도 지역에 따라 조금씩 다르지만 대부분 다리 부위에서 점차 위로 올라가 머리까지 가는 과정을 밟는다. 왼쪽과 오른쪽이 구분되는 경우는 양쪽을 번갈아서 한다. 즉, 배사장은 한 번으로 끝나지만 도둑발, 훈장의 경우 왼쪽과 오른쪽을 번갈아 한 번씩 해야 한다. 다음 단계로 올라가기 위해서는 상대편에서 세워 둔 돌 모두를 넘어뜨려야 한다. 비석이 세 개가 있는데 두 개만 넘어뜨렸다면 실패한 셈이다.

넘어뜨리지 못한 사람은 그 단계에서 기회가 사라지지만 넘어뜨리면 계속

할 수 있다. 한 사람이 남겨진 모든 돌을 넘어뜨리기도 하는데 모두 넘어뜨리면 죽었던 사람도 새롭게 던질 기회를 갖는다.

비석치기에 열중하는 아이들을 보면 '원님 덕에 나발 분다'는 속담이 떠오른다. 자기는 맞추지 못했는데 다른 사람이 잘 맞추면 덩달아 다음 단계에 올라가 무임승차를 한다. 그런데 놀이가 전개되면서 무임승차한 사람이 다음 판에서 일등공신이 되기도 한다. 무임승차는 같은 편에게 빚을 지는 것처럼 여겨지는데 누구나 빚을 갚고 존중받고자 하는 마음을 갖는 것은 당연하다. 이런 마음이 단계마다 최선을 다하게 만든다.

비석치기에서 맞추지 못했다고 나무라는 사람은 없다. 맞추려는 의지대로 결과가 좋게 나오지 않는다는 것을 놀면서 확인했기 때문이다. 모두가 무임승차에 대한 마음의 빚을 지고 놀게 된다. 마지막 남은 한 개를 맞춰 자기편 모두를 다음 단계로 올라가게 했을 때 마음이 홀가분해지고 영웅이 된다. 그러나 다음 단계에서도 잘한다는 보장은 없다. 따라서 비석치기가 전개되는 과정은 '무임승차-탕감'의 순환이라 할 수 있다. 이렇기 때문에 찾아온 기회를 허투루 보내는 사람 없이 기도하는 심정으로 신중하게 비석을 던질 수밖에 없는 것이다.

집에서는 부모가, 학교에서는 교사가 아이들이 조금만 어려워해도 대신 해주는 경우가 흔하다. 이런 상황에서 아이들은 맡은 일에 최선을 다해 이뤄냈을 때의 쾌감을 느끼기 어렵다. 그런 아이들에게 비석치기는 최선을 다한다는 것이 무엇이며, 어떤 마음가짐을 가져야 하는지 일깨운다.

이동 능력과 손 조작 능력을 길러 주는 굴렁쇠

굴렁쇠 하면 어린 시절 굴렁쇠를 굴리며 들판을 뛰어다니던 기억과 서울올림픽 개막식이 떠오른다. 세계 모든 이들이 지켜보는 가운데 천천히 굴렁쇠를 굴리던 초등학교 1학년 어린이는 지금은 40대가 되어 있

1988년 서울올림픽 개막식 때 한 어린이가 굴렁쇠를 굴리며 운동장을 가로질러 가고 있다.

을 것이다.

내가 어릴 적엔 굴렁쇠를 갖기가 쉽지 않아 친구 것을 빌려서 놀기도 했다. 그러다가 4학년 때 망가진 자전거에서 빼낸 휠을 얻었을 때의 감격은 지금도 생생하다. 자전거 휠 굴렁쇠는 긴 막대가 굴렁대다. 휠 중간에 홈이 패어 있어 그곳에 막대를 대고 밀면서 굴린다. 굵은 철사나 드럼통 윗부분을 잘라 만든 굴렁쇠는 홈이 없어서 굵은 철사로 끝을 디귿 자로 구부린 전용 굴렁대가 필요하다. 이런 형태는 굴리기가 어려워 연습을 많이 해야 원하는 곳으로 갈 수 있다. 멈출 때는 굴렁대의 디귿 자를 옆으로 틀어 건다.

굴렁쇠는 세계 곳곳에서 했던 오랜 역사를 가진 놀이다. 이 놀이가 보편성을 띠는 까닭은 놀이의 소재에 있다. 고대부터 바퀴와 통(맥주통, 오줌통)이 사용되었는데 용도가 끝나면 버려졌고 여기서 통을 고정하는 테를 활용했기 때문이다. 이런 일은 셈을 할 때 사용된 산가지가 주판이 발명되면서 놀잇감이 되었다든지, 단추가 쌩쌩이의 소재가 되는 것처럼 예전에는 흔한 일이었다.

많은 놀이가 그렇듯 굴렁쇠도 환경이 바뀌면서 노는 모습을 볼 수 없게 되었다. 집 앞마당, 골목길, 논둑과 밭둑, 신작로 등에서 굴렁쇠를 굴리며 놀았다. 그런데 아파트가 들어서고 도로가 많아지면서 이런 공간이 사라졌다. 게다가 차들이 많아져 주차할 공간조차 녹록지 않고 도로에서 자동차 사고가 빈번하니 자연히 굴렁쇠도 사라진 것이다. 그래서 이 놀이는 어른들의 기억 속놀이로 남게 되었다.

2017년 7월부터 12월까지 충주 세계무술공원에서 격주 토요일마다 놀이마당이 펼쳐졌다. 지역 주민, 관광객 등 찾는 사람이 적을 때는 100여 명, 많을 때는 200명 넘게 3시간 남짓 여러 놀이를 즐겼다. 놀이마당 중에 굴렁쇠도 있었다. 굴렁쇠를 쉽게 생각하고 해보겠다는 사람은 많았다. 그러나 굴렁쇠를 제대로 굴리는 아이는 거의 없었고 어른 몇몇이 어릴 때 기억을 되살려 제대로 할 뿐이었다. 그냥 굴리면 될 것처럼 보이는데 생각보다 쉽지 않다.

굴렁쇠는 굴렁쇠가 굴러가는 속도와 굴리는 사람의 속도가 맞아야 한다. 그런데 너무 빨리 굴러가면 따라가느라 급급하고 그 반대로 천천히 굴러가면 뒤에서 따라가다가 넘어지기 일쑤라 목적지에 다다를 수 없다. 따라서 굴렁쇠를 손으로 밀어서 굴러가게 한 다음에 그 속도에 맞춰 가는 연습과 함께 굴렁대를 조정하는 방법을 익혀야 한다.

아이들은 아이들이다. 안 되면 포기하고 다른 놀이를 할 법도 한데 펼쳐 놓은 굴렁쇠 여섯 개가 쉴 틈이 없다. 3학년 남자아이는 시작할 때부터 했는데 지치지도 않고 연습과 도전을 반복한다. 안쓰러워 내가 굴렁쇠를 굴리고 아이는 옆에서 뛰어가게 하면서 속도를 익히게 하고 굴렁대가 흔들리면 안 된다고 시범을 보여줬다.

짧은 시간인데도 말귀를 알아듣고 따라 한다. 그전의 시행착오가 도움이 되었기 때문이다. 다른 사람들에게 시범을 보일 정도의 안정된 자세로 굴렁쇠를 굴렸다. 너무 재미있다며 굴렁쇠는 어디에서 파는지 물어보기도 했다.

굴렁쇠는 이동 능력과 손 조작 능력이 협응될 때 제대로 굴릴 수 있다. 대말타기도 이동 능력과 손 조작 능력이 필요하지만 굴렁쇠는 자전거 탈 때처럼 균형 감각에 초점이 맞춰져 있다. 굴렁쇠를 자기가 바라는 곳으로 굴러가게 하려면 굴렁대를 이용할 줄 알아야 한다. 굴렁대가 제 기능을 하면 굴렁쇠가 재미있어진다. 천천히 또는 빠르게, 곡선을 비롯하여 장애물을 피해 가면서 원하는 곳으로 굴렁쇠를 굴릴 줄 안다면 얼마나 신이 나겠는가! 그런 모습을 보면 굴렁쇠가 사람을 따라다니는 것 같다.

놀이마당을 정리하고 집으로 오다가 자전거길도 있는데 굴렁쇠길은 왜 없을까 하는 생각이 들었다. 굴렁쇠가 밖으로 나가지 않도록 길 양편에 조금의 턱을 두고 곧거나 구불구불하게 굴렁쇠 전용 길을 만들면 좋겠다는 생각을 했다. 공원이나 놀이터 외곽, 운동장이나 인도 안쪽에 굴렁쇠길을 만들면 공터마다 킥보드를 타고 노는 아이들도 이 길에서 안전하게 놀 수 있지 않을까 싶다.

사라지는 망차기, 지속되는 망줍기

어떤 놀이는 오랫동안 지속되지만 잠깐 유행하다 사라지는 놀이도 있다. 땅에 그림을 그려 놓고 돌(망, 목자)을 가지고 노는 놀이 가운데 망줍기는 시대가 바뀌어도 계속되지만 망차기는 맥이 끊겼다.

망줍기는 '망(돌)'을 던져 놓고 줍는 활동이고, 망차기는 발로 망을 차면서 다음 칸으로 나가는 활동이다. 1970~80년대만 해도 큰 아이들은 망차기를 즐겼고, 망줍기는 어린아이들이나 하는 시시한 놀이로 여겼다. 한 발로 서기도 어려운 어린아이들은 바닥에 있는 돌을 차서 원하는 곳에 넣기도 힘들었다. 그래서 어린아이들은 망차기 하는 언니들 옆에서 망줍기를 하며 한 발로 서거나 몸을 가누는 연습을 했다.

망차기는 처음이 어렵지만 어려운 과정을 지나면 땅을 차지하는 보상을 얻는다. 그런데 땅을 차지하기가 쉽지 않다. 망이 금에 닿거나 발로 금을 밟아도 죽고, 망이 칸 안으로 정확하게 들어가야 한다. 하늘 칸에서 발등에 돌을 올려놓고 받지 못해도 죽는다. 쉬운 것이 하나도 없다. 그러나 반복해서 놀다 보면 외발 서기가 가능해지고, 발끝의 감각으로 어느 정도 세게 차야 망을 다음 칸으로 보낼 수 있는지 알게 된다. 이런 감각이 몸에 배기까지 많은 시간과 연습이 필요하다.

망차기 한 판을 완전히 끝내 승부가 나기 위해서는 잘하는 사람끼리 하면 30~40분 걸리지만 보통은 50~60분 정도 걸린다. 기술도 많이 필요하고 시간도 오래 걸리기에 요즘 아이들이 외면한 셈이다. 만약 기술을 쉽게 익히고 놀

사방치기에서 2번 방에서 망을 3번 방으로 치려고 하고
있다.

이 시간이 줄어든다면 망차기를
되살릴 수 있을까? 아니, 되살릴
필요가 있을까? 다른 놀이로 망차
기의 강점을 대체할 수 없기에 되
살려야 하고, 기술과 시간 문제는
놀이판에서 찾았다.

 망차기의 원래 이름은 방이 4개
였기 때문에 사방치기였다. 그런데 놀이가 금방 끝나서 방을 늘리다 보니 방이
6개로, 다시 8개로 늘어났다. 그렇다면 오늘날과 같은 상황에서는 방을 줄여 기
본 기술을 익히다 보면 놀이시간도 줄어들 것이다.

 사방치기를 하니 아이들은 놀이판이 단순해서 해볼 만하다고 여겼다. 1번
방에서 시작했다가 다음에는 2번 방에 망을 던져 한다니까 다음 칸으로 나아
갈 수 있다는 점에 매력을 느끼는 아이가 늘어났다. 사방치기에서 상대를 이
기면 육방치기를 할 수 있다고 하니 더 열심히 했다. 그러는 사이 외발 서기가
능숙해졌고 발끝의 감각도 생겨났다. 사방치기를 하는 데 걸리는 시간은 망줍
기와 같은 10~15분 정도였다.

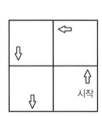

방이 네 개인 사방치기   방이 여섯 개인 육방치기

 망줍기는 사방치기로 불렸는
데 망차기와 구분하기 위해 망줍
기라고 했다. 세계 어느 곳에서
나 널리 하는 놀이로, 서양에서
'돌차기(marelle)'라 부르는데, 일
제강점기에 우리나라에 들어와
정착했다. 땅에 그린 모습이 우

리와 조금 다르지만 놀이방법은 비슷하다. 우리나라는 1-2, 4-5, 7-8에서, 서양은 4-5, 7-8에서 두 발로 한다. 그런데 동서양 모두 맨 위쪽이 하늘인 점은 같다. 놀이판을 보면 우리나라는 직사각형으로 좀 더 구조화되어 있어 그리기도 쉽고 공간을 효율적으로 사용하고 있다.

망을 1번에 던져 놓고 7-8까지 갔다가 다시 뒤로 돌아서 역순으로 나오며 던져 놓은 망을 줍고 나온다. 1단계에서 8단계까지 성공하면 망을 던지는 곳에서 뒤로 돌아 망을 던져 땅을 차지한다. 이 단계를 '땅따먹기'라고도 한다. 땅을 많이 차지하는 사람이 이긴다.

망차기와 망줍기에서 주목할 점은 외발 서기와 외발 후 동작이다. 두 발이면 쉽게 할 수 있지만 외발이기에 어렵다. 외발로 설 때 어디에 힘을 주어야 하고 어떻게 균형을 잡아야 하는지 몸으로 익혀야 한다. 그런 뒤에는 두 발일 때는 외발로 할 때보다 더 정확하고 안정적으로 할 수 있다.

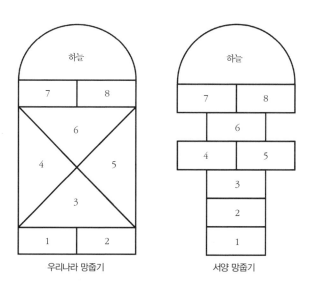

우리나라 망줍기   서양 망줍기

어린아이들은 장난감이나 물건을 보고 "내 거, 내 거야!"를 외친다. 자기 것으로 만들려는 욕구의 표현이다. 그러나 현실에서 자기 욕구를 무조건 채우고자 한다면 충돌이 일어날 수밖에 없어 법과 관습을 통해 '도둑질하지 마라' '남의 것을 뺏지 마라' 하면서 막는다. 하지만 놀이에서는 일정한 규칙을 정해 소유 욕구를 충족할 수 있어 재미를 느낀다.

딱지치기, 구슬치기가 이런 유형에 속하는데, 따는 것과 같은 비중으로 잃는 부분이 전제된다. 잃는 부분이 전제되지 않고 따기만 한다면 재미를 느낄 수 없고, 반대로 따지 못하고 잃기만 해도 상실감이 커서 놀이가 지속되기 어렵다. 이들 놀이는 따고 잃는 것도 중요하지만 그 결과물(놀잇감)의 가치도 중요하다. 따라서 어떻게 하면 놀잇감의 가치를 높이느냐가 재미를 끌어내는 관건이다.

놀잇감을 잃으면 이를 만회하려고 더 몰두하게 된다. 자기 것을 남에게 빼앗기고 싶은 사람은 아무도 없다. 아끼는 것이라면 더욱 그렇다. 아이들에게 딱지와 구슬이 그런 것이다. 뺏기기 싫으면 안 하면 그만인데, 이를 무릅쓰고도 계속하는 것은 딸 수 있다는 가능성 때문이다.

소중한 것을 빼앗기느냐 가져오느냐를 결정짓는 놀이판은 그야말로 전쟁터를 방불케 한다. 작은 잘못으로 아끼는 것을 빼앗길 수도 있고, 상대의 약점을 간파해 따먹을 수도 있다. 상대의 심리까지 파악해야 하는 살얼음 판이다. 이런 긴장감은 같은 일이 반복되는 지루한 일상에 활력을 준다.

잃고 따고 잃는 딱지치기

종이가 참으로 귀했던 시절이 있었다. 편지지 장수를 줄이려고 가장자리까지 빼곡히 편지를 썼고, 물건 쌌던 종이는 다시 펴서 썼으며 연필로 쓴 연습장은 볼펜으로 한 번 더 썼다. 교과서도 물려받아 쓸 정도였다. 내가 초등학교를 다니던 1970년대는 그랬다. 그렇게 귀했던 종이로 딱지를 접었다.

신문지나 공책, 교과서를 뜯어서 딱지를 만들었다. 상자로 두툼한 딱지를 만들기도 했고, 시멘트 포대나 과일을 쌌던 봉지로도 만들었다. 코팅 처리된 귀한 종이로 빳빳한 딱지를 만들기도 했다. 별의별 딱지가 다 만들어졌다. 아주 작은 것에서부터 큰 것까지 크기도 다양했고 두께도 달랐다.

나는 딱지치기를 하면 잃은 기억이 더 많은데 내 동생은 "형이 우리 동네 딱지를 다 땄어." 한다. 어째서 동생의 기억과 다를까? 내가 땄던 기억은 잊고, 잃었던 기억만 남았기 때문일 것이다. 엄마가 접어준 딱지를 다 잃고 집에 와서 울던 일이 아직도 눈에 선한 것을 보면 말이다. 그런데 이보다 더 기억에 남는 일이 있다.

엄마 친구가 종합선물세트를 사들고 우리 집에 오셨다. 엄마는 과자를 한 개씩 주고 나머지는 나중에 먹자며 가져가고 상자를 내게 주었다. 딱딱한 딱지는 늘 갖고 싶었던 것이다. 그 상자로 크고 멋진 딱지를 만들었다. 다른 딱지와 함께 가지고 나가 딱지치기를 했는데 나머지를 다 잃고 멋진 딱지(왕딱지)만 남았다.

왕딱지답게 다른 딱지를 연달아 땄는데 왕딱지가 엎어지는 바람에 잃고 말았다. 그때의 심정은 백창우 씨가 곡을 붙인 〈딱지 따먹기〉 노래 중에 '내가 넘어가는 것 같다'보다 더 절절했다. 그 딱지를 되찾으려고 했지만 내 딱지를 가진 아이는 절대로 내놓지 않았다. 애가 탔지만 멋진 딱지는 두 번 다시 내 손에 들어오지 않았다. 딱지를 잃지 않으려면 여러 가지를 고려해야 한다. 어린 시절 내 경험에 비추어 딱지치기 잘하는 비결을 정리해 보았다.

첫째, 상대의 실력을 파악해야 한다. 놀이판이 하루 이틀 벌어진 것이 아니기에 서로가 얼마나 잘하고 못하는지 안다. 나보다 잘한다고 판단되면 피하는 것이 좋다. 그렇다고 무조건 피하면 안 된다. 실력자는 놀이판에서 주도적 역할을 하기에 피하기만 하면 다른 놀이에서 불이익을 당하기 때문이다. 따라서 피할 수밖에 없는 상황을 만들거나 잃어도 좋은 허름한 딱지로 놀이를 해야 한다.

둘째, 상대의 딱지를 파악해야 한다. 내가 갖고 싶은 딱지를 상대가 갖고 있는데 실력이 월등히 좋다면 포기하고, 그렇지 않으면 "한 판 할래?" 하고 먼저 도전하는 것이 좋다.

셋째, 상대의 성격을 파악해야 한다. 잃으면 계속 붙들고 늘어져 그만하고 싶어도 못 그만두게 하는 아이가 있고, 자기가 따고 싶은 것을 얻으면 야박하게 돌아서는 아이도 있다. 이럴 때는 마음을 다치기 마련이다.

넷째, 자기 딱지 상태를 늘 점검해야 한다. 만약 좋은 딱지만 남은 경우 좀 더 신중하게 판단하고, 허름한 딱지를 많이 땄을 경우 잃어도 좋은 사람과 겨룰 수도 있다. 가지고 나온 딱지 말고 집에 얼마나 딱지가 있는지도 생각해야 한다. 집에 딱지가 없는 경우라면 좀 더 조심해야 한다.

다섯째, 상대의 인맥을 고려해야 한다. 만약 형이 있다면 조심해야 한다. 좋은 딱지를 한두 개 땄다가 형이 달려들어 더 많이 잃을 수도 있기 때문이다. 형뿐 아니라 평소 그가 가진 인맥으로 역공을 당하지 않을까도 고려해야 한다. 몇 명이 편을 먹고 딱지를 공유하기도 하는데 그들을 잘못 건드리면 뒷감당하기가 힘들다.

여섯째, 딱지치기 기술 가운데 내가 어떤 기술을 잘하는지 알아야 한다. 상대편 딱지 옆에 발을 대고 비스듬히 내려쳐 바람의 힘으로 넘기는 '발대기(바람치기)'와 위에서 내려치는 '배꼽치기' 중 어느 것을 더 잘하는지 알고 이 능력을 극대화해야 한다. 실력을 쌓기 위해 따로 연습해야 하는 건 두말할 것도 없다.

일곱째, 전체 놀이판의 흐름을 읽어야 한다. 놀이판도 시작, 중간, 마무리가 있다. 시작 단계에서는 모험해도 되지만 마무리 단계라면 무리하지 않아야 한다.

여덟째, 내가 다 잃었을 때 누군가에게 도움을 청할 수 있는 인맥을 확보해야 한다. 이를 위해 평소 누군가 나에게 도움을 청하면 되도록 도와줘야 한다. 딱지가 많다면 기꺼이 주고, 딱지가 적을 때 도움을 준다면 더 강력한 내 편을 얻을 수 있다.

아홉째, 다른 사람들의 평판을 늘 염두해야 한다. 땄다고 마냥 좋아하면 상대의 기분을 상하게 할 수 있고, 반대로 잃었다고 겉으로 드러나게 표현하는 것도 그다지 좋지 않다. 놀이판이 매일 벌어지기 때문에 평판을 잘 관리하지 못하면 무리 속에 어울리기 어렵기 때문이다.

이것 말고 더 많은 비결들이 있다. 그런데 이런 판단은 아주 짧은 시간에 이뤄진다. 그래서 겉보기에는 딱지치기 하고 노는 것이지만 안을 들여다보면 많은 판단이 날줄과 씨줄처럼 엮여 놀이판이 이루어지는 것이다.

딱지치기는 '따느냐, 잃느냐'는 두 개의 축으로 되어 있다. 따기도 하고, 잃

딱지가 넘어갈 것인가, 아이들 마음도 함께 넘어간다.

기도 한다. 계속 잃기만 하거나 따기만 하면 더 이상 놀이가 지속되지 못한다. 그렇다면 두 축 가운데 어느 쪽에 무게중심이 가 있을까? 언뜻 떠오르지 않는 다면 화투에서 '고스톱' 했을 때를 떠올려 보자. 땄을 때가 더 기억되는가, 아 니면 그 반대인가?

우리 반은 우유갑으로 양면 딱지를 만들어 두 번을 연달아 넘겨야 딸 수 있 다는 규칙을 정했다. 쉽게 딸 수 없도록 해서 성취의 어려움을 느낄 수 있도록 한 것이다. 바람치기는 배꼽치기보다 기술이 필요해 두툼한 우유갑으로 만들 어 놓았다. 우유를 마시고 깨끗이 씻어 말려 딱지를 만들어 가져오면 네임펜 으로 이름을 써 주었다. 그렇게 만든 딱지 다섯 개만 놀이에 쓴다. 딱지의 가치 를 높이기 위한 것이다.

일주일에 한 번씩 대회를 열어서 '딱지왕'을 가린다. 딱지왕은 마라톤에서 월계관과 같은 명예를 상징하며 모든 사람이 볼 수 있게 칠판에 크게 이름을 적어준다. 몇몇 아이들은 딱지를 들고만 다닌다. 해보지도 않고 잃을 걱정이 앞선 소심한 아이들이다. 그래서 "연습이야." 하고 시작하니 어쩌다 따더라도 다시 돌려준다. 그런 식으로 끝까지 다섯 장을 유지한다.

아이들 대부분이 잔꾀를 부리지 않고 딱지치기를 열심히 하는데 주희가 하자고 하면 모두 안 한다. 반장인 데다가 공부, 운동 다 잘해서 그런가 싶었는데 알고 보니 잃으면 '가짜(연습)'라고 하면서 딱지를 주지 않는 것이었다. 그래 놓고 자기가 따면 가져간다. 그러니 주희의 딱지를 딴 아이는 아무도 없다. 아이들에게 외면당하는 주희를 불러 이야기를 했는데 아이들을 빙빙 돌 뿐 딱지치기를 하지 않는다.

'잃는 것=패배=나쁜 것', '따는 것=승리=좋은 것'이란 생각이 너무 강했다. 누가 이런 생각을 갖게 만들었을까? 스포츠는 금메달, 대학은 일류 대학, 성적은 일등만 대접받는다. 지는 것을 무능으로 여기는 풍토에서 만들어진 생각이다. 이런 상황이 정신적 압박으로 작용해 원하는 대로 성적이 나오지 않았을 때 극단적인 선택을 하는 학생이 해마다 증가하는 것이다.

그렇다면 생각을 바꿀 수 있는 근본적인 방법이 무엇일까? 딱지치기 같은 잃고 따는 놀이를 어릴 때 많이 경험하는 것도 방법이다. 그래야 지는 것, 잃는 것을 연습할 수 있다. 딱지치기가 전개되는 원리는 사회의 운용원리와 비슷하다. 딱지를 따는 것은 원하는 대로 이뤄진 것이고, 잃는 것은 그 반대의 경우다.

살다 보면 원하는 대로 이뤄지기보다 그렇지 않은 경우가 더 많다. 살아가는 데 필요한 것은 원하는 대로 되지 않았을 때 체념하고 포기하기보다 현실을 받아들이고 더욱 분발해서 이루려고 노력하는 마음가짐이다.

겨울철, 손이 터 가며 했던 구슬치기

어린 시절 겨울만 되면 얼음판에서는 팽이치기, 언덕 위에서는 연날리기, 눈 오는 날에는 눈사람을 만들고 눈싸움을 했다. 그리고 양지바른 곳에 모여 구슬치기를 했다. 언 손을 호호 불며 하던 '구멍 들기(범 들기)', 삼각형을 그려 그 안에 놓인 구슬을 따먹는 '삼각형 따기'를 많이 했다. 6학년 정도가 되면 주먹 안에 구슬이 몇 개 있는지 맞추는 '홀짝'이나 '으찌 니 쌈('하나 둘 셋'의 일본말)' 하며 '쌈치기'를 했다.

추위에 손이 터서 빨간 생살이 나오면 무척 아팠다. 뜨거운 물에 오래 불려 때를 벗기고 바셀린을 바르면 아물지만 구슬치기를 하면 다시 터진다. 나중에 놀이를 연구하면서 '구슬치기를 왜 추운 겨울에 했을까?'란 궁금증이 생겼다. 구슬치기는 손으로 하는데 왜 찬 공기에 손이 다 드러나는 겨울에 했을까?

2002년 마을 민속을 조사하기 위해 경북 안동시 풍산읍 서미 2리에 갔다. 칠팔십 대 남자 어른들은 겨울에 가장 많이 했던 놀이가 돈치기란다. 평소에는 돈을 만질 일이 없었는데 설날에 세뱃돈이 생겨 돈치기를 했다고 한다. 어떻게 하는지 조사하는데 놀이방법이 구슬치기와 너무 비슷했다. 돈이 없는 아이들은 돈과 비슷한 크기의 돌이나 기왓장을 작게 다듬어서 했다고 한다. 돈치기를 겨울에 했기 때문에 구슬치기도 겨울에 하지 않았나 싶지만 더 객관적인 자료를 찾아야 할 것이다.

구슬치기는 세계 곳곳에서 했는데 우리와 견주면 놀이방법이 단순하다. 우리나라에서 놀이방법이 다양한 것은 그만큼 많이 했기 때문일 것이다. 돈치기의 방법을 빌려 왔기 때문일 수도 있다. 구슬치기는 상대방의 구슬을 여러 가지 방법으로 따는 것을 목적으로 한다. 아이들마다 잘하는 종목이 있는데 구멍 들기를 잘하는 아이, 벽치기를 잘하는 아이가 있다. 삼각형 따기는 거의 모든 아이들이 할 줄 알았다.

삼각형 따기는 누가 먼저 할 것이지 정할 때부터 치열하다. 먼저 하는 사람이 많은 구슬을 딸 수 있고 좋은 지점을 차지할 수 있기 때문이다. 그래서 너나없이 앞 차례를 하려고 한다. 선 가까이 가려고 무리하게 던져 번번이 순위에서 밀리는 아이가 있는가 하면 너무 조심스러워 선 근처에도 못 가는 아이도 있다. 다른 사람보다 더 따려고 눈에 불을 켜는데 실력도 중요하지만 운도 따라야 한다.

구슬을 따기 위해 '밀어치기' '끌기' '맞히기' 기술이 동원된다. 밀어치기는 자기 구슬로 다른 구슬을 맞히면서 이동하는 것이다. 자기 엄지구슬을 삼각형 안에서 밖으로 나오게 할 때 밀어치기를 한다. 끌기는 엄지구슬에 회전을 주어 삼각형 안에 있는 구슬을 맞혀 밖으로 나가게 한 뒤 엄지구슬이 되돌아 나오는 기술을 말한다. 삼각형이 던지는 선 가까이 있을 때는 끌기 기술을 쓴다. 맞히기는 정확도를 높이는 기술로, 맞힐 구슬의 거리를 정확하게 파악해서 던져 맞히는데 굴리기보다 포물선을 그리며 던지는 것이 정확도가 높다.

삼각형 따기는 다른 사람의 엄지구슬을 맞히면 구슬을 딸 수 있다. 구슬을 많이 딴 아이의 엄지구슬을 맞히면 딴 구슬까지 가져올 수 있다. 엄지구슬을 맞은 아이는 구슬을 내놓고 놀이에서 빠져야 한다. 누군가가 다른 사람의 엄지구슬을 모두 맞히면 모든 구슬을 다 가지고 놀이가 끝난다.

삼각형 따기에서는 구슬 열 개를 따기 힘들지만 쌈치기나 홀짝을 하면 100개를 잃기도 쉽지만 따기도 쉽다. 모험을 하는 것인데, 구슬이 많고 큰 아이들은 한쪽에 모여서 쌈치기나 홀짝을 하고 작은 아이들은 마음을 졸이며 지켜본다. 순식간에 구슬 20~30개가 왔다 갔다 하는 것을 지켜보면 저절로 침이 꼴깍 넘어간다.

이 글을 쓰다가 구슬을 만져 보고 싶은 생각에 문방구에서 500원 주고 구슬 20개를 샀다. 두 손에 넣고 흔드니 구슬 부딪는 소리가 정겹다. 예전에는 다른 아이가 구슬 소리를 내면 몇 개가 손안에 있는지 거의 정확하게 맞혔는데 지금은 어림도 없다. 혼자 삼각형을 그려 놓고 가장 크고 예쁜 구슬을 엄지구슬 삼아 해보았다.

그런데 구슬이 자꾸 미끄러진다. 삼각형 안에 구슬 열 개를 넣고 따먹어 보려는데 끌기는 아예 되지도 않았고, 엄지구슬은 삼각형 안으로 자꾸 기어 들어갔다. 던지는 선을 삼각형과 가깝게 했는데도 영 맞질 않는다. 열 개를 따먹는 데 거의 20분이 넘게 걸렸는데 혼자 계속해서 그 정도이니 다른 사람과 했다면 다 잃었을 것이다. 작고 매끄러운 구슬이 손에 착 달라붙어 끌기, 밀기, 밀어치기 기술을 쓸 수 있었던 것은 겨울 내내 많은 시간을 구슬치기 하는데 바쳤기에 가능한 일이었다.

예전에는 가장 큰 재산이 구슬이었는데 이젠 빛을 잃어버렸다. 여러 기술을 자유롭게 구사하려면 연습해야 하는데 그럴 시간도 필요도 없어졌다. 그래서 요즘 아이들은 더 이상 구슬치기를 하지 않는다. 결국 구슬치기는 어른들 기억 속에만 있는 놀이인 셈이다. 환경이 바뀌어 놀이가 잊히고, 더 자극적이고 손쉬운 놀이가 그 자리를 차지한다면 어떻게 될까? 세상살이도 그렇게 살 수 있다고 생각하지 않을까 싶다. 정신 나간 사람처럼 혼자 구슬치기 하고 집으로 돌아오는데 걸을 때마다 주머니에서 부딪치는 구슬 소리가 더없이 맑다.

조화와 균형을 찾게 하는 땅따먹기

갈수록 발 디딜 땅이 줄어들고 있다. 심지어 운동장도 인조 잔디를 깔아 놓아 온종일 땅을 밟지 못하는 아이들도 있다. 이렇게 땅이 줄어들면서 땅에 금을 긋고 하는 놀이는 보기 어렵게 되었다. 얼마 전, 처남 집에 갔는데 조카가 안 보여 물어보았더니 아파트 단지 안에 있는 놀이터에 갔단다. 아이를 보고 싶은 마음에 찾으러 갔더니 또래 아이들과 모래 장난을 하고 있었다.

멀리서 지켜보는데 갑자기 한 아주머니가 오더니 한 아이를 일으켜 세우면서 "넌 엄마가 그렇게 얘기해도 또 그러니? 옷이며 손이 이게 뭐야!" 하며 손과 옷을 털어준다. 아이 엄마는 아이 친구가 누구인지, 무엇을 하고 노는지는 관심 밖이고 손과 옷이 더러워진 것만 걱정이었다.

그 순간 《어린 왕자》에서 새로 사귄 친구에 대해 목소리가 어떤지, 취미가 무언지, 어떤 놀이를 좋아하는지는 묻지 않고 오직 몇 살인지, 몸무게는 얼마인지, 아버지는 돈을 얼마나 버는지 숫자에만 관심 있다는 구절이 떠올랐다.

몇 해 전, 우리 반 아이들과 땅따먹기를 한 다음날, 알림장에 '우리 아이는 흙 알레르기가 있어요. 어제도 밤새 손이 가렵다고 고생했습니다. 우리 아이가 흙을 만지지 않게 해주셨으면 합니다. 죄송합니다' 하는 글이 적혀 있었다. 아이를 보니 붉은 반점이 나 있었다. 놀이하기 전 흙을 만지면 알레르기가 있는지 물어보고 할걸 하는 생각이 들어 미안하기도 하고, 흙을 만지면 알레르기가 생긴다는 사실에 당황해 한참을 멍하니 앉아 있었다.

나중에 전문가에게 물어보니 흙 알레르기가 아니라 흙과 섞여 있는 여러 가지 유해 물질 때문에 약한 피부가 손상되는 거란다. 더러 그런 아이가 있다는 사실을 그때 처음 알았다. 그렇다면 흙을 만져야 할 수 있는 놀이를 사라지게 내버려 두어야 할까? 아니면 흙놀이를 더 많이 해서 면역력을 키우는 게 나을까? 답을 찾기가 쉽지 않다.

땅과 친해질 수 있는 대표 놀이가 땅따먹기다. 우리나라 어느 곳에서나 놀았던 놀이로, '꼭꾸락치기' '땅빼앗기' '땅뺏기' '따별치기' '땅재먹기' '손뽐치기' '땅먹기' 이름으로 불렸다. 제주도에서는 '뽐을 땅'이라고 부른다. '꼭꾸락치기'는 전라북도 지역에서 부르던 이름인데, 꼭꾸락은 손가락을 튕기는 작은 돌이라는 뜻이다. 꼭꾸락치기는 작은 돌을 친다는 뜻인데, 놀이방법을 놀이이름으로 한 경우다.

'따별치기'는 놀이도구인 작은 돌이 땅에서 별처럼 반짝반짝 빛나는 것을 '따별'이라고 부른 것에서 놀이 이름이 되었다. 운치 있는 이름이다. 이렇듯 여러 이름을 가지고 있다는 것은 그만큼 아이들이 많이 했다는 반증이다. 부여 지방에는 '팅기발이'라는 별칭을 가진 놀이가 있는데 땅따먹기의 옛 형태로 보인다.

땅따먹기의 재미는 자기 땅이 조금씩 넓어지는 것을 직접 확인하면서 얻는 성취감과 만족감이다. 다른 사람 땅이 넓어지는 것을 보면서 안타까워하는 마음은 자기 땅을 차지할 때 더 큰 성취감이 된다. 그래서 너무 넓은 곳보다 작은 소리로 이야기해도 알아들을 수 있는 정도의 넓이에서 논다. 노는 아이들을 보면 성격을 알 수 있는데, 돌아올 것을 생각하지 않고 무작정 멀리 치는 무모형과 돌아올 것을 너무 걱정하여 약하게 치는 소심형으로 나뉜다. 무모형은 돌아올 확률이 적은 반면 성공하면 많은 땅을 갖게 되고, 소심형은 성공률은 높아도 땅이 조금씩밖에 늘어나지 못한다.

자주 놀다 보면 다른 사람의 모습을 보고 자기와 견주게 된다. 무모형 아이는 침착하게 조금씩 땅을 넓혀가는 아이를 보고 신중해지고, 소심형 아이는 한꺼번에 넓은 땅을 차지하는 아이를 보고 조금씩 멀리 치게 된다. 그러면서 점차 자기 능력과 필요한 조건의 균형을 찾아간다.

1학년 민우는 무모형이었다. 힘 조절이 안 되는 상태에서 너무 멀리 쳐서 돌아오지 못하는 경우가 많아 번번이 지게 되니까 땅따먹기에 흥미를 잃었다. 그러다가 다른 사람이 하는 것을 지켜보면서 자기가 무모했음을 깨달았는지 요령껏 치며 땅을 넓혀 나갔다. 그 뒤 민우는 땅따먹기 삼매에 빠졌다. 아이들도 민우와 잘 어울려 즐겁게 놀았다. 손이며 바지에 흙을 잔뜩 묻혀 교실로 들어오지만 흙강아지가 되어도 건강하게 자라는 것이 더 중요하니까 어쩔 수 없다.

땅따먹기에 쓰는 작은 돌은 매끄러운 것이 좋다. 아이들은 자기만의 땅따먹기용 돌을 가지고 다니거나 어디에 숨겨놓고 놀이할 때 꺼내서 한다. 자기한테 익숙해야 조절하기 쉽다. 땅따먹기를 하기 전에 땅재먹기를 하면 힘 조절과 정확성을 기를 수 있다. 땅재먹기는 자기 집을 각자 그린 뒤 차례를 정해 자기 집에서 상대방 집으로 작은 돌을 튕겨서 넣는 것이다. 상대 집에 들어가면 자기 집에서 한 뼘을 재어 먹고 또 하고, 그렇지 않은 경우 다른 사람에게 차례를 넘긴다. 처음에는 집과 집 사이가 멀어서 잘 들어가지 않지만 점차 집이 넓어지면서 속도가 붙어 박진감 있게 진행된다.

자기 땅을 넓혀나가겠다는 생각이나 욕심이 서로 부딪쳐 아수라장이 될 때 이를 바로잡아 주는 것이 규칙이다. 땅을 많이 차지하고 싶은 욕심이 규칙을 벗어나지 않고 결과로 인정될 때 욕심은 능력이 되는 것이다. 자기가 가진 욕망, 성격, 습관이 놀이라는 형식과 규칙을 만나 긍정적으로 바뀌는 새로운 세계가 바로 땅따먹기 놀이가 아닌가 싶다.

신화나 소설에 등장하는 영웅은 험난한 과정을 이겨내야 한다. 어려움이 심할수록 주인공은 빛난다. 일상에서도 어려움에 맞닥뜨렸을 때 도망갈 것인가, 맞설 것인가 결정해야 한다. 맞설 계획이라면 고난을 견뎌내야 한다. 어려움을 중심으로 전개되는 놀이는 어려움을 이겨냈을 때 여럿에게 이름이 불리어 부러움을 받는다. 어려움을 이겨내는 과정에서 맞닥뜨리는 위기는 마음을 졸이는 팽팽한 긴장감으로 재미를 불러일으키는 요소가 된다.

그런데 어려움을 이겨내기도 하지만 많은 경우 좌절로 끝난다. 이겨냈을 때 주어지는 보상에 비해 실패했을 때 부담은 상대적으로 적다. 술래가 되거나 다음 사람에게 차례를 넘기거나 공격에서 수비로 역할을 바꾸면 된다. 이런 구조라면 어려움은 피하기보다 맞서는 것이 낫다. 놀이하는 아이들이 어려움을 마다하지 않고 계속 도전하는 것을 보면 어려움은 장애물이 아니라 재미의 원천으로 보이기도 한다.

산가지에서 건드리지 않고 떼어낼 때의 긴박함이나 개뼈다귀에서 많은 아이들이 진지를 넘어가지 못하게 길을 막고 있는 상황을 떠올려보자. 놀이에서는 실제 상황이 아니기에 견딜 만한 긴장이고 불안이기에 재미가 된다.

살아가는 것은 어쩌면 어려움을 이겨내는 과정의 연속이다. 특히 아이들에게는 더 그렇다. 어려움을 매개로 한 놀이는 일상에서 부딪히는 어려움에 어떻게 대처해야 할 것인가 하는 태도와 관계 있다. 도전하여 영웅이 되어본 경험이 있다면 꽁무니를 빼지는 않을 것이다.

줄로 뛰어드는 자신감 긴줄넘기

　사람이 손을 쓰면서 가장 유용한 도구로 쓴 게 '줄'이지 않을까 싶다. 줄은 물건을 묶어서 보관하거나 옮길 때 꼭 필요하다. 처음에는 칡 같은 넝쿨식물을 쓰다가 나중에는 외떡잎식물 줄기를 꼬아 줄을 만들어 썼다. 생활도구는 아이들의 놀잇감이 되기도 했다.

　긴 줄을 돌려 넘는 긴줄넘기는 일제강점기 시절에 하던 놀이다. 긴줄넘기 할 때 부르는 〈꼬마야 꼬마야〉가 서양의 〈곰 인형〉 노래를 원곡으로 하였고, 줄에 들어가서 노는 방식도 비슷하여 외국에서 들어온 놀이라는 주장도 있다. 하지만 여러 기록과 인류의 줄 사용 역사에 비추어 볼 때 타당하지 않다.

　긴줄넘기를 할 때 줄에 뛰어들어가지 못하는 아이가 꽤 많다. 돌고 있는 굵고 긴 줄에 걸릴 것 같아 겁을 먹고 망설인다. 망설임이 길어질수록 줄은 점점 더 무서워진다. 그렇지만 어느 순간 뛰어 들어가 줄을 넘게 되면 쾌감, 만족감, 자신감을 얻는다. 놀이할 때 부르는 노래를 보면 아이들이 겁내는 것을 배려해서인지 앞부분에 '하나 두울 셋이요('요'를 세게 끊어서 한다)'가 공통으로 들어간다.

　노래에 따라 돌리는 줄의 움직임을 보면 박자를 시작하는 '하' '두' '셋' '요'에 줄이 땅에 닿는다. 이때 들어가야 걸리지 않고 줄을 넘을 수 있다. 줄을 돌리는 친구가 "지금이야!" 하고 들어갈 때를 말해 주기도 한다. 하지만 두려움에 귀가 닫히고 몸이 굳어 들어가지 못한다. 그렇다고 멈춰 있는 줄에서 시작하면 뭔가 허전하다. 돌아가는 줄에 맞을 위험을 감수했을 때 줄 안에서 여러 활동을 할 권리를 얻을 수 있다.

긴줄넘기에는 여러 놀이방법이 있다. 말놀이에서 주고받는 것처럼 줄에 들어가는 사람과 줄을 돌리는 사람이 주고받는 노래를 부른다.

줄에 뛰어들기 전에 "똑-똑(줄 넘으려는 사람) / 누구십니까?(줄 돌리는 사람) / 손님입니다(줄 넘으려는 사람) / 들어오세요(줄 돌리는 사람) / 문 따 주세요(줄 넘으려는 사람) / 철-컥 하나 두울 셋이요(줄 돌리는 사람)" 하면 '요'에 맞춰 아이가 줄에 들어온다. 그 뒤에는 줄을 돌리는 아이가 말을 건네며 말을 주고받는다.

"아랫목에 앉아라(줄 돌리는 사람) / 아이고 뜨거워(줄 넘는 사람) / 윗목에 앉아라(줄 돌리는 사람) / 아이고 차가워(줄 넘는 사람) / (줄임) / 요강 깼어요(줄 넘는 사람) / 몇 개(줄 돌리는 사람) / 백 개(줄 넘는 사람) / 이년아 저년아 나가 죽어라.(줄 돌리는 사람)" 하면 아이는 줄에서 나간다. 줄을 돌리는 일이 힘들기 때문에 계속 살아 있는 아이한테 힘든 걸 욕으로 표현한다. 요즘은 욕을 하면 안 되기 때문에 '아이고 힘들어 빨리 나가라'로 바꿔서 부른다.

여러 명이 차례로 줄 안으로 들어가 자기 역할을 하는 놀이도 있다. 줄 넘을 사람이 '두부장수 들어간다 / 색시 들어간다 / 할머니 들어간다 / 떡장수 들어간다'처럼 등장인물의 특징을 표현하고 줄 안으로 들어가 그에 맞는 동작을 한다. 두부장수는 손으로 방울을 흔들면서 "두부 사려!"를 외치고, 색시는 턱 밑에 두 손을 가로로 펼쳐 모으고, 할머니는 지팡이를 짚는 시늉을 하고, 떡장수는 머리에 함지박을 인 자세로 떡을 사라고 외친다.

모두 줄에 들어갔으면 줄 돌리는 사람이 들어온 차례로 "두부장수 나가라." 하면 그 사람은 줄에 걸리지 않게 나가야 한다. 줄을 넘는 아이가 주문대로 못하거나 줄에 걸리면 나와서 줄을 돌리고, 줄을 돌린 아이는 이제 줄을 넘는다.

북한에서는 줄을 돌리기 전에 '큰 물결 작은 물결 바람이 불면 돌아갑니다'

라는 노래와 함께 줄을 가볍게 흔들어 줄로 들어가는 부담을 줄인다. 들어간 다음에 '월-화-수-목-금-토-일'에 맞춰 줄을 뛰고 '일'에 밖으로 나가는 방식으로 논다. 유치원이나 저학년 아이에게 이 방법을 적용하면

용맹스럽게 뛰어들어가 긴줄을 넘고 있다.

줄과 친해지고 줄에 걸릴 두려움을 줄일 수 있다.

긴줄넘기는 줄에 걸리는 사람이 줄을 돌리는데 처음부터 돌리기만 하는 여자아이가 있었다. 팔이 많이 아프겠다 싶어 돌리지 말고 넘으라고 하면 고개를 젓는다. 뛰어들어갈 준비가 충분치 않은 상태에서 억지로 들어가게 했는데 줄에 맞아 마음에 상처를 입은 것 같아 신경이 더 쓰였다.

그러던 어느 날, 운동장에 여자아이 서너 명이 긴줄넘기를 하는데 그 아이도 함께 있었다. 단짝 친구와 손을 잡고 줄에 들어갈 준비를 하고 있었다. 줄을 돌리는 아이는 아주 천천히 돌리면서 "들어가!"를 외쳐 주었다. 그런데 걸렸다. 주춤했기 때문이다. 하지만 예전처럼 의기소침하지 않고 되풀이하더니 줄 안으로 뛰어 들어갔다.

몇 차례 성공하더니 혼자 도전했고 실패를 거듭하다가 드디어 성공했다. 모두가 감격스러워했다. 친구들이 손을 잡고 방방 뛰며 더 좋아했고 그 아이 얼굴은 상기되어 있었다. 긴줄넘기를 못해 고개 숙이고 있을 때 등을 토닥이며 "괜찮아, 괜찮아!" 응원을 해주면 없던 용기도 생기는 법이다.

가슴이 조마조마 산가지

계절에 따라 날씨가 바뀌는 것은 예나 지금이나 크게 다르지 않다. 우리 조상들은 바깥 놀이가 어려운 한여름에는 시원한 그늘에서 고누를 했고, 추운 겨울에는 따뜻한 방안에서 다리셈을 했다. 계절에 상관없이 즐겨 했던 놀이로 산가지가 있다.

산가지란 '셈하다(算)'의 '산'과 '나뭇가지'의 '가지'가 만나 생겨난 말이다. '산가비(개비의 사투리)' '산대(대나무의 대)' '수가지(숫자)'라고도 했다. 나뭇가지는 참대나 수수대를 썼는데, 곧게 쪼개지는 대나무를 가장 많이 썼고, 그리 굵지 않은 단단한 싸리를 매끈하게 다듬어 만들었다.

산가지가 처음부터 놀잇감이었던 건 아니다. 아주 오래전부터 물건을 세기 위해 표시한 작대기로, 본디 쓰임새는 셈하는 도구였다. 그러다가 주판이 쓰이면서 산가지는 놀잇감이 되었다. 그런데 상인들은 산가지가 놀잇감으로 쓰이기 전부터 심심풀이로 '산가지 옮기기'나 '산가지 모양 바꾸기'를 했다.

산가지 옮기기는 '쌍 만들기'라고도 하는데 산가지 열 개를 가지고 한다. 산가지 두 개를 건너서(한 쌍도 한 개로 간주함) 한 쌍을 만드는데 산가지가 열 개니까 두 개씩 뭉치게 해서 다섯 쌍을 만드는 것이다.

산가지 모양 바꾸기는 산가지 한 개나 두세 개를 옮겨 모양을 바꾸는 것으로 문제를 내는 사람과 푸는 사람으로 나눠 진행한다. 이 놀이는 성냥을 많이 사용하던 1970~80년대에 많이 했다. 성냥을 손쉽게 구할 수 있었고, 성냥 길이도 놀이하기에 알맞았기 때문이다. 산가지 한 개를 옮겨서 집의 방향을 바꾸거나 두 개를 옮겨서 쓰레받기 안에 있는 쓰레기를 밖으로 나가도록 하는 것, 물고기가 헤엄치는 방향을 바꾸기가 있다.

그런데 답을 알고 나면 시시해진다. 그래서 여러 형태의 문제가 만들어졌고, 지금도 새로운 문제가 만들어지고 있다. 주사위를 던져서 나오는 숫자만큼 산가지를 덜어내는 '주사위 산가지'도 있다. 바닥에 남은 산가지가 없을 때 산가지를 많이 가진 사람이 이기는 놀이다. 그런데 이런 경우는 드물고 제한된 수(10)를 빚지면 지게 되어 승부가 나는 방법으로 전개된다. 주사위 산가지는 산가지 21개와 주사위 1개가 필요하다. 예전에는 주사위가 흔치 않아서 윷을 가지고 놀았는데 이때는 산가지 1~5까지만 바닥에 놓으면 된다.

마지막으로 가장 단순하면서 많은 사람이 즐겨 하는 방법으로 '산가지 떼어내기'가 있다. 자주 해도 질리지 않아 아이들이 즐겨 한다. 두 명에서 다섯 명이 적당하고 산가지 개수는 50~80개 정도가 알맞다. 아이 어른 모두 할 수 있으며 좁은 공간에서도 할 수 있고 시작하기와 끝내기가 간단하여 짬짬이 즐기기에 좋다.

먼저 산가지를 수북하게 쌓아 놓고 차례를 정해 하나를 떼어내면 자기 것이 된다. 떼어내다가 다른 산가지를 건드리면 다음 사람에게 차례를 넘긴다. 떼어낼 때 모습은 집중하다 못해 비장하기까지 하다. 숨을 멈추고 온 신경을 손끝에 모은 뒤 산가지를 잡아 떼어내는데 긴장해서 그런지 손의 미세한 떨림으로 둘레 산가지까지 움직이는 경우가 많다. 아이들도 매의 눈으로 지켜본다. 짧은 긴박함 뒤에 성공했을 때의 성취와 안도, 실패했을 때 아쉬움은 산가지가 없어질 때까지 계속된다. 놀이

나무젓가락에 사인펜으로 무지개를 그려 넣어 완성한 산가지

교실에서 산가지 떼어내기를 하고 있는 아이들. 긴장하는 아이들 표정이 재미있다.

하기 전에 건드리지 않고 떼어냈을 때 계속할 것인지, 성공 여부와 상관없이
차례대로 할 것인지 정해야 한다.

아이들에게 나무젓가락을 스무 개씩 가져오라고 해서 산가지를 만들었다.
나무젓가락에 사인펜으로 예쁘게 그림도 그려 넣고 색칠도 했다. 어떤 아이는
일곱 가지 색깔로 무지개를 그리는가 하면 여러 색으로 점을 찍어 넣기도 했
다. 완성해 놓으니 젓가락이 놀잇감이 되었다.

바구니에 모아 놓고 자투리 시간에 놀이방법을 알려주고 놀게 했다. 산가지
옮기기와 모양 바꾸기는 답을 알게 되니까 하지 않게 되었고, 떼어내기는 틈
틈이 지칠 줄 모르고 한다. 놀이는 반복하면 점점 잘하게 되는데 산가지 떼어
내기는 매번 해도 실력이 나아지지 않는다. 긴장하기 때문이다.

아무도 보지 않고 혼자 한다면 쉽게 떼어낼 수 있을 것이다. 잘하던 일도 멍
석 깔아 놓으면 못한다는 말처럼 스스로 긴장하고, 지켜보는 사람이 있으면

더 긴장해 목표물을 집기가 어려워진다. 떼어내기를 할 때 마음을 일기로 쓴 아이가 있다. 아이는 자기도 모르게 놀이의 특성을 파악하고 있었다.

나는 산가지를 할 때 심장이 조그마해진다. 산가지를 살살 뺄 때 움직이지 않을까 조마조마해진다. 친구들도 아마 나처럼 심장이 조그만해질 것이다. 그런데 이 놀이는 해도 해도 늘 그렇다. 난 그 이유를 모르겠다. (2014년 대미초 3학년)

긴장과 해소의 반복 삼팔선놀이

오른쪽에 있는 공격편이 수비편(가운데)을 피해 삼팔선을 넘고 있다. 이때 왼쪽에 있는 공격편이 그 기회를 노리고 있다.

한 번씩 급변하는 한반도 정세를 알리는 방송이 나오면 통일에 대한 설렘과 기대가 온 국민을 들뜨게 한다. 특히 북녘에 가족을 두고 온 분들은 훨씬 더할 것 같다. 사회 변화는 아이들의 삶에도 영향을 미치기 때문에 나 몰라라 할 수 없다. 어린이들도 그들 눈으로 세상을 본다.

시대를 예언하는 노래를 '참요' 또는 '예언 동요'라 하는데 이는 주로 아이 눈으로 바라본 세상을 표현한 노래들이다. 해방 후 좌우익의 대립을 예언한 〈누가 이기냐〉란 노래를 비롯하여 시대에 따라 다양한 동요가 있었다. 노래뿐 아니라 놀이에서도 이런 현상이 나타난다.

삼팔선놀이는 1945년 해방과 함께 외세에 의해 그어진 휴전선을 빗댄 놀이다. 어른들이 싸우는 동안 아이들은 놀이를 하며 이곳저곳을 넘나들었다. 어쩌면 휴전선을 경계로 넘나들지 못하는 시대를 꼬집는 것 같다. 이 놀이의 원리는 술래를 피해 다음 칸으로 넘어가는 것이다. 수비가 난관이요, 이를 피해 넘는 것이 극복인 셈이다.

많은 놀이가 어려움을 만들어서 재미를 이끌어낸다. 수비보다 공격이 유리한데 그 까닭은 더 넓은 공간을 쓸 수 있고 그에 따라 행동도 자유롭게 할 수 있으며 넘어갔을 때 쾌감을 느끼기 때문이다. 반면 수비는 제한된 공간을 쓸 수밖에 없기에 되도록 빨리 벗어나려고 한다.

이 놀이는 지역에 따라 '사다리 타기' '강 건너 뛰기'라는 이름으로 부르기도 했다. 놀이판 모양이나 규칙이 조금씩 다르지만 술래를 피해 넘어가는 원리는 같다. 다른 나라에서도 이와 비슷한 놀이를 한다. 처음에는 혼자 넘어가는 것에 만족하지만 수비와 일대일 상황이 되면 좀처럼 넘기

삼팔선을 자유롭게 넘나드는 삼팔선 놀이

가 어렵다. 그러면 다른 사람이 넘어올 수 있도록 수비를 혼란스럽게 만들어 공격 숫자를 늘리는 작전을 쓴다. 어려울수록 여럿이 힘을 모아야 이겨낼 수 있다는 것을 깨닫는다.

어떤 아이는 자기를 희생해서 여럿이 넘어갈 틈을 만들기도 한다. 자기는 죽어도 다른 사람을 살리면 자기편이 이길 수 있다고 여기기 때문이다. 특히 놀이가 끝날 무렵 많이 나타나는데 그 아이의 희생을 알기에 최선을 다한다.

아이들에게 신체 능력을 키우거나 관계 맺기 능력을 갖는 과정은 좌절감, 상실감의 연속이고 이를 극복함으로써 성장한다. 그러나 어느 것 하나 쉽게 얻을 수 없기에 놀이를 통해 어떻게 하는 것이 최선인지를 알아간다.

운동장에 내가 그려 준 놀이판이 지워졌는데 그 흔적을 찾아 자기들이 그리고 노는 아이들을 보면서 칸을 자유롭게 넘나들 듯이 남과 북을 자유롭게 훌훌 넘나드는 날을 기대해 본다.

아슬아슬 술래를 피하는 꽃단지

우리나라는 땅에 놀이판을 그려서 노는 놀이가 많다. 놀이 하면 '땅에 그리고 하는 놀이'로 여길 만큼 종류가 많았고, 방법도 여러 가지였다. 그런데 1990년대 이후 이런 놀이들이 급작스럽게 사라지면서 종류도 단순해졌다.

요즘 공원이나 학교 바닥 한쪽에 놀이판이 그려진 것을 자주 본다. 반갑고 좋은 일이다. 누군가 수고해서 만든 놀이판을 보면 아이들이 즐겁게 노는 모습이 떠오른다. 그런데 바닥에 그려진 놀이판 종류가 서너 가지뿐이어서 아쉽다.

1986년 놀이 조사를 갔을 때 충남 서산에 사는 열세 살 아이가 꽃단지란 놀이를 알려주었다. 이웃 마을에서도 조사된 놀이로, 그리기도 쉽고 여러 명이 어울려 놀 수 있고 놀이방법과 규칙도 단순해서 요즘에 적용해도 될 듯싶다. 금(선)을 밟으면 죽는데 도망다닐 범위를 정해 놓기도 한다.

도넛 모양의 놀이판에서 편을 나눠 수비는 통로에 있고 공격은 안에 있다가 밖으로 나와 수비 몰래 통로에 발을 찍고 그 수를 세는 놀이다. 수비가 돌아다니며 공격을 치려고 할 때 발 찍기를 하는 과정이 쉽지는 않다. 공격하는 입장에서는 술래의 모든 행동이 난관이지만 무서워하면 아무것도 할 수 없다. 위험을 무릅쓰고 발로 통로를 찍으면서 조금씩 숫자를 늘려가는 과정에서 긴장과 스릴을 즐긴다. 모두 성공하는 것은 아니지만 실패해도 아무도 탓하지 않는 상황이라면 도전할 만하다.

4학년 아이들에게 꽃난지를 알려주었는데 모두 재미없어했다. 수비를 못해 공격과 수비가 바뀌지 않으니까 재미가 없었던 것이다. 시간이 지나 여러 놀이를 하면서 아이들 놀이 능력이 높아졌다고 생각되어 다시 꽃단지를 했는데 처음 할 때와 다른 상황이 펼쳐졌다. 수비하는 아이들끼리 힘을 합치자 움직임이 빨라져 공격이 밖으로 나오기 어려워지면서 박진감이 생겼다. 공격이 어쩌다 밖으로 나와도 점수를 내기가 쉽지 않았다. 공격과 수비를 바꾸어도 마찬가지로 수비가 유리해져 발을 찍는 횟수도 스무 번에서 열 번으로 줄이고, 나중에는 공격 편끼리 합쳐서 열 번을 찍는 것으로 바꾸었더니 그제야 놀이가 제대로 되었다.

놀이판을 그려 놓고 한참 놀다가 장마가 시작되어 놀이판이 지워졌다. 장마가 끝나고 아이들이 어디서 주워 왔는지 가느다란 막대기로 지워진 놀이판을 꾸불꾸불 그리니 운동장에 '꽃'이 무더기로 피었다. 어떤 놀이든 아이들은 이름이 있어 노는 것이 아니라 그냥 재미있으면 논다. 어른은 아이들이 놀이의 재미를 느낄 수 있도록 돕는 것일 뿐이다.

바닥에 놀이판을 그려 주는 것은 오늘날 어른이 할 수 있는 방법이다. 그러나 그려 준다고 해결되는 것이 아니라 재미를 느낄 수 있도록 도와주는 것까지 필요하다. 이를 위해 불과 삼사십 년 전에 이 땅 아이들이 즐겨 하던 '땅에 그리고 하는 놀이'를 찾아 기록하고, 어떤 재미가 있어 지속되었는지 알아내야 한다. 아이들에게 놀이가 살아나도록 지원하는 것이 놀이 연구의 목적이기 때문이다.

밀고 당기며 노는 개뼈다귀

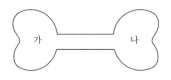

놀이판이 개가 좋아하는 뼈다귀를 닮아서 놀이 이름이 개뼈다귀인 놀이가 있다. 놀이 방법은 간단하지만 쉬운 놀이가 아니다. 수비 여러 명이 길목을 막아 공격이 오기만 하면 잡아채서 끌어내려고 기다리는 상황에서 이를 뚫고 지나가기 위해서는 큰 용기가 필요하다. 씨름처럼 일대일 겨루기라면 힘과 기술로 대응할 수 있다. 그러나 가려는 사람은 혼자이고, 막는 사람이 여럿이라면 상황은 다르다. 지나가야 하는 통로가 곧 난관이요, 못 가게 하는 수비가 집행관이다. 그래서 놀이를 시작하면 서로 뒤로 물러나 어려움에서 벗어나려고 하는데 언제까지 그런 실랑이를 지속할 수 없는 것이 문제다.

서로 피하려다 누군가가 이를 뚫고 가면 기다렸다는 듯이 달려들어 그 사람을 끌어낸다. 혼자서 여러 명을 감당하기엔 거의 불가능하기에 결과는 거의 끌려 나가 죽는다. 그럼에도 누군가 이런 역할을 하는데 이는 나가서 죽더라도 그 사이에 다른 사람이 지나갈 수 있도록 하기 위함이다. 이런 희생을 바탕으로 나머지 사람들이 용기를 내어 앞다퉈 통로를 지나가면서 놀이가 본격화된다. 지나가려는 아이와 이를 막는 아이들의 치열한 몸싸움을 거친 후 맞은편에 도착하는데 출발할 때보다 훨씬 적은 수만 남아 있게 된다.

처음은 어렵지만 한번 어려움을 극복한 아이들은 전과 달리 용기를 내서 출발선을 돌아가고 이때도 마찬가지의 과정을 거친다. 이 과정에서 공격편은 수

맞은편으로 가려는 공격편과 금 바깥에서 이를 막는 수비편은 격렬한 몸싸움을 벌인다.

비에게 끌려가지 않으려고 서로 힘을 합해야 한다. 맞은편으로 가려는 공통의 목적으로 똘똘 뭉친다. 성별이나 친한지 안 친한지는 중요하지 않다. 오로지 자기편이 상대편에게 끌려가지 않도록 있는 힘을 다해 손을 잡고 끌어주고 도와준다. 처음 만난 아이들도 서먹함은 온데간데 없고 오직 내 편이라는 생각만 가득하다.

이 놀이를 처음 하면 다치거나 우는 아이들이 생긴다. 이때 어른이 당황하거나 과잉반응을 보이면 아이들은 놀이의 재미보다는 다치는 것에 겁을 먹고 움츠러든다. "놀다 보면 그럴 수도 있는 거야!" "다치면서 해야 더 재미있다." 하면서 느긋하게 지켜보면 아이들도 의연하게 논다.

그래도 격렬한 몸싸움을 두려워하는 아이들은 놀이판에서 조금 떨어져서 지켜보게 한 다음 그 아이가 다시 하고 싶을 때 하도록 여유를 준다. 몇 번 하다 보면 울거나 다치는 아이들이 줄어들고, 자기 몸을 보호하는 방법도 터득한다.

둠벙을 지나는 네둠벙

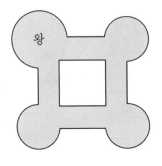

네둠벙은 개뼈다귀를 두 개 합쳐 놓은 모습인데 놀이가 전개되는 방식도 같다. '둠벙'이란 움푹하게 패어 물이 괸 곳인데 네 개 있어 네둠벙이라고 한다. 자동차 바퀴처럼 생겨서 '자동차놀이'라고도 하고, 불알처럼 둥그렇게 그린다고 '네불알'이라고도 한다.

놀이방법은 개뼈다귀와 비슷한데 놀이판의 형태가 다르고 판의 크기가 커서 다른 느낌을 준다. 둠벙과 통로가 공격 진영이고 안쪽 사각형과 밖은 수비 진영이다. 다른 둠벙보다 조금 큰 둠벙인 '왕'에서 시작하여 나머지 둠벙 세 개를 돌아 처음 지점으로 돌아오면 공격편이 이긴다. 수비는 통로를 지키는데 안과 밖으로 뛰어 넘어다니면서 공격수들을 끌어내 죽인다. 여기에서 몸싸움이 격렬하다.

네둠벙은 처음 통로를 지나는 것이 가장 어렵고 중요하다. 왕 둠벙에서 다음 둠벙으로 가면 수비의 힘이 분산되므로 나머지는 쉽게 나갈 수 있다. 그런데 공격, 수비 모두 처음부터 기선을 제압하려고 하다 보니 왕 둠벙에서 오래 시간을 끌어 지루해 보인다. 그런데 이런 현상은 놀이의 자연스런 흐름으로 상대를 탐색하면서 다음 칸으로 이동할 준비를 하는 과정이다. 따라서 '빨리해라, 공격해라' 하는 개입은 적절하지 않다. 조금만 기다리면 어느 순간 막힌 둑이 터지듯 움직임이 빨라지고 놀이가 본 괘도에 오른다.

공격편은 왕 둠벙에서 한 방향으로 이동하는 것이 중요하다. 그렇지 않으면 수비를 피하느라 정신없이 이동하다가 서로 부딪쳐 다치는 경우가 생기기에 미리 방향을 정하고 그 방향대로 이동해 보고 놀이를 시작하는 것이 좋다.

왕 둠벙을 출발한 아이도 있고, 왕 둠벙에서 출발을 노리며 상황을 살피는 아이들도 있다.

수비편은 왕 둠벙에서 누군가 다음 칸으로 가면 수비할 영역이 넓어지기 때문에 어렵다. 그렇게 되면 수비는 바삐 움직여야 하는데 공격자들은 이 틈을 노려 다음 칸으로 간다. 수비는 안과 밖을 넘나들며 통로에 있거나 둠벙에 있는 아이들을 끌어내고 공격도 이에 맞서 수비를 안쪽으로 끌어당기면서 놀이가 본격화된다.

개뼈다귀는 놀이판이 단순해 공격과 수비가 좁은 공간에서 격돌하게 되면 놀이가 과격해지는데, 네둠벙은 공간이 넓기에 공격자가 느끼는 부담이 상대적으로 적다. 그러나 정해진 통로로 다녀야 하고 그 통로를 지나기가 어렵다는 측면에서 난관이라 할 수 있다. 개뼈다귀가 거칠게 느껴지면 네둠벙으로 바꿔보는 것도 괜찮다.

술래가 있는 창자놀이, 편으로 하는 돼지창자

창자놀이를 앞두고 아이들이 술래를 정하고 있다.

창자놀이는 온 운동장에 꼬불꼬불 길을 그리고 하는 놀이다. 그 모양이 마치 창자처럼 생겨서 창자놀이라 불렸다. 큰 동그라미를 먼저 그리고, 거기서 꼬불꼬불한 길이 퍼져나간다. 중간중간 쉴 수 있는 쉼터로 작은 동그라미들도 그린다.

열 명 안쪽이 할 수 있는데 술래가 한 명 정해지면 술래를 피해서 길을 가다가 쉬기도 한다. 술래에게 차이면 죽고, 죽은 사람도 밖으로 나가야 한다. 출발점에서 맨 끝까지 길이가 길어 잠시도 쉴 틈이 없이 뛰게 하는 놀이다. 마지막까지 살아남은 사람이 있으면 그 사람을 빼고 죽은 사람들 중에서 술래를 정하고 놀이를 다시 시작한다.

이 놀이는 아무런 규제 없이 운동장이 마치 모두 내 차지나 된 듯이 맘껏 그림을 그리는 과정 또한 즐거운 놀이다. 땅에 그림을 그릴 때는 그 누구도 '하지 마라, 못 그렸다'고 말하는 사람이 없으니 신나게 그릴 수 있다. 그다음은 좁은 길을 따라 계속 쫓고 쫓기며 온 운동장을 누빌 수 있었던 것이 큰 재미다. 술래에게 잡힐까 봐 긴장하면서 길을 달리다 보면 드디어 목적지에 도착해서 안도한다. 그리고 길게 그려진 통로를 보면서 많은 난관을 뚫고 왔음에 뿌듯해한다.

요즘 운동장은 넓은데 텅 비어 있다. 아이들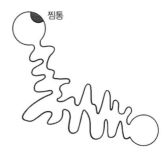
과 넓은 운동장에 그림을 맘껏 그리며 뛰어놀수
있는 놀이로 창자놀이만 한 것이 없는 것 같다.

돼지창자는 놀이판이 구불구불한 돼지창자
를 닮아서 붙여진 이름이다. 처음 시작하는 부
분이 불알처럼 생겨서인지 더러 '돼지불알'이
라고도 한다. 옛날에는 잔치가 있거나 큰 일이 있으면 집에서 짐승을 잡았기
에 내장을 쉽게 볼 수 있어서 거부감이 없었다. 불알이란 말이 낯설고 꺼려진
다면 돼지창자로 불러도 좋을 듯 싶다.

돼지창자는 편으로 나누어 밖으로 끌어낸다는 점이 창자놀이와 다르다. 개
뼈다귀 놀이의 확장판이라고 생각하면 쉽다. 두 편으로 나눠 공격과 수비를
정한다. 공격은 길을 따라가다 다시 돌아와 찜통을 밟으면 이긴다. 이때 수비
는 공격이 지나가지 못하도록 밀거나 당긴다. 밖으로 끌려 나오거나 넘어진
공격자는 죽는다. 공격자 한 사람이라도 찜통을 밟으면 공격이 이겨 공격과
수비는 바뀌지 않지만 공격이 모두 죽으면 공격과 수비는 바꿔서 다시 한다.

돼지창자는 놀이판이 크고 놀이 인원이 많아야 할 수 있어 엄두가 나지 않
는다. 그러나 고학년의 경우 이런 규모의 큰 놀이를 한두 가지는 해볼 필요가
있다. 이런 놀이는 보통의 놀이에서 얻을 수 없는 것을 배우고 깨닫게 해준다.

전체를 보는 시각이 넓어지고 어려움을 함께 극복하는 과정에서 얻는 서로
에 대한 믿음이나 성취감은 작은 놀이에서는 경험할 수 없기 때문이다.

새로운 것을 만들어 낸다는 것은 신나고 즐거운 일이다. 에디슨이 전구를 만든 뒤 수천 번 실패를 한 게 아니라 수천 번의 과정을 거쳤다고 한 말은 잘 알려졌다. 이 말은 실패에 좌절하지 말라는 조언으로 인용된다. 그러면 수천 번의 과정을 거듭하는 힘은 어디에서 오는 것일까?

창작의 즐거움은 결과물에 있지 않고 과정에 있다. 힘들고 어려운 과정 없이 결과물이 성취될 수 없기 때문이다. 칠교, 실뜨기, 그림자놀이는 결과물을 만드는 과정에서 재미를 느끼고, 결과물에서 성취감을 얻는다.

이러한 놀이에서 창작물을 얻으려면 그 놀이에 익숙해져야 한다. 그래서 기존에 만들어진 것을 보고 따라 하는 연습 과정을 충분히 거치도록 해야 한다. 모방은 창조의 밑거름이다. 새로움을 추구하는 인간 정신에 바탕을 둔 창작의 재미는 한번 빠지면 헤어나지 못하는 마력을 가지고 있다. 다른 놀이에서 얻는 즐거움과 다르게 결과가 눈에 보여서 성취와 보람이라는 보상이 뒷받침되기 때문이다.

그래서 더 새로운 것, 더 기발한 것을 쫓으면서 빠져들게 된다. 그러나 이와 같은 즐거움을 맛보기가 쉽지 않다는 한계가 있기에 높은 벽을 넘을 수 있도록 적극 지원이 필요하다.

빛을 머물게 하는 그림자놀이

밤에 불을 끄고 촛불이나 스탠드 전등을 이용하면 그림자가 뚜렷하게 나타나 손으로 여러 모양을 만들며 그림자놀이를 할 수 있다. 손으로 만드는 그림자 모양은 오리, 개, 달팽이 같은 생명체에서부터 주전자, 그릇 같은 사물까지 다양하다. 그런데 요즘은 바깥에서 들어오는 빛이 밝아서 그림자가 또렷하지 않지만 밤에 불을 모두 끄고 커튼까지 치면 그림자놀이를 할 만하다. 스탠드를 켜고 벽면에 크고 작은 그림자를 만들면서 노는 것은 색다른 경험이다.

5학년을 맡았을 때 일이다. 과학실에 빔프로젝트와 암막 커튼이 있었다. 커튼을 치니 낮이 밤이 되었다. 커다랗고 하얀 스크린에 빛을 비추니 누가 시키지도 않았는데 아이들이 앞다퉈 그림자를 만든다. 아이들을 앉게 하고 차례로 몸이나 손 그림자로 모양을 만들어 보게 했다. 한 아이가 고양이라고 하면 다른 아이들이 무슨 고양이가 그렇게 생겼냐고 하고, 다른 아이가 컵이라고 하면 몇 명은 정말 그렇다고 하면서 자유롭게 그림자놀이가 이어졌다.

무엇인가 알아가는 것은 '~와 같다, ~와 비슷하다'는 식으로 대상을 유형화하며 이뤄진다. 구름을 보고 토끼 같다느니, 리본 같다느니 하는 것도 같은 맥락이다. 여러 가지 그림

빔프로젝트를 이용해 그림자 만들기를 한 아이들이 그림자극을 한다.

자 모양에 이름을 붙이는 것은 자연스런 현상이다. 게다가 어렵지 않게 새로운 형상을 만들 수 있기에 상상력과 창작의 즐거움까지 더해지니 신날 수밖에 없다.

아이들은 처음 해본 그림자놀이라 제대로 된 모양을 만들 수는 없지만 또렷하게 드러나는 그림자 모양에 마냥 즐거워했다. 한참을 지나 너무 단조롭게 되풀이되는 모양에 싫증이 날 즈음 참고할 만한 '보기 그림'을 나눠 줬더니 앞다퉈 만들어 보면서 서로 확인하느라 바쁘다. 똑같은 그림을 보고 만들었는데도 아이들마다 모양이 조금씩 달랐다. 보기 그림 열 개를 만들다 보니 아이들은 원리를 깨쳤다. 그러다가 한쪽에서 한 아이는 개를 만들고, 다른 아이는 늑대를 만들더니 갑자기 자기들끼리 그림자극을 한다.

아이들이 노는 모습을 보고 세 명에서 여섯 명을 한 모둠으로 하여 대본을 만들었다. 아이들은 수업이 끝난 뒤 과학실에 모여들었다. 보기 그림에는 없던 토끼를 어떻게 그림자로 만들지 궁리하고, 가르쳐 준 적이 없는데 이런저런 소품을 이용했다. 발표 때에는 그림자 만드는 것에 집중하기 위해 대본을 미리 녹음하기로 했다. 아이들은 인터넷으로 효과음을 찾아 넣기도 했다.

사흘 뒤 발표회를 했다. 백조가 날개를 접고 이리저리 움직이다가 갑자기 날개를 펴고 하늘로 날아간 장면과 큰 개와 작은 개의 거리를 조정해 표현한 장면은 지금도 기억에 남는다. 그 뒤 그림자놀이는 빔프로젝트가 없는 곳으로 확장되었다. 햇볕이 따가운 한여름에 아이들이 큰 종이를 달라고 해서 까닭을 물었더니 그림자놀이를 한다는 것이다. 그래서 4절 도화지를 주었다.

어떻게 하나 보러 갔더니 종이 위에서 이런저런 그림자를 만들고 거기에 이야기까지 만들어 놓고 있었다. 햇빛이 비치는 방향과 손의 위치에 따라 그림자가 달라지는 것을 알게 되면서 아이들은 더 신이 났다. 우드락을 가져다

아이들은 한낮에 바깥에서 그림자를 만들며 그림자극을 하며 놀았다. 처음에는 도화지 위에서 그림자를 만들었는데 우드락이 그림자를 더 선명하게 만들어준다.

주었더니 그림자가 더 선명해졌다. 그림자 형태에 따라 이야기를 만들다 보니 줄거리는 짧았지만 자기들끼리는 무엇이 그리 재미있는지 꽤 오랫동안 깔깔대며 놀았다.

난 더워서 더 있지 못하고 사진을 몇 장 찍고 교실로 돌아왔는데 한참 뒤에 얼굴이 벌겋게 익은 아이들이 시끌벅적 들어왔다. 뭔가를 해냈다는 뿌듯함이 가득한 얼굴이었다.

일곱 조각의 어울림이 만들어 내는 칠교

　정사각형을 다섯 번 접으면 큰 삼각형 두 개, 중간 삼각형 한 개, 작은 삼각형 두 개, 정사각형 한 개, 평행사변형 한 개, 모두 일곱 개의 도형이 생긴다. 이 일곱 개 도형을 이용해 여러 모양을 만드는 놀이가 칠교이다. 중국에서 시작한 칠교는 서양으로 전해져 '탱그램(tangram)'이라 부르는데 놀이 원리는 같다.

　초등학생 가운데 칠교를 모르는 아이는 거의 없다. 수학 도형 단원에 빠짐없이 나오기 때문이다. 그런데 대부분 그냥 도형 공부의 방편으로 알고 있을 뿐 놀이가 재미있다는 아이는 거의 없다. 나도 칠교를 처음 만났을 때 그랬는데 지금은 즐겨 하는 놀이가 되었다. 그래서 아이들에게 내가 느낀 재미를 전하고 싶었다.

　칠교가 각별한 놀이가 된 건 20년 전인데 교과서에 칠교가 나와 칠교 교구를 샀는데, 문제가 들어 있었다. 한 문제가 잘 풀리지 않아 끙끙대다가 답을 보고서야 풀 수 있었다. 그 뒤 문제가 어렵다 싶으면 답에 의지해 풀었다. 풀었다는 것에 만족하다가 '답이 없었다면 다 풀었을까?' 의문이 들었다.

　그러다 《7인의 마법사》라는 책을 헌책방에서 보게 되었다. 사람의 다양한 동작, 동물, 집이나 배, 기하학적 도형이 1,600개나 제시되어 있었다. 일곱 개의 조각으로 만들지 못하는 것이 없다는 사실이 믿기지 않았다. 한눈에 알아볼 수 있는 고양이와 토끼를 만들어 보았는데 생각보다 쉽지 않았다. 처음에는 퇴근하고 집에서 하다가 나중에는 학교까지 가져가 매달렸다. 일주일 정도 지나니 문제를 눈여겨 들여다보면 신기하게 일곱 조각이 어디에 놓일지 보이

기 시작했고, 거의 맞출 수 있
게 되었다.

칠교로 만든 한글 자음

그런데 나도 모르는 사이
눈에 보이는 것들이 칠교 조
각으로 보였다. 창문을 보면 정사각형 한 개와 1/3개 정도라고 어림잡을 수 있
었고, 칠판은 정사각형 세 개하고 조금 남는다는 식이다. 그래서 어림잡은 크
기가 맞는지 자로 재보았는데 너무 정확해서 놀랐다. 칠교에 익숙해지면서 사
물의 크기를 가늠할 수 있게 되었다.

《7인의 마법사》에는 영어 알파벳 대·소문자, 아라비아 숫자도 칠교로 만들
어서 한글 자음과 모음을 칠교로 만들어 봐야겠다는 생각을 했다. 'ㄱ'을 처음
시도했을 때 일곱 개 조각을 늘어놓았더니 외형은 갖췄는데 한쪽은 뚱뚱하고
다른 쪽은 너무 홀쭉하고 길어 맘에 들지 않았다. 어렵게 바라는 모양을 만들
었는데 뒤로 갈수록 쉽지 않았다. 'ㄹ'과 'ㅂ'은 일곱 개로 도저히 만들 수 없을
거라는 생각이 들 정도였다. 머릿속에 일곱 개 도형이 가득찼지만 무지개를
좇는 소년처럼 잡힐 듯 잡히지 않아 애를 태웠다.

그러다가 드디어 'ㄹ'을 만들었는데 동이 트고 있었다. 밤새도록 한 것이다.
내가 만든 'ㄹ'을 넋 놓고 보다가 세인트헬레나 섬에서 칠교로 여생을 보냈다
는 나폴레옹, 골방에 숨어서 칠교를 했다는 헤밍웨이, 자기가 만든 기하학의
원리는 칠교에서 영감을 얻었다고 한 유클리드, 상아로 칠교를 만든 추리 소
설의 대가 앨런 포 같은 사람들이 떠올랐다.

정약용은《경세유표》에서 땅 크기를 정확히 재야 세금을 제대로 매길 수 있
다고 했다. 땅 모양을 모눈종이에 그리고 모눈이 몇 개인지 세서 크기를 가늠
하라는 것이다. 땅의 경계가 곡선일 땐 모눈의 사선을 잘라 붙여 전체 수를 세

는 방법이다. 이런 과정을 제대로 하려면 도형에 대한 이해와 직관이 필요하다. 이를 기르는 과정이 칠교였다.

그래서 양반들이 즐겨 하는 놀이가 칠교이고, 주인이 없을 때 손님이 방문하면 기다리는 시간에 다과와 함께 칠교를 내놓았다고 해서 손님을 머무르게 하는 '유객판(留客板)'이란 이름도 있다. 현재 장서각에 남아 있는 조선시대 책 《칠교해》에는 다양한 칠교 도형이 소개되어 있다.

자음과 모음을 완성하고 칠교는 내 평생의 놀이로 자리 잡았다. 이 좋은 것을 아이들에게 나눠주고 싶었다. 날마다 아침 자습 시간에 앞선 사람들이 만들어 놓은 동물, 집, 사물, 사람 칠교 도형을 복사해서 나눠주고 하나씩 하게 했다.

"재미없어요. 이거 언제까지 해야 해요?"

"우리 반은 머리 아프게 왜 맨날 칠교만 해요."

볼멘소리가 터져나왔지만 한 달쯤 지나자 조금씩 속도가 붙고 나중에는 일곱 조각을 맞추어 보기 전에 제시한 모양을 들여다보고 맞추는 단계까지 발전했다. 두 달이 지나자 어떤 문제를 내도 뚝딱 해치웠다. 드디어 기다리던 때가 왔다. 아이들 머릿속에 있는 어떤 것을 꺼낼 수 있는 때가 된 것이다.

탈것, 물속 나라, 곤충, 동물, 사물 같은 주제를 주었다. '탈 것'이라면 자동차, 기차, 자전거, 로켓, 비행기 모두 만들어 볼 수 있다. 잘 만든 것은 반 아이들과 공유했다. 생각한 것을 색종이로 접어 일곱 조각으로

아이들이 칠교로 만든 여러 모양의 오징어

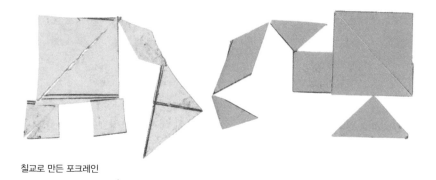

칠교로 만든 포크레인

잘라 붙여 놓았다.

　함께하는 사람 모두가 칠교를 해봤다면 작품을 보고 평가해 줄 수 있다. 좀 더 창의적인 모양을 만들 수 있도록 도움을 줄 수도 있다. 시간이 지나면서 '나만의 칠교 책'이 완성되어 간다. 주제를 잘 표현한 작품을 뽑아 우리 반 칠교 책에 모아 놓았다. 그러다 모든 아이들이 인정한 작품이 나왔다. 보자마자 머리가 쭈뼛해졌다. 세상에 하나밖에 없는 멋진 포크레인이 나왔다.

　이 글을 쓰는 순간에도 그때 느낌이 생생하다. 작품을 본 느낌이 이 정도인데 만들고 붙인 아이는 어떠했을까? 이 작품을 보고 내가 어렵게 'ㄹ'을 만들 때가 떠오르면서 내게서 아이에게로 칠교가 전해진 것 같은 느낌이 들었다. 부처 설법에 미소 지은 가섭처럼 내가 'ㄹ'을 말했다면 그 아이는 '포크레인'으로 답한 것이 아닐까.

손과 뇌를 발달시키는 실뜨기

　예전에는 양말에 구멍이 나거나 바지 무릎이 해지면 반짇고리에서 실과 바늘, 자투리 천을 꺼내 꿰매 입었다. 이불이며 천으로 된 모든 것은 엄마 손을 거치면 마법처럼 재생되었다. 이를 지켜보던 아이들은 한켠에서 실뜨기를 했다. 그래서 누구나 열 살 남짓이면 실뜨기를 할 줄 알았고, 동생들도 자연스레 배우게 되었다.

　요즘에는 옷이 해져도 기워 입기보다 새것을 사면서 실과 멀어져 실뜨기를 못하는 아이들이 많다. 그런데 30대 이상 어른 특히 여자들에게 실뜨기 할 줄 아느냐 묻고 실을 주면 "아, 이거요?" 하며 바로 실뜨기를 한다. 어린 시절이 떠오른 듯 흐뭇한 웃음을 지으며 말이다. 실을 활용한 놀이는 인류의 역사와 궤를 같이 한다. 실뜨기는 실을 활용한 대표적인 놀이다.

　현재 전해지는 실뜨기는 에스키모나 인디오들이 고안한 것이 많다. 우리나라의 실뜨기는 둘이 하는 형태가 많다. 한 사람이 모양을 만들어 맞은편 사람한테 보이면, 그 사람이 이를 받아서 새로운 모양을 만든다. 보통 실뜨기를 할 줄 알아도 각 형태에 따른 이름에 대해 신경 쓰지 않는다. 그러나 놀다 보면 자연히 어떤 특정한 형태에 이름을 붙이게 된다.

　기본이 되는 것은 '날틀'이라고 하고, 날틀과 모양은 같은데 거꾸로 된 것을 '베틀'이라고 한다. 대각선으로 실이 엇갈리는 것은 '바둑판', 네 줄이 나란히 있는 것은 '젓가락', 중간에 마름모꼴은 '소 눈깔', 마름모의 긴 쪽으로 두 줄이 나란히 있는 것은 '물고기', 세 손가락에서 실이 나와 가운데로 모이는 형태는

'절구공이'라고 한다. 이런 이름에
대해 요즘 아이들은 젓가락을 '강
(江)', 절구공이를 '거미줄'이라고
부르기도 한다.

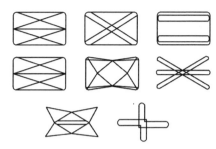

그 밖에 더 이상 주고받지 못하
고 끝나 버리는 형태로 '톱질하기'
가 있다. 기본형 날틀에서 아래 두

실뜨기의 여러 모양들. 왼쪽부터 날틀, 바둑판, 젓가락,
베틀, 소 눈깔, 가위줄, 물고기, 절구공이라고 부른다.

줄을 잡으면 만든 사람이 가운뎃손가락에 걸린 실을 아래로 빼면 만들어진다.
만든 다음 톱질하듯 당기고 미는 동작을 반복하면서 '슬근슬근 톱질이야'란
구음을 붙인다.

실뜨기 하면 둘이서 주고받는 것을 많이 떠올리지만 혼자서 실뜨기를 해
모양을 만드는 실뜨기 책이 많이 나왔다. 책을 보고 하나씩 따라 하다 보면 새
롭고 멋진 형태를 만들 수 있다. 서양에서는 실뜨기라는 뜻으로 쓰이는 '고양
이 요람(cat's-cradle)'을 비롯해 혼자 하는 실뜨기가 5천 가지에 이른다. 좀 더
새로운 형태를 만들려는 노력과 지혜가 한곳에 모인 결과이다.

둘이 하는 실뜨기를 해 본 사람에게 혼자하는 실뜨기를 보여주면 신기하다
고 여기면서도 어렵게 여겨 주춤거리며 선뜻 나서지 않는다. 아이들도 마찬가
지인데 쉬운 것부터 차근차근 해보도록 하는 것이 필요하다. 실뜨기 책은 입
문에서부터 고급까지 구분되어 있어 적용하기가 쉽다. 먼저 모양을 만든 아이
가 다른 아이들을 가르쳐 주는 방식으로 하면 자연스레 모든 아이들이 따라
하게 된다.

잘하는 아이들을 격려하고 못하는 아이는 독려하기 위해 실로 모양을 만든
다음 기록하게 하는 방법도 유용하다. 쉬운 것부터 어려운 것으로 차례를 정

실뜨기를 하기 전, 그림 실뜨기를 하며 실과 친해지도록 한다.

해서 기록해 놓고 하나씩 완성하도록 독려했다. 처음에는 해냈음을 표시하는 데 그치더니 점차 자기 느낌까지 그림으로 나타내는 아이들이 많아졌다. 그러면서 서서히 실뜨기의 재미에 빠져들었다. 그런데 여기에 만족하기보다 자기가 생각한 모양을 실로 구현할 수 있도록 독려하는 것이 필요하다.

실뜨기는 세계 공통의 놀이다. 처음에는 앞선 사람들의 것을 보고 따라 하면서 배웠지만 나중에는 새로운 것을 끊임없이 만드는 과정을 즐긴 것이다. 그 과정에서 점차 손을 정교하게 쓰는 능력이 생기는 것은 당연하다. 실뜨기로 만들어진 모양을 옛날이야기나 전설을 이야기할 때 쓰기도 했다.

어떤 모양은 너무 복잡해서 열 손가락뿐만 아니라 입이나 발가락을 사용하기도 했다고 한다. 정교한 손놀림은 피아노를 연습할 때처럼 반복된 훈련을 통해서 익혀야 한다. 일상에서 손을 잘 쓰려면 반복된 조작 활동이 필요한데 실뜨기가 이를 가능하게 한다.

우리나라는 실뜨기를 발전시키지 못하고 둘이 하는 기초적인 실뜨기에 그쳤다. 아마 사계절이 뚜렷해 놀거리가 많았기 때문으로 보인다. 혼자 하는 실뜨기를 보고 놀이에서도 개별화시킨다고 걱정하는 사람들이 있다. 언뜻 보면 혼자 하는 것처럼 보이지만 아이들이 노는 모습을 보면 가르치고 배우는 과정이 수시로 일어난다.

자기 혼자서 멋진 것을 만들었다 해도 누군가 봐주고 칭찬할 때 더 값지기 때문에 함께하는 사람이 있다면 더욱 좋은 것이다. 그런데 새로운 모습을 만든 아이에게 다시 만들어 보라고 하면 어려워한다. 아이가 창작한 실뜨기 과정은 그림으로 그려 놓거나 영상으로 만들어서 사라지지 않도록 하는 것이 필요하다.

창작 과정까지 즐거운 손뼉치기

몇 해 전, 경북교육연수원에서 유치원 교사 40명에게 놀이 연수를 했다. 연령대는 20대에서 50대까지 다양했다. 사는 곳도 울릉도에서부터 대구까지 경북 지역 곳곳에서 모였다. 실뜨기, 쌩쌩이 놀이에 이어 다음 놀이는 손뼉치기라고 했더니 머리를 갸웃해서 '쎄쎄쎄'를 아느냐니까 여기저기서 "아, 푸른 하늘 은하수!" 하며 고개를 끄덕였다. 짝을 지어 〈반달〉 노래에 맞춰 해보라고 했더니 30초도 안 되어 잃었던 기억을 찾은 듯했다.

서로 시작이 달라 함께 맞춰 보자며 손을 맞잡고 위아래로 흔드는 동작을 했더니 처음부터 끝까지 손이 착착 맞는다. 끝나고 잠깐 정적이 흘렀다. 그 순간 저마다 느낌이 달랐을 것이다. 잊었다고 생각했는데 잘 해낸 것이 대견했을 것이고, 또 누구는 어릴 적 함께 했던 동무를 떠올렸을 것이다. 처음 만난 사이인데 어떻게 이렇게 잘 맞을까 생각했다.

윤극영이 1924년에 발표한 〈반달〉은 90년이 지난 오늘까지 불려지고, 노래에 맞는 손동작까지 있다. 그 동작이 온 나라가 같고, 아직도 많은 이들의 사랑을 받으니 손뼉치기 놀이의 힘이 새삼스러웠다. 나이와 지역을 뛰어넘어 이런 보편성과 지속성을 가질 수 있는 놀이는 흔치 않기에 더욱 그러했다.

체육 시간인데 비가 와서 교실에서 손뼉치기를 했다. 5학년 스물네 명 가운데 〈반달〉 노래를 아는 아이가 열여섯 명이나 됐지만 손뼉치기 동작을 아는 아이는 세 명밖에 되지 않았다. 그토록 오랫동안 생명력을 유지했는데 이제는 다른 게임에 내준 것 같아 씁쓸했다. 노래를 가르쳐 주고 손뼉치기를 잘하는

아이와 손동작을 보여줬더니
어렵단다. 그래서 세 박자씩
끊어서 가르쳤다. 같은 동작
을 여러 번 되풀이하고, 앞부
분을 이어서 다시 여러 번 했
더니 기본 동작이 어느 정도
맞아 노래를 부르며 했다.

〈반달〉 노래에 맞춰 손뼉치기를 하고 있다. 손뼉치기를 하는 동
안 짝에게 집중하게 된다.

남자아이들의 뻣뻣한 동작
은 둘째치고 여자아이들은 맞아도 깔깔깔, 틀려도 깔깔깔 웃음보가 터졌다.
몇 번 하다 보니 여자아이들은 쉽게 익혔고 남자아이들은 몇 명을 빼고 자꾸
동작이 엉킨다. 억지로 남녀를 짝지어 했더니 모두 빠르게 익혀 나갔다. 이번
주까지 아무나 짝을 정해서 다 익힌 다음 확인 받아야 한다고 숙제 아닌 숙제
를 내줬다. 수업을 마치고 유난히 깔깔거리던 여자아이 둘을 불렀다.

"너희들 아까 손뼉치기 할 때 왜 그렇게 웃었니?"

"그냥 웃음이 났어요."

"얘가 틀려서 내가 헛손질하다 웃음이 났어요."

친한 사람과 살을 맞댄다는 것은 기분 좋은 일이다. 상대와 살이 닿는 순간
나를 확인할 수 있으며, 나아가 상대방이 나를 좋게 여기는 마음을 전달받기
때문이다. 악수나 포옹, 가벼운 입맞춤, 코 비비기는 살이 맞닿으면서 상대에
게 가깝다는 걸 표현하는 과정에서 생긴 문화이다.

"위 할래? 아래 할래?"

"위!"

"그럼, 난 아래!"

손뼉치기를 시작하기 전 누가 위를 할지, 아래를 할지 정하는 것에서부터 눈이 마주친다. 시작할 때를 맞추기 위해 속으로 박자를 세며 서로 맞잡은 손을 위아래로 흔들며 놀이가 시작된다. 자기 손뼉과 상대 손뼉을 번갈아 치고 손바닥을 위아래로 번갈아 뒤집어 부딪치는 동작이 기본이고, 이를 여덟 번 반복하면 끝난다.

아이들은 처음엔 복잡하고 어렵게 느껴지는 기본 동작을 반복하면서 익힌다. 뒤로 갈수록 반복 횟수가 늘어 서로가 하나됨을 느끼는 효과를 낸다. 틀리지 않고 끝까지 해냈을 때 만족감이 일고, 서로에게 느끼는 일체감이 최고조에 이른다. 이런 충족감이 손뼉치기를 또 하게 만든다.

처음엔 서툴더니 이삼일 만에 모든 아이들이 능숙하게 할 줄 알게 되었고 몇몇 아이들은 무슨 경쟁이라도 하듯 손이 안 보일 만큼 빠르게 해낸다. 〈반달〉이 손뼉치기의 대명사가 된 것은 손동작의 난이도가 적당하고, 반복 동작이 있어 손뼉치기가 가진 강점을 모두 담아내고 있다. 그렇기에 짧은 시간에 모든 아이들이 배워 익혀 자기 놀이로 만들어 낸 것이다.

손뼉치기는 장소와 시간에 매이지 않고 두 명만 있으면 손쉽게 할 수 있고, 쉬운 것부터 어려운 것까지 있으니 나이에 맞게 할 수 있다. 그래서 꾸준히 명맥을 이어 온 놀이다. 어린아이들은 동작이 중심이 되는 〈아침 바람 찬바람에〉〈남산 위에 초가집 짓고〉를 한다. 조금 크면 〈쩜 먹고 쩜 먹고〉나 〈미리 미리 미리 뿅〉과 같이 손뼉치기 중심이 되는 놀이를 한다. 나이에 따라 고난이도로 자연스레 발전하는 것이다. 〈반달〉도 같은 맥락이다.

이 놀이는 노래와 함께 하다 보니 시대를 반영하기도 한다. 1990년대 초에는 '12시에 만나요'로 시작하는 브라보콘, '해피아이 해피아이'로 시작하는 해피아이, '우리 집 강아지 뽀삐'로 시작하는 텔레비전 광고 노래에 맞춘 손뼉치기가 유행하기도 했다. 크게 인기를 끌었던 만화영화 〈개구리 소년〉의 주제곡 가사를 바꿔 부른 '왕눈이 팬티 쌍방울 아롬이 팬티 뉴인나 (줄임) 무지개 연못에 팬티 패션쇼'는 꽤 오래 지속되기도 했다. 엠비시(MBC) 창작 동요제에 나온 노래에 맞춰 손동작이 만들어졌는데, 〈아기 염소〉가 대표적이다. '야광도깨비 깨비 깨비'와 '영심이 짝짝 맞아 영심이' 놀이는 가위바위보가 중간에 들어가는 형태로 역시 한때 유행하기도 했다.

아이들이 재미있어서 음악 교과서에 나오는 노래 가운데 아무 노래나 골라 손뼉치기를 만들고 발표하기로 했다. 그리고 가장 괜찮은 것은 반 전체가 배우고, 만든 아이를 왕으로 추대해 한 명씩 돌아가며 큰절을 하기로 했다. 시간은 일주일을 주었다. 노래를 고르고, 동작을 만들고, 연습하느라 교실이 시끌벅적했다. 심지어 자기들이 만든 동작을 훔쳐 갔다고 내게 항의도 하고 열띤 분위기로 일주일이 지났다.

가장 큰 박수를 받은 민희와 주연이는 〈기차를 타고〉로 만들었는데 처음부터 끝까지 동작이 모두 달라 어려웠다. 어려우면 따라 할 수 없지만 만들고 연습한 노력과 열정에 친구들에게 박수를 받은 것이다. 연수와 민철이는 손만이 아니라 어깨, 엉덩이까지 써서 모두에게 웃음을 주었다. 남희와 영경이가 〈파란 마음 하얀 마음〉으로 우승을 했는데 조금 복잡한 동작을 이어서 기본형을 만들고, 이를 반복했기 때문이다.

손뼉치기를 하려면 서로에게 집중할 수밖에 없다. 아이들이 일주일 동안 얼마나 많이, 그리고 자주 서로를 눈으로 확인하고 손으로 마음을 나누었을까를 생각하니 기분이 좋았다. 손뼉치기는 좋은 노래에 숨을 불어 넣는 일이다. 주옥 같은 노래에 숨을 불어 넣는다면 전자매체로 '돛대도 아니 달고 삿대도 없이' 헤매는 아이들에게 샛별 같은 등대가 될 것이다.

사람은 자기 마음대로 하고 싶은 욕구가 있다. 그러나 욕구를 모두 드러낼 수 없기에 순응하는 척하면서 살아간다. 그래서 반항을 꿈꾸지만 일상의 반항은 갈등을 일으키기 십상이다. 하지만 아이들은 억눌린 마음을 억제하기가 어렵기 때문에 해소시켜 줄 필요가 있다.

이때 놀이가 그 역할을 할 수 있다. 놀이는 일상에서는 하지 못하는 것들을 공개적으로 실현시켜 준다. 자기보다 큰 형의 발을 밟고 싶은데 놀이에서 가능하다면 신나지 않겠는가. 놀이규칙 안에서는 거짓말, 시치미 떼기, 몰래 가기, 놀리기를 할 수 있다. 어떤 경우는 상대를 건드리고도 태연한 척하기도 하고, 대놓고 거짓말을 한다. 누가 그럴듯하게 거짓말을 잘하는지 겨르기도 한다.

술래가 안 보는 곳에서는 도둑발로 몰래 이동할 수도 있다. 일상에서는 다른 사람을 놀리면 안 되지만 놀이에서는 "울땡이 장구 필땜이 도꾸!" "너 잘났다. 그래!" "메롱!" 하고 놀려도 문제 되지 않는다.

질서를 거스르는 놀이가 지속되는 까닭은 사람에게 순응과 반항이 동전의 양면처럼 공존하기 때문이다. 억눌려 있던 마음이 집단으로 발현되면 축제가 되는데 탈춤, 꼭두각시놀음에서는 신분제를 조롱할 수 있었다. 아이들 놀이에서는 일상에서 안 되는 것이 가능하여 즐거움과 해방감을 맛볼 수 있다.

막힌 체증이 내려가듯 충동을 해소하는 과정에서 즐거움, 기쁨, 편안함, 만족을 느낀다. 질서를 거스르는 놀이는 그 재미로 인해 일상을 살아가는 힘을 얻었던 것이다.

일등의 주문을 따라 하는 나무 다람쥐와 왕대포

'뭐 하고 놀까?'

선뜻 결정하지 못한다면 둘레 아이들이 많이 하는 놀이를 하면 된다. 이를 '유행 놀이'라고 하는데 요즘은 핸드폰이 모든 놀이를 점령해 버렸다. 미래소설 《멋진 신세계》의 '소마(행복을 느끼게 하는 알약)'가 핸드폰이 아닌가 여겨질 정도다.

놀이가 살아 있다는 것은 때에 따라 놀이가 줄지어 있음을 뜻한다. 겨울철엔 연날리기와 구슬치기가 유행하다가 날씨가 따뜻해지면 고무줄놀이나 사방치기에 이어 딱지치기, 축구나 주먹 야구, 땅따먹기가 자연스레 뒤를 이었다. 나가면 아이들이 놀고 있고 나도 끼어 놀면 되었다.

유행했다가 시들해진 놀이도 있다. 놀이가 시대 변화를 따라가지 못했기 때문이다. 이런 놀이 가운데 되살아났으면 하는 놀이가 일등의 지시에 따라 전개되는 나무 다람쥐이다. 주변 지형지물을 잘 활용할 수 있고, 놀이방법과 규칙이 간단해서 요즘 놀이 조건과 잘 맞아떨어진다.

가위바위보로 술래를 정하고 일등이 이런저런 주문을 외면 따라 하는 놀이다. 일등이 "나무 다람쥐!" 하면 나무에 매달리거나 나무로 되어 있는 것을 짚으면 된다. "쇠 다람

술래는 작은 원 안에 쪼그려 앉고, 일등이 술래 머리 위를 한쪽 발로 지나면서 나무 다람쥐 놀이가 시작된다.

작은 원 안에 술래가 들어가 등을 구부리고 손을 발목을 짚으면 일등부터 술래 등을 뛰어넘으며 왕대포 놀이가 시작된다. 가운데 사진은 시계 주문, 마지막 사진은 터널 주문을 할 때 모습이다.

쥐!" 하면 쇠로 되어 있는 철봉이나 그네, 시소에 매달리거나 짚는다. "고무 다람쥐!" 하면 타이어 같은 고무로 된 것을 짚어야 한다. 일등은 주변에 있는 모든 것으로 주문을 걸어 "○○ 다람쥐!" 하면 된다. 예를 들어 '식수대 다람쥐' '미끄럼틀 다람쥐'처럼 눈앞에 보이는 것을 부르면 된다. 처음에는 정해진 것만 하다가 차츰 보는 범위가 넓어져 갖가지 주문이 나온다.

나무 다람쥐 놀이를 떠올리면 생각나는 아이가 있다. 1학년 아이였는데 처음에는 규칙을 잘 이해하지 못해 술래를 하거나 꼴찌였는데 여러 차례 놀이를 하면서 점차 순위가 올라갔다. 드디어 일등이 되었는데 처음에는 '나무 다람쥐' 같은 뻔한 주문을 대더니 갑자기 '하늘 다람쥐'를 외쳤다. 일등의 주문을 들은 아이들은 손가락으로 하늘을 가리켰다. 그 모습을 본 순간 나도 모르게 감탄사가 나왔다. 그 뒤 아이들 주문이 다양해졌다. '땅 다람쥐' '선생님 다람쥐' '꽃 다람쥐' '새싹 다람쥐' '그물 다람쥐(축구 골대 골망)'도 기억에 남는다.

순위를 정해서 하는 놀이로 왕대포도 있다. 나무 다람쥐보다 주문이 다양하고 술래를 골탕 먹이는 부분이 많아 큰 아이들이 즐겨 했다. 술래의 등을 짚고 뛰어넘으며 주문을 외친다. 주문마다 이런 동작을 반복하는데 술래 등을 넘으면서 "왕!" 하고, 모둠발로 술래의 엉덩이 쪽으로 가면서 "대!" 하고, 엉덩이를 부딪치면서 "포!"를 외쳐 놀이 이름이 되었다. 일등의 주문에는 다음과 같은 것이 있다.

○○ **주워오기** : 주문을 외운 뒤 뛰어가면서 주위의 작은 물건을 줍는다. 돌, 나뭇잎, 풀 등 일등이 줍고 싶은 것은 무엇이든 된다. 순위대로 물건을 줍는데 일등과 같은 것을 주워야 한다. 모두 주운 다음 술래에게 가서 일등과 같은 것인지 확인한다. 일등이 줍는 척하고 줍지 않거나 주웠다가 버리기도 하기에 유심히 봐야 한다.

망원경 : 일등이 "망원경!" 하면 차례대로 술래 등을 넘고 차례로 술래를 깔고 앉아 두 손을 망원경처럼 해서 이곳저곳을 본다. 다 본 뒤에는 다음 사람에게 자기가 무엇을 보았는지 귓속말로 전한다. 그러면 술래는 무엇을 보았는지 맞춰야 한다. 맞추지 못하면 다음 사람이 위와 같이 한다.

매달리기 : 일등이 "매달리기" 주문을 하면 둘레에 있는 나무에 차례로 매달린다. 모두 매달리면 함께 1에서 50까지 센다. 이때 술래가 쫓아와서 사람들을 나무에서 떼어 낸다. 떨어진 사람이 술래가 되고 50을 셀 때까지 떼어 낸 사람이 없으면 다시 술래가 된다.

시계 : 일등부터 주문을 외고 술래 뒤에서 양쪽 귀를 잡고 좌우로 머리를 흔든다. 술래가 "따르릉 따르릉!" 하면 귀를 놓고 술래 등을 두 번 두드린 다음 손가락으로 시간을 펴서 몇 시인지를 나타낸다. 술래가 맞추면 그 사람이 술래가 된다.

청개구리 : 일등이 불러주는 반대로 행동해야 한다. 모두 술래 등을 넘은 다음 차례대로 술래를 보고 일렬로 선다. 술래는 누가 틀리는지 찾아낸다. 차

렷(두 손이 귀에 닿도록 높이 들어 올린다), 열중쉬어(두 손을 배꼽 부분에 댄다), 조용히(와자지껄 떠든다), 떠들어(아무말도 안 한다), 좌향좌 들이 있다.

터널 : 일등이 주문을 외고 담이나 벽에 한 발을 올려놓는다. 나머지도 차례로 한 발을 올려 놓으면 터널이 된다. 술래가 터널을 지나갈 때 등이나 엉덩이를 마구 때린다.

창고 : 일등이 문제를 내고 행동이 끝날 때까지 나머지는 기다린다. 일등이 술래의 등 뒤로 가서 손으로 창고 문을 여는 시늉을 하면서 '창고 열고-가방 넣고-항아리 넣고-필통 넣고-자동차 넣고-자전거 넣고-' 하면서 생각나는 대로 물건 이름을 죽 대고 문을 닫는 시늉을 하면서 '닫고' 한다. 2등부터는 일등과 똑같이 해야 한다. 물건을 빠뜨리거나 차례가 맞지 않으면 술래가 된다.

선생님 말씀 : 일등부터 차례로 벽에 기대어 선생님이 된다. 술래는 학생이 되어 머리를 조아리고 선생님의 야단을 맞는다. 술래는 "예, 잘하겠습니다." "잘못된 부분을 고치겠습니다." 하고 깍듯이 말해야 야단이 끝나기에 비위를 잘 맞춰야 한다. "그만 가 봐." 하면 다음 사람이 위와 같은 과정을 반복한다.

벽치기 : 일등이 주문을 외고 벽에 가서 벽을 두드린다. 다른 사람도 일등처럼 벽을 두드린다. 일등이 "그만." 하고 술래에게 가서 자기가 몇 번을 두드렸는지 이야기해 주면 술래는 다른 사람에게 몇 번 두들겼는지 묻는다. 일등과 숫자가 다른 사람이 술래가 된다. 이 주문은 술래가 너무 오래 바뀌지 않거나 힘들어할 때 술래를 바꿔주기 위해 한다.

그 밖에 동서남북, 지렁이, 뻥튀기, 삼종 경기(권투, 축구, 야구, 배구, 농구 따위), 독수리 발톱, 때리기, 찰떡, 귀잡기, 황금송아지, 시냇물 들이 있다. 위의 주문에 따라 아이들이 어떤 동작을 해보일지 상상해 보는 것도 재미있다. 이런 놀이들은 다른 사람과 똑같은 몸짓을 하면서 같은 울타리에 속해 있음을 확인하는 것에 만족한다. 따라서 술래와 놀이하는 아이들 모두 한 덩어리가 되어 상황을 즐긴다.

일등이 주관하여 전개되는 놀이는 놀이또래의 변화와 연관되는 것 같다. 예전에는 놀이에 참여하는 연령의 폭이 넓었고 주로 큰 아이들이 놀이를 주관해서 일등이 따로 필요없었다. 그런데 학교가 보편화되면서 비슷한 또래끼리 어울리다 보니 이끌 사람을 정할 필요가 생기면서 일등이 주관하는 놀이가 생겨난 것으로 보인다.

일등을 중심으로 전개되는 놀이는 일등의 리더십에 따라 재미가 달라진다. 놀이하는 아이들을 지켜보면 일등의 리더십을 파악할 수 있다. 일등이라는 좋은 지위임에도 자리를 지키지 못하고 금방 물러나는 아이, 술래를 적당히 골탕 먹이면서 아이들 요구를 파악해서 지루하지 않게 놀이를 이끌어가는 아이도 있다. 술래가 지나치게 힘들어하면 술래에서 벗어날 수 있는 주문을 하기도 한다.

놀이가 되풀이되면서 아이들이 리더의 능력을 갖춰가는 것을 보게 된다. 놀이를 잘 이끄는 사람들을 보고 배워 그 능력을 놀이에서 구현하며 실패와 성공을 거듭하면서 터득하는 것이다.

상대를 괴롭히는 말뚝박기

　말뚝박기는 남자아이들이 주로 했는데 여자아이들도 함께 놀면서 성별을 가리지 않고 즐겨하는 놀이가 되었다. 이 놀이는 아이들뿐 아니라 청소년, 대학생들도 했고 지금까지 우리나라 대표 놀이로 자리 잡았다. 국립민속박물관 입구에 모형을 만들어 놓은 걸 보면 이 놀이의 위상을 알 수 있다.

　그런데 지금처럼 노는 방식은 그리 오래되지 않았다. 구한말 기록엔 '양반 놀음-말타기'란 이름으로 한 사람이 말이 되고 양옆에 있는 두 사람이 서로의 어깨에 팔을 걸치면 네 번째 사람이 타는 방식이 소개되어 있다. 이동식 말타기로, 사람이 말을 타는 모습을 그대로 재현한 것이다.

　그 뒤에 한 명은 마부, 한 명은 말이 되어 다니면서 주변 사람들을 태우는 방식으로 바뀌었다. 이렇게 가다가 말의 발에 차이면 손님은 말이 되고, 말을 했던 사람은 마부가 된다. 만약 여러 명이 말에 올라타 말이 무너지면 다시 시작한다.

　마부와 말이 옮겨 다니면 쉽게 올라탈 수 없다. 그러다 한 명이 올라타면 말의 동작이 느려져 그 말을 타려는 사람이 늘어나면서 말은 무너진다. 말에게 고통을 주고 즐거워하는데 위험을 무릅쓰고 올라탄 것에 대한 보상이다.

　그러다가 새로운 형태의 말타기가 등장하는데 평안남도 강동에선 '농노루기'란 이름으로 불렀다. 고정형 말타기로, 앞사람 다리 사이에 머리를 박고 노는 놀이로 요즘 하는 말뚝박기이다. 이동식 말타기가 어른들이 말 타는 모습을 흉내 내어 만들었다면 말뚝박기는 약한 사람을 골라 무너뜨리는 것이 놀이

등을 받쳐주는 것만 있다면 말뚝박기는 어디서나 할 수 있다.

의 중심이다.

말뚝박기는 편을 나누어 노는 놀이다. 앞사람 다리 사이에 머리를 박은 편과 그 등을 올라타는 편으로 나뉜다. 말이 되는 아이는 허리를 90도로 굽힌 다음 무릎을 펴고 머리를 최대한 앞사람 가랑이 사이에 넣고 앞사람 다리를 꽉 잡는 기본동작이 중요하다. 그래야 올라타는 사람의 무게를 버틸 수 있다. 처음에는 세 명부터 시작하는 것이 좋다. 가위바위보를 해서 이기면 타는 사람이 되고, 2등은 마부, 3등은 말이 된다.

세 사람이 하니까 타는 사람이 한 명이라 놀이 진행이 빨라져 아이들은 조금씩 재미를 느끼고 버티는 요령도 터득한다. 처음에는 말이 된 아이를 걱정해서 조심스레 타는데 어느 순간 말이 힘들어하는 것을 즐긴다. 자기가 말이 되었을 때 상대가 위로 붕 떠서 내리눌렀을 때 받았던 고통을 앙갚음하려는 마음이 들기 때문이다. 좀 더 높이 올랐다가 힘껏 내리누르면 놀이가 본 궤도에 오른다.

세 명씩 하다가 익숙해지면 편을 나눠 말을 길게 만드는 놀이로 나아간다. 말을 길게 만들면 무너지는 경우가 생긴다. 중간에 무너지면 다시 말을 탈 수 있어 약한 곳을 집중해서 공략한다. 소극적이던 아이들도 적극적으로 변한다. 달려와서 거의 날아오르듯 붕 떠 말에게 최대한 충격을 주면서 쾌재를 부른다. 그러다가 무너지기라도 하면 마치 개선장군이 된 것처럼 으스댄다.

상대가 올라탈 때 그 충격과 무게를 버티는 이유는 자기 차례가 되면 똑같이 앙갚음할 수 있기 때문이다. 누군가 견디지 못해 말이 무너지면 그 아이를 앞으로 보내 충격을 덜 받게 하면서 자기가 공격할 기회를 노린다. 서로 상대를 괴롭히고 이를 즐기는 경연장이 된 것이다. 남자와 여자로 편을 나누면 놀이는 더 치열해진다.

이동식 말타기는 괴롭히는 대상이 개인이고 두세 명만 올라타도 무너져 괴롭힘의 강도가 선을 넘지 않는데 말뚝박기는 집단의 힘을 빌어 괴롭힘의 강도가 지속적이고 강하다. 나중에는 올라탄 다음 마구 흔들어 말이 버티기 어렵게 하기도 한다. 놀이할 때는 친구 관계는 중요하지 않다. 오로지 상대를 괴롭히는 것에 몰두한다. 인간에게 내재된 악의를 맘껏 드러내면서 카타르시스를 느낀다.

미술시간에 찰흙으로 말뚝박기 하는 모습을 만들었다.

덩치가 너무 커서 말뚝박기에 끼지 못하고 둘레를 빙빙 도는 아이들이 있어 내가 직접 나서서 놀자고 했다. 처음에는 선생님이라 그런지 살살 타다가 놀이 횟수가 늘어나자 봐주지 않고 무겁게 내리눌렀다. 두어 번 말을 하다 보니 오기가 생겨 나도 말을 탈 때 위로 붕 떠서 세게 내리눌렀다. 아이는 얼굴이 벌겋게 되면서 버티는데 다음번에 복수해 주 겠다는 결의로 보였다. 어느새 선생이라는 신분도 잊고 놀이에 몰두했다.

누가 이겼는지가 중요한 것이 아니다. 누가 더 상대를 힘들게 해 무너지게 했는지가 중요한 이슈가 된다. 아이들과 논 뒤 허리를 펴지 못해 며칠 고생했 는데 아이들은 자기가 선생님을 올라탔을 때 통쾌했다고 자랑한다. 아이들도 교사라서, 여자라서, 약하니까 봐줘야 한다는 것을 모르는 게 아니다. 그러나 이는 어디까지나 이성이 지배하는 일상에서 일이다.

놀이에서는 규칙이란 범위 안에서 허용되는 일이 있다. 일상의 규칙이나 질 서, 예의, 지위 따위는 부차적인 것이 된다. 이를 구현하는 놀이는 단순한 즐거 움을 넘어 통쾌하고 짜릿한 재미를 느끼게 된다.

몰래 다가가야 하는 무궁화꽃이 피었습니다

술래가 눈을 감고 있는 사이 조금씩 술래 가까이 다가가서 술래를 치고 도망가는 놀이인 무궁화꽃이 피었습니다는 요즘도 종종 하는 놀이다. 숨고 찾기, 쫓고 쫓기기가 결합된 이 놀이는 쫓는 양상은 마지막에 잠깐 나타나고 기본적으로 술래 몰래 다가가는 것이 중심활동이다.

술래는 벽을 보고 "무궁화꽃이 피었습니다" 하고 큰 소리로 외친다. 열 글자인데 다른 아이들이 움직일 시간을 준다. 술래는 빨리 말하거나 늦게 말해서 다른 사람들이 쉽게 다가오지 못하게 한다. 술래가 돌아볼 때 안정적인 자세로 서 있지 않고 엉거주춤 서 있으면 모두 재미있어 한다.

최근에 놀이의 변형이 다양하게 나타나 "무궁화꽃이 춤을 춥니다" 하면 춤을 추어야 하고, "무궁화꽃이 노래합니다" 하면 노래를 불러야 한다. "할미꽃이 피었습니다" 하면 허리를 구부려 할머니 흉내를 내야 한다. 제대로 못하면 포로가 된다.

끝까지 살아남은 아이가 술래와 포로가 잡은 손을 끊을 것인가, 술래에게 들킬 것인가 조마조마한 순간이다.

일본에서는 '오뚜기가 넘어졌다' '스님이 방귀를 뀌었다' 하는 형태로 놀이를 하는데 우리와 같이 10음절로 이뤄졌고 놀이방법도 비슷해 일본에서 건너온 놀이라는 주장이 있지만 서양에서 시작되어 일본을 거쳐 우리나라에 들어온 것으로 보인다.

아이들은 혼날까 봐 자기가 잘못을 안 했다고 우기기도 하고, 하지 말라는 것을 해서 어른들한테 잔소리를 듣거나 야단을 맞는다. 그런데 이 놀이에서는 몰래 다가가고 안 간 척하는 것이 중심활동이다. 술래가 벽을 보는 동안 재빨리 다가간다는 것은 몰래 하는 것이고, 뒤돌아보면 움직이지 않은 듯한 몸짓과 표정을 지으며 술래를 조롱한다. 다가가거나 움직여서 술래에게 걸려도 포로가 될 뿐 별다른 부담이 없다.

다른 놀이와 달리 이 놀이는 어릴수록 술래를 하려고 한다. 술래가 어떻게 하느냐에 따라 아이들 행동이 결정되기 때문에 술래가 놀이를 주도한다고 여기기 때문이다. 아이들 입장에서는 놀이를 주도하는 술래가 어른인 셈이기에 술래를 해보고 싶은 것이다.

하지만 놀이를 자세히 들여다보면 술래가 뒤돌아보았을 때 움직이는 아이가 있다면 "너 움직였어." 하고 지적할 뿐 실제 어른처럼 잘못을 가려 야단치거나 잔소리하지 않는다. 마지막에 술래에게 잡힌 줄을 끊어주고 도망치는 것은 이런 상황을 되풀이하기 위한 셈이다.

갓 입학한 아이들에게 학교에 대한 부담을 줄여 주려고 놀이를 하자고 하고, 하고 싶은 놀이를 물었더니 무궁화꽃이 피었습니다를 하겠다고 한다. 처음에는 술래를 하려고 일부러 잡히는 아이도 있었다. 그러나 놀이가 진행될수록 누가 술래인지보다 움직이다 급하게 멈추기, 술래 몰래 가기, 안 간 척 시침 떼기를 즐겼다.

상대의 발을 밟아야 하는 왕짱구

"구!"에서 발을 밟히면 죽기 때문에 재빨리 발을 피해야 하는 왕짱구를 운동장에서 하고 있다.

왕짱구는 상대방 발을 밟는 것이 주된 놀이로, 땅에 원을 그릴 수 있는 곳이라면 어디서나 쉽게 할 수 있다. '발 밟기' '도까스'로 부르기도 한다. 놀이방법이 쉽고 시작과 끝이 간결하여 요즘도 많이 하는 놀이 중 하나다. 일상생활에서 남의 발을 밟으면 머리를 숙이면서 "죄송합니다." 하면서 사과해야 한다. 그러나 이 놀이에서는 일상과 달리 상대의 발을 일부러 밟아야 한다. 상대의 발을 밟는 데 성공해서 상대가 싫은 표정을 짓는 데서 쾌감을 얻는 놀이다.

보통 땅에다 원을 그리고 일등부터 꼴찌까지 차례를 정해서 시작한다. 일등부터 차례로 원 안을 밟으며 "왕!" "짱!" 하며 한 글자씩 외치면서 원으로부터

발을 밟으려는 아이나 피하려는 아이나 그 순간에 몰입한다.

멀리 두 발자국 뛴다. 마지막 "구!"에서는 발을 밟는데 밟힐 것 같으면 재빨리 발을 피해야 한다. 만약 밟히면 죽는다.

또 한 글자씩 부르지 않고 "왕!" "짱구!"로 부를 수도 있다. 원을 밟으며 "왕" 하고 밖으로 나오면서 "짱구!"를 하는 것인데, 다른 사람이 원에서 너무 멀리 떨어져 있을 때 일등이 그 사람을 탈락시킬 목적으로 한다. "짱!" "구!"는 한 발씩 천천히 움직이면서 상대방을 공격하는 방식이고 "짱구!"는 급하게 공격할 때 빨리 외치면서 한 발만 떼었다 밟는다.

발을 밟히면 신발이 더러워져 기분 나쁘고, 놀이판에서 탈락되어 더 기분이 나쁘다. 그러나 기분 나쁜 표정을 짓거나 화를 내는 아이는 없다. 속으로 삭이면서 태연한 척해야 한다. 그래서 밟은 사람은 더 통쾌하다. 이는 자기도 똑같은 상황을 당했기 때문이다. 눈에는 눈, 이에는 이라는 원초적인 앙갚음이 허용, 권장되면서 놀이가 펼쳐진다.

이 놀이에서 발을 밟고 밟히는 것은 일방적이지 않다. 누구나 밟을 수 있고 밟힐 수 있다는 평등함을 전제로 한다. 그러기에 밟고 밟혀도 계속 놀게 되는 것이다.

별다른 도구 없이 맨몸으로 목표물을 쫓거나 멀리 도망가는 가장 원시적이면서도 가장 오래 지속되는 놀이가 있다. 얼음땡, 앉은뱅이, 색깔 찾기, 8자 놀이인데, 쫓고 도망치는 과정을 즐기는 놀이다.

유아나 초등학교 저학년의 경우 뛰기를 좋아하는데 자기 몸을 원하는 대로 빨리 움직일 수 있고 스스로 움직임을 확인할 수 있기 때문이다. 그래서 지나가는 친구를 그냥 툭 치고 도망가면 그 친구도 쫓아서 치고 또 도망가기를 반복한다.

연령이 높아지면서 단순한 형태에서 구조화된 형태로 나아가는데 그렇다고 '달리는 재미'가 줄어들지 않는다. 쫓고 쫓기는 놀이는 술래를 정해서 하는 것과 편을 나누어 하는 형태가 있다. 술래는 주로 쫓는 역할이고 나머지는 도망다니는 역할로 이뤄진다.

이 세상을 살아가려면 신체 활용 능력을 기본으로 갖추어야 한다. 자기 몸을 마음 대로 움직일 수 있어야 하고, 균형을 잘 잡아야 하며 신체 부위가 서로 협력할 수 있도록 단련해야 한다. 이런 능력이 바탕이 되는 것이 서고, 걷고, 달리는 능력이다.

아이가 달리기를 하기까지 오랜 시간이 걸린다. 달리기를 할 수 있으려면 신체 성장과 맞물려 반복적으로 연습해야 한다. 달리기를 할 수 있으려면 자기 몸을 제대로 활용할 능력을 갖춘 셈이다. 이를 가장 잘 구현한 것이 쫓고 쫓기는 놀이다.

쫓고 쫓기는 놀이의 백미 진놀이

쫓고 쫓기는 놀이 가운데 진놀이, 진치기, 와리가리는 달리기가 중심이다. 다른 나라에도 이런 유형의 놀이가 많은데 대부분 아이들의 이동 능력을 발달시키는 것과 연관된다.

진놀이의 규칙은 단순하다. 진에서 늦게 나온 사람이 먼저 나온 사람을 잡는다는 것이다. 먼저 나와서 도망치는데 같은 편의 다른 사람이 상대편보다 늦게 나오면 상황이 달라진다. 쫓다가 쫓기는 상황으로 역전되는 것이다.

여러 명이 진에서 나왔어도 한 명이라도 늦게 나오면 모두 차이게 되므로 시간을 두고 차례로 나오는 것이 유리하다. 자기편이 쫓기고 있을 때 쫓는 사람을 공격해서 자기편을 구해주는 것도 중요하다. 진놀이는 '상대편보다 늦게 나오면 잡을 수 있다'는 단순한 규칙인데 상황에 따라 '늦게'가 '먼저'가 되기에 쫓다가도 쫓기는 상황이 빈번하다. 이를 파악하기 위해 상대편의 움직임을 정확하게 읽어내야 한다.

2004년에 충주 칠금초등학교 5학년 아이들에게 이 놀이를 가르쳐 주었다. 아이들은 진놀이를 한 적도, 본 적도 없어 어려워했다. 처음에는 마치 시위하듯 한 사람이 나오면 우르르 나왔다가 상대편에서 나오면 또 우르르 도망가기를 반복했다. 놀이가 진전되지 않자 작전을 짜더니 진에서 차례를 정해 나오기도 하고, 자기편이 쫓길 때 적극 도와주기도 했다.

조금 소극적인 아이는 진을 지켜 자기 몫을 해내는 모습도 보였다. 이렇게 놀이 꼴을 갖추기까지 그리 오랜 시간이 걸리지 않았다. 횟수가 늘면서 포로

상대편 진으로 나아가려는 아이　　　　　　　　상대를 빨리 파악하고 잡으러 오는 아이

만들기, 구출, 보호의 개념이 익숙해져 틈만 나면 어울려 놀았다.

　진놀이 하면 떠오르는 아이가 있다. 조용히 학교에 왔다가 아무 말도 하지 않고 앉아 있다 가는 아이였다. 그런데 진놀이에서 존재감이 최고치로 올랐다. 발이 빠르고 민첩한 아이는 눈에 잘 들어와 경계하게 되는데 상대편에서 신경조차 쓰지 않던 아이라서 돌아가서 진을 친 것이다. 수가 열세였는데 상황이 역전되어 놀이에 참여한 모든 아이가 깜짝 놀랐다. 자기가 주목받지 못한다는 것을 역으로 이용해 상대의 허를 찌른 것이다.

　그 뒤 그 아이가 그림에 재능이 있다는 것도 알았고, 3학년 때 엄한 교사를 만나 크게 야단맞고 학교에 대한 거부감으로 소극적으로 행동했다는 것도 알게 되었다. 진놀이가 단지 쫓고 쫓기는 것이 전부인 줄 알았는데 한 명 한 명 모두 중요하다는 것도 알게 해줬다.

　다음 해에 2학년을 담임을 맡고 저학년 아이도 할 수 있지 않을까 해서 놀이를 설명하고 시범을 보였다. 그래도 놀이가 시작되면 우르르 나갔다가 돌아오기를 반복하는 수준에서 더 나가지 못했다. 규칙을 이해해도 보는 범위가 좁아 놀이가 진전되지 않았다. 진놀이에 재미를 붙인 아이들을 보면 상대를 빨리 파악하고 시야가 무척 넓다. 상대방 모두와 개개인의 움직임을 자세히 구분할 줄 알고 정확하고 빠르게 판단하여 달리고 또 달린다. 놀이를 하면서 이런 능력이 빠르게 향상되기도 한다.

쫓기고 쫓는 역할이 뒤바뀌고 빠른 판단과 순발력이 필요한 진놀이는 상대편을 잡았을 때의 성취감으로 특별한 재미를 만들어 낸다. 소리 지르며 운동장을 휘젓는 아이들의 활기로 운동장이 들썩일 때 보면 어김없이 진놀이를 한다.

너도 살고 나도 사는 얼음땡

얼마 전, 셋째 누이한테 물건을 전해 주기 위해 승강기를 타려는데 일곱 살 쯤 되어 보이는 남자아이 두 명이 부산하게 장난을 친다. 아이들은 승강기 안에서도 마찬가지였다. 그래서 내가 헛기침을 하며 "얼음!" 했더니 흠칫 놀라면서 그대로 멈췄다. 7층인데 한 아이가 밝은 목소리로 "우리 8층에서 내려요. 땡 해 주세요." 한다. 8층에 도착해서 "땡!" 했더니 아이들이 부리나케 내리며 날 쳐다보고 웃는 사이 문이 닫혔다.

2010년에 놀이연구회에서 전국 어린이 놀이 실태를 조사한 것에 따르면 아이들이 가장 많이 하는 놀이가 얼음땡이다. 꽤 시간이 흐른 지금도 마찬가지다. 승강기에서 "얼음!" 했더니 움직임을 멈춘 것은 이 놀이를 알고 있고, 즐겨 하기 때문일 것이다. 놀이환경이 좋지 않은데도 얼음땡은 환경 변화에 잘 적응했고, 달리기를 좋아하는 본성과 맞닿아 계속되고 있다.

얼음땡은 술래에게 잡힐 것 같을 때 팔을 가슴 앞으로 엇갈리며 "얼음!" 하면 잡지 못한다. 얼음을 한 상태에서는 멈춰 있어야 하고 다른 사람이 "땡!" 하면서 치면 살아나 도망 다닐 수 있다. 비슷한 놀이로 앉은뱅이가 있는데 쪼그려 앉으면서 "앉은뱅이!" 하면 술래가 치지 못한다. 술래가 멀어지면 일어나 도망 다닐 수 있다. 앉거나 돌아다니는 것이 맘대로라서 여간해서는 잡히지 않는다. 그래서 술래는 쫓아다니다 지친다.

얼음땡과 앉은뱅이는 쫓고 쫓기는 활동, 술래가 잡으려고 할 때 행동이 제한되는 조건은 같은데, 제한에서 벗어나는 조건이 다르다. 앉은뱅이는 놀이

술래(국방색 옷)가 다른 아이를 쫓는 틈에 얼음을 한 아이(파란색 옷)를 살려주기 위해 한 아이(분홍색 옷)가 달려가며 손을 치려고 한다.

특성상 술래가 잘 바뀌지 않아 역동성이 떨어진다. 그래서 아이들은 좀 더 역동적인 얼음땡을 좋아해 많이 하면서 앉은뱅이 놀이는 사라졌다.

1996년에 중국 연변으로 놀이 조사를 하러 갔다. 조사된 많은 놀이 가운데 놀이 이름과 방법이 우리와 같은 놀이도 있지만 변형된 놀이로 얼음불이 있었다. 얼음불은 얼음을 한 상태에서 술래 몰래 조금씩 움직여 얼음끼리 만나 부딪치며 "얼음불!"을 외친다. 그러면 움직일 수 있다. 얼음끼리 부딪치면 더 차가워져야 하는데 뜨거워져서 녹는다는 발상이 재미있었다. 술래 몰래 가슴 졸이며 조금씩 움직이는데 어떤 일을 몰래 하는 긴장과 전율을 즐기는 것 같다.

그런데 2005년에 서울 노원구 한 아파트 놀이터에서 얼음땡 하는 아이들을 보다가 깜짝 놀랐다. 얼음 둘이 부딪치면서 "쨍그랑!" 하면 얼음에서 풀려 돌아다니는 것이 아닌가! 얼음불과 비슷해서 '연변에서 수입되었나?' '아이들끼리 만들었나?' 궁금했는데 아직까지 풀리지 않는 수수께끼다.

얼음땡 하는 아이들을 보면 술래와 꽤 많이 떨어져 있는데도 술래가 오면 무조건 "얼음!" 하는 아이가 있고, 술래가 아주 가깝게 와야지 다급하게 "얼음!" 하는 아이가 있다. 다른 아이들을 살려 주는 데 관심 없는 아이, 위험을 무릅쓰고 살려 주려는 아이도 있다. 활동 폭이 크지 않은 아이도 있고, 놀이판 전체를 휘젓고 다니는 아이도 있다. 술래를 약 올리다 쫓아오면 얄밉게 "얼음!" 하는 아이도 있다.

놀이할 때 아이들 모습을 보면 내성적인 아이, 외향적인 아이, 자기중심적 아이, 관계를 중요하게 생각하는 아이들 모습이 나타난다. 남녀 차이도 있지만 한 사람이 가진 성향이 더 크게 작용하는 것 같다. 성격은 타고난 것과 만들어 가는 부분이 반반이라고 하는데 타고난 성격 가운데 장점은 살리고 부족한 것은 보완하면서 균형 잡힌 성격을 갖게 되는 것이다.

고학년 아이들은 얼음땡을 잘 하지 않는다. 규칙이 매우 단순해서 시시하게 여긴다. 그러나 저학년 아이들은 틈만 나면 얼음땡을 하는데 그들의 인지, 신체 능력에 부합하기 때문이다. 1학년 아이들이 얼음땡을 할 때는 모두 "얼음!"을 해서 살려 줄 아이가 없어 놀이가 일찍 끝난다. 여러 차례 놀면서 살려 준다는 의미를 알아가고, 다른 사람을 살려 주는 것이 나중에 자기를 살릴 수 있는 길이란 걸 알게 된다.

안다고 바로 행동할 수 있는 것은 아니고, 몇몇은 위험을 무릅쓰지만 좀처럼 행동하지 못하는 아이도 있다. 민우가 그런 아이였다. 같이 놀다 보니 서로를 잘 알게 되면서 민우를 살려 주는 아이가 점점 줄었다. 급기야 민우가 얼음으로 있으면 풀려나지 못하고 그대로 서 있는 시간이 많아졌다. 심지어 민우가 살려 달라고 하면 아이들이 "메롱!" 하고 약만 올렸다.

민우는 속이 상했지만 아이들이 왜 그런지 알기까지 시간이 걸렸다. 위험을 무릅쓰고 친구를 살려 준 아이가 얼음이 되었을 때 살아났던 아이가 그 친구를 살려 주는 모습을 본 것이다. 그러나 안다고 바로 되는 것은 아니다. 2학기 중반쯤부터 다른 아이들을 살려 주는 데 마음을 냈다. 놀이를 20~30번 한 뒤였다. 민우가 다른 사람에게 눈을 돌리는 모습이 눈에 띄게 달라진 것은 아니지만 더불어 살아가려면 여럿 속에서 어찌해야 하고, 그것이 왜 바람직한지 알게 된 것은 확실하다.

색깔을 쫓아 달리는 색깔찾기

술래의 "회색!" 소리에 아이들이 쓰레기통을 잡고 있다.

유치원 아이들은 나를 무척 좋아한다. 놀이 선생님이기 때문인데 어떨 때는 자기 선생님보다 나를 더 좋아하는 것 같은 착각이 들기도 한다. 어린 아이들은 쫓고 쫓기는 놀이를 좋아하는데 규칙이 복잡한 놀이는 이해하기 어려우므로 쉽고 간단한 놀이를 하는 게 좋다.

색깔찾기는 얼음땡과 쫓고 쫓기는 형식은 같지만 '색깔'이란 조건이 붙으면서 색다른 재미를 준다. 그러나 규칙을 설명하고 바로 놀면 이해가 떨어져 충분한 준비과정이 필요하다. 아이들이 내 앞에 모여 눈을 빛낼 때, 나는 호랑이인데 너희들을 잡아먹으려고 왔다고 이야기하면 아이들이 갑자기 호기심 반 두려움 반으로 바뀐다.

그런데 잡아먹히지 않으려면 내가 이야기하는 색을 잡고 있어야 한다고 말한다. 그리고 주변에서 가장 쉽게 볼 수 있고 단순한 색(빨강, 노랑, 파랑)을 말한다. 크게 "노란색! 어흥!" 하고 외친 뒤 1에서 10까지 천천히 센 뒤 "어흥!" 하고 아이들을 잡으러 간다. 그러면 아이들 대부분은 노란색을 꼭 잡고 있다. 이런 식으로 주변에 있는 색을 짚는 과정으로 색을 익히게 한다.

색깔 찾기는 술래가 말한 색을 짚으면 칠 수 없다는 것이 규칙이다. 그런데 술래가 쫓아오는 상황에서는 주변의 색이 쉽게 눈에 들어오지 않아 도망치기

바쁘다. 따라서 주변에 어떤 색이 있는지 미리 알려주고 놀이에 들어가는 것이 좋다.

검정색을 찾아 신발 안쪽까지 뒤집고 있다.

아이들과 놀이터로 나와 본격적으로 색깔찾기를 했다. 내가 술래를 하며 "빨간색!"을 외치고 천천히 잡으러 갔다. 아이들이 도망치는데 한 아이가 미끄럼틀에 있는 빨간색을 짚자 너도나도 손을 뻗어 짚었다. 몇 명은 빨간색 시소 손잡이를 잡고 있었다. 내가 다시 술래가 되었다.

이렇게 몇 차례 하다가 "보라색!"을 말했는데 한 아이가 못 짚어서 그 아이가 술래가 되었다. 그런데 내가 말했던 색을 외쳐 술래에서 좀처럼 벗어나지 못했다. 그런데 술래는 술래에서 벗어나려는 생각이 없는 듯 쫓는 데 열중하였다. 다른 아이들도 소리 지르며 우르르 쫓겨 다녔다. 아이들은 쫓고 쫓기는 자체를 즐겼다.

며칠이 지나서 가장 크게 소리 지르며 색을 짚는 한 여자아이가 나를 보면서 달려왔다. 그러더니 아무 말도 없이 자기 바짓단을 들어 올리며 양말을 보여주는 것이었다. 나는 갑작스레 달려와서 무슨 일이 있나 싶었는데 양말을 보여주는 순간 저절로 웃음이 나왔다. 무지개색 양말을 신고 온 것이다. 자기는 어떤 색을 말해도 다 짚을 수 있다는 자랑이다. 순간 아이가 너무 예뻐서 번쩍 안아줬다.

쫓기는 상황에서 어디에 어떤 색이 있는지 알고 짚는 것은 쉬운 일이 아니지만 둘레에 어떤 색이 있는지 알아두면 어렵지 않다. 색깔찾기의 즐거움은 평소에 옷을 입거나 양말을 신을 때도 어떤 색인지 살펴보는 관심으로 이어진다.

술래와 대장의 정면 승부 꼬리따기

대장이 맨 앞에 서고 허리를 잡아 꼬리를 이루고 술래와 맞서고 있다.

꼬리따기라고 하면 양쪽이 길게 꼬리를 만들어 앞사람인 머리가 상대의 꼬리를 따는 방식을 떠올린다. 머리가 나머지 무리를 이끌고 움직이기가 쉽지 않아 천천히 움직이는 동안 상대 꼬리는 멀리 도망가 버린다. 이런 형태가 반복돼 시간이 걸리고 재미없어져 술래 한 사람이 꼬리를 잡는 꼬리따기를 하게 됐다.

여러 아이들이 꼬리를 만들어 함께 움직이기는 쉽지 않다. 그래서 꼬리를 이끄는 맨 앞에 서는 대장이 중요하다. 대장은 천천히 움직여야 하고 나머지 사람들은 대장을 믿고 술래에게 잡히지 않도록 일사분란하게 움직여야 한다. 이때 대장은 술래가 꼬리 쪽으로 오지 못하게 팔을 벌려 막아야 한다.

술래는 혼자라서 활동이 자유로워 쉽게 꼬리를 잡을 것 같지만 대장의 방해 때문에 뒤쪽으로 가기가 쉽지 않다. 특히 팔을 벌리고 있는 대장 뒤에 거의 직선으로 늘어선 대열의 꼬리 쪽으로 가기는 쉽지 않다. 그래서 좌우로 움직이거나 대장의 움직임을 따라 함께 움직이는 대열이 무너지도록 크게 돌아야 한다. 놀이의 재미는 술래가 얼마나 민첩하고 역동적으로 움직이느냐, 이에 맞선 대장의 방어가 적절하냐에 달려 있다. 너무 싱겁게 잡히거나 술래가 둔하게 움직이면 재미가 떨어진다.

5학년과 이 놀이를 했는데 일곱 명이 대열을 이루었다. 발이 빠른 성중이가 술래가 되었고 덩치 크고 몸도 날렵한 민철이가 대장이 되었다. 시작부터 긴장감이 돌았다. 성중이가 가려는 길이 자꾸 막히니까 크게 돌자 민철이는 성중이의 움직임에 따라 방향을 바꿔 가며 대비했다. 아이들도 행여 끊어질까 봐 꼭 붙잡고 움직이는데 마치 한 몸인 것 같았다. 길이 막히니 시간이 지남에 따라 모두 지쳐갔다. 술래의 움직임이 둔하면 나머지도 모두 한숨을 돌리는데 그냥 쉬는 것이 아니라 술래의 움직임을 꼼꼼히 살핀다.

결국 발빠른 성중이를 따돌릴 수 없어 꼬리가 잡혔다. 한 판이 끝나자 모두 긴장이 풀려서인지 털썩 주저앉아 숨을 골랐다. 짧은 시간이지만 앞사람 허리를 잡고 엉거주춤한 상태에서 쫓고 쫓기는 긴장감까지 더해 움직이니까 체력 소모가 컸기 때문이다.

전국에 이와 비슷한 놀이가 있는데 놀이방법은 거의 같다. 줄줄이 매달린 것을 오이라고 하면 외따기, 수박이면 수박따기가 된다. 제주도에서는 기러기 놀이라고 하는데 기러기가 한 줄로 줄줄이 날아가는 모습을 흉내 내서 붙인 이름이다. 경상도에서는 '송아지'에서 '송' 자를 빼고 아지따기란 이름으로 놀았다.

별다른 준비 없이 쉽게 할 수 있고, 쫓고 쫓기는 재미가 있어 여러 나라에서도 비슷한 놀이가 많다. 이란의 이리와 목동은 우리와 놀이방법이 같다. 다만 이리가 양을 잡아가겠다고 하고 목동은 '한 마리도 안 주겠다'며 이야기하는 부분이 특색 있다.

빛과 어둠으로 노는 그림자 밟기

햇빛이 있으면 그림자는 늘 따라다닌다. 주변에 흔한 것을 놀잇감으로 활용한 인간은 그림자를 가지고도 놀았다. 낮에 그림자와 함께 할 수 있는 대표적인 놀이가 그림자 밟기다.

한 아이가 길을 가다가 그림자를 밟았다. 그림자를 밟힌 아이는 밟히는 것이 싫어서 피한다. 그러면 도망치는 아이를 쫓아가서 또 밟는다. 그림자를 밟힌 아이는 뛰기 시작한다. 그림자를 밟은 아이도 같이 뛰어가는데 도망치는 아이가 큰 나무 그늘로 들어가면 그림자가 사라져 더 이상 그림자 밟기를 못한다. 이렇듯 자연 현상을 놀이로 끌어들인 것이 그림자 밟기다.

여럿이 어울려 할 때는 술래를 정해서 한다. 술래가 열 또는 스물을 셀 동안 나머지 사람들은 술래와 떨어진다. 술래는 아이들 그림자를 밟는데 반드시 머리 부분을 밟아야 한다. 아무 곳이나 밟아도 된다고 정하기도 하는데, 그러면 술래가 자주 바뀌어 놀이가 시시해진다. 술래가 잡으러 오면 도망 다닌다. 도망 다니는 범위를 정해서 범위 밖으로 나가지 않도록 해야 박진감이 있다. 술래에게 그림자를 밟힌 사람은 술래가 된다. 그런데 아이들이 한참 뛰어다니다가 움직임이 멈추거나 느슨해질 때가 있다. 구름이 해를 가려 그림자가 갑자기 사라져 버렸기 때문이다. 그러다가 구름이 걷히면 언제 그랬냐는 듯 다시 뛰어다니며 논다.

그림자 밟기에서 발전된 형태가 줄줄이 그림자 밟기다. 술래가 밟으려 할 때 도망 가지 않고 그 자리에 앉거나 몸을 젖혀 피하는 것이 주된 활동이다. 아이들이 해를 등지고 줄지어 서 있으면 덩달아 그림자도 줄을 선다. 그러면 술래는 한 발짝씩 뛰어 그림자를 밟아 나간다. 반드시 한 발로 밟아야 하기에 한 사람을 밟고 서 있다가 다음 발로 밟아야 한다. 나머지 사람은 편안히 있다가 술래가 밟을 차례가 되면 신경을 바짝 써야 한다.

이 놀이에서는 술래를 벗어나기가 쉽지 않다. 아이들이 많을수록 술래가 밟지 못하는 그림자가 있어 처음부터 다시 해야 한다. 놀이에 익숙해지면 술래에게 무심한 척하다가 밟는 순간 잽싸게 앉아 골탕을 먹이기도 한다.

그림자 밟기는 쫓고 쫓기는 형태에 밟고 밟히는 행동이 결합되어 발전한 놀이다. 놀이 원리는 그대로인데 상황을 최대한 활용하여 색다른 재미를 느끼게 한다.

오르락 내리락 계단놀이

시대 변화에 따라 일상도 변화한다. 놀이도 마찬가지다. 계단이 생기면서 계단에서 하는 놀이가 생겨났다. 손쉽게 하는 계단놀이가 계단 오르기다. 가위바위보를 해서 이긴 사람이 한 칸씩 올라 끝까지 올라갔다가 다시 내려오면 이긴다. 놀이방법이 간단하고 계단만 있으면 어디에서든 할 수 있기에 요즘도 아이들이 자주 한다.

계단에서 하는 대표적인 놀이로 토끼와 거북이가 있다. 술래를 정하고, 술래가 계단에서 3~4m 떨어진 곳에 있고 아이들은 계단 맨 위에 있는다. 술래가 "토끼!" 하면 두 칸, "호랑이!" 하면 세 칸 내려온다. 계단이 많으면 칸수를 조절할 수 있다. "거북이!" 하면 계단에서 내려오지 않고 혀를 내밀며 '메롱' 한다. 계단에서 내려오면 죽게 된다.

이렇게 해서 계단을 다 내려오면 땅을 손으로 짚고 다시 맨 꼭대기로 도망가면 술래가 쫓아가는데 술래에게 차이면 그 사람이 술래가 된다. 주문을 외우는 앞부분 때문에 점점 긴장이 고조되다가 마지막에 쫓고 쫓기는 상황이 벌어진다.

활동성이 크기에 바깥놀이로 하는데 학교 건물과 운동장을 연결하는 계단에서 주로 한다. 동네에서는 이와 비슷한 계단을 찾아가서 한다. 술래가 말한 주문을 듣고 내려오다가 땅과 가까워졌을 때 느끼는 긴장감, 땅을 짚고 계단을 올라갈 때 느끼는 긴박감에 아이들이 좋아하는 놀이 원리가 들어 있다.

토끼와 거북이에서 마지막 부분만 떨어져 나온 비행기 낙하산(늑목에서 하는 '비행기 낙하산'과 이름만 같음)도 있다. 쫓고 쫓기는 부분이 강화된 것인데 계단 맨 아래 칸에 한 발을 올려놓고 있다가 술래가 "비행기!" 하면 맨 위로 올라가야 하고, "낙하산!" 할 때 땅에 있는 발이 떨어지면 죽게 된다. 술래가 "낙하산!"을 외치면서 쫓아오면 순간 헷갈려 올라갈 수도 있기에 주문을 잘 듣고 움직여야 한다.

술래의 주문이 강화된 바야바란 놀이는 계단놀이의 정수를 보여준다. 쫓고 쫓기는 활동이 중심이지만 술래의 주문에 따라 다양한 동작을 해야 한다. '강아지'는 맨 위에 올라갔을 때 거는 주문인데 재빨리 뛰어 내려와 땅에 도착해야 한다. 그 사이에 술래에게 차이면 죽게 된다. '도둑발'은 술래가 안 볼 때 뛰어 내려와 땅을 짚어야 하는데 술래가 치려고 하면 멈춰야 한다. '만화책'은 술래가 웃겨도 웃지 않고 두 손을 책 보듯 하면서 끝까지 내려와야 하므로 바닥이 보이지 않아 위험하기도 하다. 그리고 놀이 이름이기도 한 '바야바'는 맨 아래에 있다가 술래를 피해 계단 위로 도망가야 한다.

계단놀이는 쫓고 쫓기기, 주문대로 하기, 몰래 움직이기를 계단으로 옮겨갔다. 예전에 하던 놀이가 계단이란 새로운 환경과 만나 새로운 놀이가 된 것이다. 이와 같은 놀이들을 보면 아이들의 기발함에 놀란다. 아이들은 산에 나무를 하러 갔다가 묏둥이나 비탈을 활용해 놀았는데 주변을 활용해 놀았던 전통이 달라진 환경과 만나 계단놀이가 탄생한 것이다.

집 주변이나 학교, 놀이터, 공원에서 계단을 쉽게 볼 수 있지만 여기에서 노는 아이들이 거의 없다. 더러 학교 계단에서 계단 오르기를 하는 단순한 계단놀이를 보는 정도다. 놀이를 회복하기 위해 시간과 공간을 제공해주는 것도 중요하지만 놀이방법을 알려주고 놀 수 있도록 지원해 주는 것이 중요하다. 앞 세대에서 즐겨 했던 놀이를 소환해 놀이의 질을 높여 더욱 재미있게 할 수 있다면 생활 속에서 놀이가 되살아날 수 있다.

사람은 살면서 시간이라는 날줄과 공간이라는 씨줄의 한 점에 위치한다. 시간과 공간을 알아야 지금 자기가 어디에 있는지 파악할 수 있다. 그래서 지금이 몇 시인지, 여기가 어딘지 알고자 한다.

하지만 정해진 공간에서 생활하기에 공간은 시간보다 주목하지 않는다. 그러나 누구나 낯선 곳에 가면 그곳이 어딘지 알고 싶어한다. 자기가 어디에 있는지 모르면 불안해지기 때문이다.

자기가 서 있는 공간을 주체적으로 파악할 수 있는 능력은 저절로 갖춰지는 것이 아니다. 낯선 곳에 갔을 때 엄마 치마 뒤에서 나오지 못하던 어린 시절을 떠올려 보면 쉽게 이해할 수 있다. 성장하면서 더 넓은 공간으로 나갔을 때 이를 능동적으로 파악하고 대응할 수 있는 능력은 공간을 이해하는 연습을 통해서 가능하다.

어린 시절에 숨바꼭질을 해본 적이 없고, 어른이 되어서는 내비게이션만 의지해 길을 찾는다면, 내비게이션이 고장나거나 없으면 어떻게 될까? 지도와 이정표에 의지해 낯선 곳을 찾아다니던 1980~90년대를 떠올려 보자. 낯선 곳을 두려움이 아닌 탐구 대상으로 바꿀 수 있는 길이 다양한 형태의 '숨고 찾는 놀이'에 있다.

어둠을 이겨야 하는 까막잡기

술래의 눈을 가리고 사람들을 잡는 놀이가 까막잡기이다. '까막'이란 깜깜한 상태를 말하는데 '까맣다'에서 온 말이다. 기계에 대해 전혀 모를 때 "기계에 까막눈이야." 하고, 글을 읽거나 쓰지 못할 때도 '까막눈'이라고 했다.

1939년 〈동아일보〉에 까막잡기를 소재로 한 만화가 등장했다.

까막잡기를 한창 하던 때에는 앞을 보지 못하는 사람을 소경, 봉사, 맹인이라고 했다. 그러니 '까막'은 장애를 가진 사람을 가리키는 말이 아니다. 경험이 없어 부족하지만 극복할 수 있는 상태를 말한다. 놀이에서 술래가 되면 까막눈이 되지만 술래를 벗어나면 다시 볼 수 있는 것과 같다.

1939년 〈동아일보〉에 '까막술래잡기'로 소개될 정도로 자주하던 놀이다. 이 만화를 보면 술래를 정할 때 "누가 술랜가 짱껨뽀! 아이고다 쇼!" 하면서 가위바위보를 한다. 가위바위보에 대한 최초의 기록으로 보인다. 놀이방법은 간단하다. 가위바위보로 술래를 한 명 정하고 술래 눈을 수건으로 가린다. 다른 아이들은 술래 둘레를 손뼉을 치면서 도망 다닌다. 이때 "나 잡아 봐라, 나 잡아 봐라." 하며 술래를 놀려 댄다.

술래는 소리 나는 곳으로 가서 잡는다. 잡힌 사람이 술래가 되어 다시 놀이를 계속한다. 술래가 잡은 사람이 누구인지 손으로 더듬어 맞혀야 술래에서

눈을 가린 채 손뼉 소리로 아이들의 위치를 찾는 까막잡기 놀이.

벗어나는 놀이방법도 있다. 술래가 잡으면 놀이의 한 단락이 끝나는 형태는 주로 어린아이들 놀이였고, 큰아이들은 잡은 사람이 누구인지 맞히는 형태로 나아갔다. 옛날에는 어린아이부터 큰 아이까지 함께 놀아서 잡힌 아이가 누구 인지 쉽게 맞힐 수 있었는데 지금은 또래끼리 놀아서 맞히기가 더 어렵다.

아이들끼리 노는 모습을 지켜보다가 성추행이란 단어가 떠올라 놀이를 그 만하게 했다. 남자가 술래인데 여자가 잡혔고, 술래는 그 아이가 누군지 알아맞 히려고 더듬는 모습을 보면서 그런 생각이 든 것이다. 아무리 3학년이고 놀다 가 그랬다고 해도 부모가 문제를 삼을 수도 있겠다 싶어서 중단했다. 재미있 게 노는데 그만하라니 더 놀고 싶다는 표정과 원망의 눈길로 나를 쳐다본다.

시간이 20분이나 남아서 남자는 남자끼리, 여자는 여자끼리 편을 나누고 다 시 했다. 아이들은 왜 놀이를 중단했고, 아까와 다르게 왜 편을 나눠서 하는지 모른 채 다시 놀이에 빠져들었다. 눈을 가린 상태로 움직이기, 촉각으로 누군지 알아맞히기는 평소와 다른 상황이라 재미있어한다. 그러나 이젠 '놀다 그랬는데'가 통하지 않는 시대라는 것을 받아들여야 한다는 것이 못내 씁쓸했다.

이 놀이를 연변에서 새로운 모습으로 발견했다. 1996년 연변에서 놀이 조사를 했는데 용정과 심양에서 빨간불 파란불이란 이름으로 놀고 있었다. 술래를 정하는 것은 같은데 술래가 잡으러 다니다가 "노란 불!" "파란 불!" "빨간 불!" 하고 소리치는 것이다. "노란 불!" 하면 나머지 아이들이 손뼉을 치며 움직이고, "파란 불!" 하면 손뼉을 치지 않고 움직인다. "빨간 불!" 하면 그 자리에 멈춰야 한다. 빨간 불일 때 아이들이 모두 숨을 죽이고 있기 때문에 술래가 방향을 잘못 잡을 수 있다. 그래서 술래는 다시 "파란 불!" "노란 불!"을 외쳐 아이들 위치를 파악한다. 그래서 빨간불 시간은 그리 길지 않다.

우리나라에서는 신호등 까막잡기라는 이름으로 노는 모습을 보았다. 아이들이 길거리에서 까막잡기를 하고 있었는데 갑자기 여럿이 "멈춰!"를 외쳐 깜짝 놀랐다. 술래가 "빨간 불!"을 외치고, 앞으로 가다가 벽에 부딪칠 뻔한 상황이었다. '멈춰'는 위험을 알려주는 신호였다. 신호등의 특징을 놀이에 접목해 눈 가린 술래의 안전을 걱정해 주던 것이 기억에 남았다.

인류 보편의 놀이 숨바꼭질

"숨바꼭질 할 사람 여기 붙어라!" 하며 같이 놀 사람을 불러모은 뒤 가위바위보로 술래를 정한다. 술래가 벽에 기대어 눈을 감고 큰소리로 숫자를 세다가 다 숨은 것 같으면 "찾는다!"를 외친다. "아직도!" 하는 소리가 들리면 아직 숨지 않았다는 신호다. 그럼 술래는 다시 숫자를 센다.

술래는 소리가 난 곳을 기억해 두었다가 어디쯤 숨었는지 가늠한다. 숫자를 백까지 세기 전에 조용해지면 다시 "찾는다!"를 외치고 아무 소리가 나지 않으면 숨은 아이들을 찾기 시작한다. 이때는 숨소리도 들리지 않을 만큼 주위가 고요하고 술래의 움직임만 부산하다.

술래는 집(숫자를 세던 벽)에서 멀리 가지 않는다. 술래가 집과 멀어질 때 집을 찍으면 술래가 못 찾은 것이 되기 때문이다. 집을 찍으려는 아이를 보게 되면 빨리 달려와 먼저 집을 찍으면 되기 때문에 술래는 집 둘레를 돌면서 찾아야 한다.

술래는 옷자락이나 머리카락이 조금만 보여도 누군지 알아차리고 "○○, 대문 뒤에!" 하고 말한 뒤 집을 찍으며 "○○ 찜!"을 외친다. 그 아이가 맞으면 순순히 나와야 한다. 술래가 이름을 잘못 댔다면 다른 곳에 숨을 수 있다.

술래가 몇 명을 찾은 다음 "못 찾겠다 꾀꼬리!" 하고 소리치면 숨어 있던 아이들이 모두 나온다. 잡힌 사람 가운데 술래를 새로 정하고 놀이를 되풀이한다. 숨바꼭질은 해가 져서 어두컴컴할 때 더 흥미진진하고 재미있다. 숨바꼭질을 좋아하지 않는 아이는 없는 것 같다. 숨는 아이들은 어디에 숨을지 생각하고, 술래는 어디에 숨을지 생각한다. 두 가지 생각이 하나로 모여 놀이가 된다. 하지만 평생을 아파트에서 살아야 할지 모르는 도시 아이들은 이런 재미를 느끼지 못할지도 모른다.

숨기 좋은 곳은 술래도 알기 때문에 숨는 아이들은 새로운 곳을 찾아야 한다. 집에서 너무 멀지 않은 곳이 좋지만 좋은 장소가 그리 많지 않다. 숨바꼭질을 여러 번 했기 때문에 들키지 않을 마땅한 곳을 찾기가 쉽지 않다. 그래서 평소에 주변을 잘 살폈다가 놀이할 때 활용해야 한다. 날마다 생활하는 익숙한 공간이 숨바꼭질을 하면서 새로운 공간으로 탈바꿈되는 순간이다. 새로운 공간은 오래 잊히지 않는 장기 기억 저장소에 남는다.

인간의 역사는 감춰진 무엇을 찾는 과정의 연속이었다. 그 대상이 사람이면 놀이가 되고, 동물이면 사냥, 사물이면 채집, 진리면 학문이 된다. 어렸을 때 즐겨 하던 숨바꼭질이 놀이는 사냥, 채집, 진리의 시작이었다. 숨바꼭질은 세계 모든 나라에서 하고 있는 놀이며 숨고 찾는 방식도 비슷하다. 아마 태초의 놀이 가운데 하나가 아닐까 싶다.

시치미 떼며 즐기는 숨기기와 찾기

지금은 '현장체험학습'이라고 하지만 내가 어릴 때는 '소풍'이었다. 봄과 가을에 가는 소풍은 모처럼 맛난 것을 먹고 공부도 하지 않기에 손꼽아 기다렸다. 내일이 소풍 가는 날이면 잠들기 전, 혹시 비가 오면 어떡하나 싶어 몇 번이나 하늘을 올려다보느라 잠을 설치기도 했다. 소풍 가면 으레 보물찾기, 수건돌리기, 노래자랑을 했다.

처음에는 나도 아이들한테 소풍 놀이 3종을 풀어놓았다. 밥 먹기 전에는 보물찾기를 하고, 밥 먹고 나서는 수건돌리기, 마무리로 노래자랑을 한다. 그러다가 어느 해 문득 이런 것들이 교사를 위한 것이란 생각이 들었다. 보물찾기는 영역을 정해 주면 그 밖으로 나가지 않고, 수건돌리기는 빙 둘러앉아 있고, 노래자랑은 모두 중앙을 향해 앉아 있기 때문에 아이들을 통제하고 관리하기에 좋은 것이다. 보물찾기와 노래자랑은 상품도 주고 재미있으니 교사와 학생의 요구가 맞아떨어진 셈이다.

박물관으로 가을현장체험학습을 갔을 때 관람 시간이 맞지 않아 공터에 모여 수건돌리기를 했다. 놀이를 설명하지 않아도 아이들이 모두 잘 알고 있었다. 시작하기 전에 걸리면 바로 벌칙을 받기로 하고 시작했다. 걸린 아이가 시간을 끌면 흥이 깨져 버린다.

수건돌리기 할 때 부를 노래를 정하는데 쉽지 않아 음악 시간에 배운 〈기차를 타고〉를 부르기로 했다. 자기 손 한 번, 옆 사람 손 한 번 치면서 박자를 맞춰 부르자 금방 분위기가 좋아졌고 놀이가 본격화되었다. 술래는 수건을

술래가 잡히기 일보직전이다.

놓을까 말까 하며 아이들을 긴장시키다가 한 친구에게 놓았는데 그 아이가 조금 늦게 알아차렸다. 전속력으로 술래를 쫓아갔지만 술래는 이미 빈자리에 앉은 뒤였다.

앉아 있던 아이들은 손을 뒤로 뻗어 술래가 수건을 놓고 갔는지 더듬어 보기도 한다. 술래가 거의 잡힐 뻔했는데 미끄러져 자리에 앉기도 했다. 그러다가한 아이가 딴생각을 했는지 걸렸고 약속한 대로 엉덩이로 이름을 썼다.

한창 신나게 노는데 박물관에 들어가야 한다는 연락이 와서 멈췄다. 다음날 일기에 박물관에서 본 것보다 수건돌리기를 주제로 쓴 아이가 더 많았다. 수건돌리기는 선교사들이 소개하여 전국으로 퍼져나간 놀이로 추정한다. 놀잇감이 수건이고, 놀이가 전개되는 방식이 전래되던 놀이와 다르기 때문이다.

우리나라에서는 물건을 돌리다가 한 사람이 감추면 술래가 그 사람을 찾는 방법으로 놀았다. 돌리는 물건에 따라 놀이 이름이 달라지는데, 가락지를 돌리면 가락지 돌리기, 종지를 돌리면 종지 돌리기, 비녀를 돌리면 비녀 돌리기가 되었다. 술래는 가운데 있고, 둥그렇게 앉아 사람들이 무릎을 세우고 노래하면서 치마 밑으로 놀잇감을 돌린다.

그렇게 돌리다가 한 사람이 놀잇감을 갖고 있으면서 계속 돌리는 척하다가 노래가 멈추면 동작도 멈춘다. 그러면 술래는 누가 그 물건을 가지고 있는지 찾는다. 쫓고 쫓기는 방식이 아니라 숨기고 찾는 방식이다. 그래서 방 안에서 여자들이 많이 했다. 놀이하는 사람이 열 명을 넘지 않는다.

밖에서 노는 콩 심기(콩 숨기기)도 있다. 스무 명 정도가 노는데 강강술래나 월월이청청을 하다가 지치면 앉아서 한다. 이 놀이는 술래 말고는 숨기는 사람도 필요하다. 많은 사람이 빙 둘러앉아 치마를 펼치고 있으면 숨기는 사람은 앉아 있는 사람들을 차례로 돌면서 손에 든 콩(작은 돌)을 펼친 치마에 넣고는 "콩 심자, 콩 심자" 한다. 그러면 앉아 있는 사람은 치마에 콩을 받는다.

그러다가 누군가 받은 콩을 숨기고, 술래는 누가 콩을 숨기는지 지켜보다 찾는 놀이다. 이 놀이는 누가 가지고 있는지보다 곡식을 뜻하는 콩이 땅을 뜻하는 여자에게 제대로 심어져 풍년이 들기를 기원하는 뜻이 더 크기에 흉내내는 과정이 더 중요하다.

오늘날에는 콩 심기는 몰라도 수건돌리기는 알고 있다. 수건돌리기가 동적이어서 아이들의 활동 욕구와 맞아떨어지기 때문인 것 같다. 수건돌리기는 누구에게 수건을 떨굴까 고민하는 과정, 수건을 놓고 쫓고 쫓기는 과정, 혹시 내 뒤에 떨어뜨리지 않았나 하는 조바심이 잘 버무려져 아이들이 좋아한다. 반면 콩 심기는 숨기고 찾는 과정 말고는 별다른 자극이 없다.

그래도 아이들 아홉 명과 콩 심기를 해보았다. 가위바위보를 해서 꼴찌는 술래(찾는 사람)가 되고 마지막에 이긴 사람은 놀래(숨길 사람)가 되었다. 사람이 적어서 널찍널찍하게 앉은 다음 술래와 놀래가 가운데 들어갔다. 놀잇감은 지우개다. 놀래가 "콩 심자, 콩 심자" 하면서 한 명씩 돌아가며 작게 펼친 티셔츠에 손을 찔러 준다. 술래는 누구한테 주었는지 눈에 불을 켜고, 놀래는 열심히 콩을 심는다. 드디어 놀래가 손을 펴자 지우개가 없어졌다.

앉아 있던 아이 모두 자기는 안 가졌다는 표정을 짓고 술래는 턱까지 괴면서 앉은 아이들 표정을 하나하나 살핀다. 그러다 한 아이가 '픽' 웃음을 터뜨렸다. 순간 모든 눈이 그 아이한테 모이고 술래는 그 아이를 가리켰다. 그런데 그 아이는 지우개를 가지고 있지 않았다. 아이가 웃은 까닭은 지우개를 가지고 있던 아이가 제대로 숨기지 못해 지우개가 보였기 때문이었다.

지우개를 가진 아이를 찾지 못한 벌칙으로 엉덩이로 이름을 쓰고 놀이를 다시 시작했다. 횟수를 거듭할수록 점점 놀이에 빠져 다른 놀이를 할 필요가 없었다. 충분히 재미있는 놀이라는 걸 확인했다.

놀이가 동적이냐 정적이냐, 아이들 욕구에 맞느냐는 겉으로 보이는 모습일 뿐이다. 어떤 놀이가 계속되었다면 나름대로 까닭이 있다. 수건돌리기가 많은 사람이 바깥에서 하기에 알맞다면 콩 심기나 가락지 돌리기는 실내에서 하기 좋은 놀이다.

아이들은 뛰어다니며 노는 놀이도 좋아하지만 자기가 가지고 있으면서 아닌 척하기, 안 가지고 있으면서 가진 척하며 약을 올리는 재미가 있어 숨기고 찾는 놀이들도 좋아한다.

술래를 벗어날 수 있는 꼼꼬미와
다 같이 숨는 감자 숨바꼭질

숨바꼭질과 놀이방법이 같은데 놀이 시작할 때 술래에서 벗어날 기회를 주는 꼼꼬미라는 놀이가 있다. 가위바위보로 술래가 결정되면 술래는 머리를 벽에 기대어 눈을 가리고, 아이들은 뒤로 선다. 그중 한 명이 술래의 목을 손가락으로 콕 찌르고 등을 툭툭 치면 모두 "누구게?"를 합창한다. 술래 뒤로 돌아서 찌른 사람을 찾는다. 만약 찾아내면 바로 술래에서 벗어나고, 찾지 못하면 다시 술래가 되어 숨바꼭질 놀이가 시작된다.

놀이에서 술래는 대부분 어렵고 힘든 일을 해내야 한다. 숨바꼭질은 함께 놀던 친구 모두가 자기를 버리고 간 상황에서 '혼자'라는 두려움을 견뎌 내야 한다. 운에 맡긴 가위바위보로 술래가 되었다고 하더라도 왠지 억울하다. 그래서 한 번 더 기회를 주는 것이 꼼꼬미이다. 만약 그 기회도 잡지 못하면 술래가 된 것을 인정하고 어려운 역할을 맡아야 한다. 서로를 배려하는 마음이 느껴지는 놀이다. 이 놀이에서는 집을 칠 때 "꼼꼬미!"라고 하고, 못 찾겠다고 할 때도 "못찾겠다, 꼼꼬미!"라고 한다.

숨바꼭질과 비슷한 놀이로 감자 숨바꼭질이 있다. 경기도 포천으로 놀이를 조사하러 갔는데 읍내는 학원이 즐비해 여느 지방 도시와 다르지 않았다. 그래서 차도 잘 다니지 않는 외딴 곳으로 갔다. 마을이라고 하지만 집이 띄엄띄엄 있어서 아이들이 모여 놀기 어렵단 생각에 난감했다. 그러다 4학년 여자아이를 만나게 되었고, 그 아이가 이곳저곳 다니며 아이들을 불러 모아 여섯 명이 모이게 되었다. 가지고 간 과자를 나누어 먹으며 이야기를 했다. 낯선 사람인데도 아이들은 경계심이 없어 여러 놀이를 이야기해 주었는데 감자 숨바꼭질을 즐겨 한단다. 숨바꼭질 이름에 감자라는 말이 붙은 것이 재미있어서 어떻게 노는지 보여달라고 했다.

놀이방법은 숨바꼭질과 같은데 한곳에 모두 같이 숨는 점이 달랐다. 술래가 커다란 나무를 집으로 삼고, 눈을 가린 채 100까지 세는 사이 아이들은 어디에 숨을지 정한다. 그리고 재빨리 숨을 곳으로 달려간다. 커다란 나무 밑에 숨었는데 비로 움푹 패인 곳이었다. 처음에는 그곳이 패였는지 몰랐는데 아이들이 나뭇잎을 걷어내니 꽤 큰 공간이 있었다. 아이들은 웅덩이 속으로 들어가고 마지막 아이가 나뭇잎을 원래 상태로 해놓고 귀신처럼 합류했다. 그 과정이 1분도 걸리지 않아 놀라웠다. 다섯 명이나 되는 아이들이 감쪽같이 사라져 버린 것이다.

술래는 부지런히 100까지 세고 아이들을 찾기 시작한다. 아이들이 숨은 반대쪽으로 가더니 다시 돌아오고, 이곳저곳을 찾아다니는데 그 모습이 야생동물이 먹이를 찾는 것 같았다. 귀는 쫑긋, 눈은 반짝반짝, 코는 벌름벌름하면서 숨을 만한 곳을 뒤져 나가는데 재빠르고, 신중하면서도 날카로웠다. 결국 10분 만에 '숨어 있던 감자들'을 찾아냈는데 아이들 얼굴이 모두 붉게 상기되어 있었다. 작은 공간에서 똘똘 뭉쳐서 숨소리도 내지 않고 숨어 있었으니 당연했다.

산속에 띄엄띄엄 사는 사람들은 한 명 한 명이 너무나 소중하고 반가운 존재다. 특히 또래 아이들은 더욱 그렇다. 아이들은 서로 한 덩어리가 되어 살아가는 가족 같다. 이들이 덩어리져 있으며 어떤 생각을 하고 무엇을 느낄까? 술래도 마찬가지다. 산속에 사는 것은 여럿보다는 혼자임을 인정하고 이를 받아들여야 살아갈 수 있다. 홀로서기가 되지 않고는 살아남을 수 없는 것이다. 감자 숨바꼭질은 생활환경에 적용하려고 만든 놀이가 아닐까 하는 생각이 들 정도였다.

여러 명의 아이들이 그렇게 빨리 숨을 장소를 정한 것은 그곳의 지형지물과 날씨 변화를 잘 알았기 때문이다. 아이들은 그냥 오가는 것이 아니었다. 주변의 지형지물에 대한 변화를 민감하게 관찰한 것이다. 아이들한테는 그곳이 삶의 터전이자 놀이터이며 앞으로 살아가야 할 토대인 것이다.

소풍의 재미 보물찾기, 일상의 재미 신발찾기

소풍 장소가 놀이동산이나 동물원, 박물관 견학으로 바뀌면서 보물찾기를 더 이상 하지 않는다. 노래자랑이나 장기자랑은 버스 안에서 명맥을 유지하지만 보물찾기는 소풍 놀이의 대명사로서 기능을 상실했다.

손수건으로 땀을 닦으며 도착한 소풍지에는 미리 숨겨 놓은 보물이 있었기에 힘든 줄 몰랐고, 돌아오는 길에 보물을 찾았기에 발걸음마저 가벼웠다. 그날 소풍이 즐거웠는지 얼마나 많은 보물을 찾았는지가 열쇠였다.

보물찾기는 물건을 숨기고 찾는 놀이인데, 많은 사람이 동시에 할 수 있어야 한다. 찾는 즐거움이 유지되고, 보물을 찾으면 선물을 준다. 그러나 요즘에는 소풍 장소가 달라져 보물찾기를 할 수 없게 되었다. 보물찾기의 즐거운 경험을 나눠주고 싶어서 새로운 보물찾기 방법을 생각해 냈다.

체육 전담 시간이라 아이들이 모두 강당으로 간 사이에 종이에 보물을 적어 교실 쓰레기통 밑, 가방 속, 사물함 구석구석에 숨겼다. 보물은 동물 가족을 종이에 나눠 적어 놓았다(토끼 가족-할머니, 할아버지, 아빠, 엄마, 동생 토끼). 교실로 돌아온 아이들이 다섯 묶음의 보따리를 보더니 과자 파티를 하냐고 물었다.

동물마다 가족이 있는데 가족 모두를 찾으면 선물을 준다고 했다. 찾느라 들추어낸 물건들은 제자리에 두어야 한다는 조건도 달았다. 설명이 끝나자마자 교실은 아수라장이 되었다. 엄마 사슴을 찾은 아이가 사슴 가족을 외치고, 한쪽에서는 호랑이 가족, 고양이 가족을 찾았다. 시간이 지나자 네 가족은 찾

많은 사람이 동시에 하는 보물찾기. 지금은 사라졌다.

있는데 토끼 가족 중에 동생 토끼가 없어 다시 한번 큰 혼란을 겪었다.

결국 가방 속에 숨어 있던 동생 토끼를 찾았는데 진짜 가족 상봉이라도 한 것처럼 모두 환호성을 질렀다. 여러 동물을 찾은 아이는 못 찾은 아이에게 주면서 모든 아이들이 꾸러미를 펼쳐 놓고 과자 파티를 벌였다.

길지 않은 시간이었지만 무엇인가를 찾는 것이 얼마나 즐거운지 다시 한번 확인했다. 보물찾기가 소풍이라는 특수한 상황에서 전개되었다면 신발찾기는 일상에서 흔한 물건을 가지고 자주 한 숨바꼭질이다. 술래를 한 명 정하고 다른 사람들은 신발 한 짝을 몰래 숨긴다. 그런 다음 외발로 술래를 쫓아다니며 "엄마, 엄마 신발 찾아줘." 하며 신발을 찾아 달라고 한다.

술래는 여기저기를 뒤져 신발을 찾아줘야 한다. 그런데 신발을 어느 구석에 숨겨 놓았는지 찾기가 쉽지 않다. 아이들이 쫓아다니며 신발을 찾아 달라고 성화를 부리면 술래는 저도 모르게 "찾아 줄게. 조르지 마." 하고 소리 지르게 된다. 그러면 아이들은 더 신이 나서 찾아 달라고 조르며 술래를 약올린다.

특수 학급에 근무하던 한 교사가 내게 편지로 상담을 요청해 왔다.

우리 반은 발달장애를 가진 장애우가 여덟 명입니다. 신발찾기를 지도했는데 한 아이가 번번이 교탁 뒤에 신발을 숨깁니다. 제가 그곳에 숨기면 쉽게 찾는다고 다른 곳에 숨기라고 여러 번 이야기했는데도 변함없이 교탁 뒤에 숨깁니다. 심지어 아이 손을 잡고 다른 곳에 숨기는 연습을 했는데도 변함이 없습니다. 어떻게 지도하면 좋을지 조언을 부탁드립니다.

신발찾기는 술래 모르게 숨기는 것이 놀이의 핵심인데, 왜 숨겨야 하는지 알지 못한 것으로 보인다. 물건으로 숨바꼭질을 하는 것은 어렵고, 몸으로 숨고 찾기를 먼저 해야 한다. 숨바꼭질에서는 찾는 것이 먼저고 숨는 것이 나중이다. 그래서 아이가 찾기 쉬운 곳에 누군가 숨어 있다가 찾게 하는 것이 중요하다.

신발찾기는 먼저 생활하는 공간을 파악하고 인식하는 게 중요하다. 어디에 숨길까는 곧 어디에 가면 쉽게 찾을 수 있을까와 연결된다. 늘 생활하던 공간에 신발을 숨기려고 하면 그 공간이 새롭게 다가온다. 아이들에게 "지난번에 쓰던 붓펜 어디에 있지?" 하면 모르쇠 하는 아이가 있고, 금세 찾아오는 아이가 있다.

어디에 무엇이 있는지 잘 보아두는 능력은 타고나는 것이 아니라 훈련되어 길러지는 것이다. 아니, 그런 능력이 몸에 배도록 놀게 해야 한다.

숨바꼭질의 꽃 깡통차기

깡통차기는 숨바꼭질의 가장 발전된 형태로, 놀이도구가 깡통이라 근래에 만들어진 놀이로 생각하기 쉬운데, 아주 오래된 놀이다. 원래는 두레박으로 놀았고, 놀이 이름도 통차기였다.

놀이방법은 빈 두레박 한 개를 준비하고, 두레박의 위치를 땅에 표시한다. 가위바위보로 술래 한 사람을 정하고, 이긴 사람 중 한 명이 두레박을 힘껏 차면 술래가 두레박을 주워 와서 원래의 위치에 가져다 놓는 사이에 다른 사람들은 숨는다. 술래는 두레박을 원래 위치에 놓고 숨은 사람들을 찾기 시작한다. 술래가 찾은 사람의 이름을 부르면 그 사람은 실격된다.

그런데 한국전쟁 뒤 군인들이 통조림을 대용 식량으로 사용하면서 빈 두레박이 깡통으로 바뀌게 된다. 두레박이 서너 번 차면 깨지는 문제를 깡통이 해결해 주었다. 그 뒤 깡통이 보편적으로 사용되어 이어지게 되었다. 술래에게 발견되어 죽은 사람은 놀이에서 빠지고, 다음 판까지 기다려야 한다. 그래서 조바심이 나니까 술래에게 빨리 "못 찾겠다 꾀꼬리!"를 하라고 조른다.

깡통차기에서는 술래에게 들켜 죽은 사람은 술래 몰래 눈짓, 손짓, 발짓 온갖 신호를 사용해서 숨어 있는 사람과 소통하여 깡통을 찰 수 있도록 돕는다. 술래에게 들키지 않도록 치밀하고 은밀하게 서로 신호를 주고받는다. 그래서 놀이가 끝날 때까지 모두가 주체가 된다.

만약 술래가 다른 곳으로 찾으러 간 사이 뛰어나와 깡통을 차면 죽어 있던 모든 사람들은 다시 살아나 일제히 환호성을 지르며 재빨리 다시 숨는다. 다시 살아난다는 것은 해방감마저 느끼는 즐겁고 신나는 일이다. 술래는 절망하지만 어쩔 수 없음을 받아들이고 천천히 깡통을 주워 와 다시 처음부터 시작한다.

여느 숨바꼭질보다 술래의 고통이 심해 술래가 울면서 집으로 가 버려 놀이가 깨질 때도 있다. 술래가 집으로 가 버리면 다음번 놀이에 끼워주지 않기 때문에 드물게 있는 일이다. 놀이에 끼워주지 않는다는 것은 술래를 하는 것보다 더 큰 고통이기에 어려워도 끝까지 술래를 하는 것이다.

술래는 어떻게든 굴레를 벗어나려고 한다. 술래를 마치지 못하면 다음 날도, 그다음 날도 술래를 해야 하는 경우도 있다. 술래는 어떤 어려움이 있어도 분발해서 숨은 사람들을 찾고, 숨은 사람들은 더욱 깊숙이 숨어야 한다.

숨바꼭질 할 때 자기가 어디에 숨을 것인지 보는 동시에 다른 사람들이 숨을 만한 곳도 파악해 놓아야 한다. 언제 술래가 될지 모르기 때문이다. 그러다 보니 자연히 새로운 장소를 찾게 되고 평소에 없던 것이 생기면 눈여겨보게 된다. 어려서 이런 놀이를 많이 한 사람은 길치가 되어 헤맬 일이 없을 것이다.

인간이 언어를 사용하는 유일한 동물이라는 관점에서 인간을 '호모 로퀜스(Homo loquens)'라고 한다. 언어는 생존기술을 익히며 그 민족의 문화 전통을 전달하고 미래의 계획을 세우는 토대가 된다. 일반적으로 다섯 살이 되면 2천 단어를 사용하고 천 개 정도의 문법 규칙에 따라 말을 한다고 한다.

제 몸도 충분히 가누지 못하는 데 비해 언어 능력은 빠르게 습득한다. 그만큼 인간에게 언어는 중요한 것이다. 옹알이부터 혼잣말, 단절음, 단어, 문장으로 이어지는 발달단계는 모두 말을 할 수 있도록 조정하는 과정이다.

말을 하기 위해 아기들의 노력이 치열한데, 아기들 노력에 힘을 보태는 것이 말놀이다. 아기 노래는 단순한 리듬을 가진 특정한 어휘가 반복된다. 이런 노래는 아기가 뜻을 알아듣지 못하고 귀를 통해 말할 준비를 시킨다.

반복되는 어휘가 주를 이루는 말놀이로 '꼬부랑 할머니'로 시작하는 노래는 '꼬부랑 깽깽깽'을 반복하는데 점차 능숙하게 소리를 내면서 재미를 느낀다. 소리는 리듬, 의미는 연상을 통해서 익혀지는데 이는 반복과정을 거치면서 익힌다. 소리가 말이 되려면 상황과 조건에 따라 적절하게 표현할 수 있어야 한다.

말놀이는 인간이 말하는 존재임을 확인하고, 말을 통해 소통하는 과정에서 인간 본연의 즐거움을 느낀다. 그렇기에 아주 오래전부터 나라마다 모국어의 특징과 관련되어 다양한 형태를 띠면서 지속되었다.

반복되는 어휘와 리듬을 즐기는 말놀이

2015년 1월 〈꼬부랑 할머니〉 작곡가 한태근 씨가 향년 87세로 세상을 떠났다. 이 노래는 '꼬부랑'이란 말이 되풀이되어 묘한 재미를 준다. 구전 동요에서 음과 가사를 빌려왔는데 지방마다 여러 가사가 전해진다. 내용은 꼬부랑 할머니가 길을 가다가 벌어지는 사건들로 되어 있다.

꼬부랑 할머니가 / 꼬부랑 지팡이를 짚고 / 꼬부랑 고개를 넘다가 / 꼬부랑 똥이 마려서 / 꼬부랑 뒷간에 가서 / 꼬부랑 똥을 누어 / 꼬부랑 강아지가 들어와 / 꼬부랑 지팡이로 때렸드니 / 꼬부랑 깽 꼬부랑 깽(충남)

반복되는 말이 재미와 더불어 중독성을 일으킨다. 같은 말이 되풀이되는 것은 현대 가요도 다르지 않다. 이상은의 〈담다디〉, 클론의 〈쿵따리 샤바라〉나 원더걸스의 〈텔미〉도 마찬가지다. 광고에서도 특정한 리듬과 언어를 반복해 저절로 따라 하게 만들어 광고효과를 높인다.

전해 오는 말놀이는 일정한 박자와 단순한 가락이 반복되어 자연스럽게 전승을 가능하게 했다. 대표적인 말놀이로 '말잇기'와 '풀이 노래'가 있다. 말잇기란 앞말이나 뒷말을 받아서 잇는 것이다. 앞사람과 뒷사람이 주거니 받거니 하면서 이어 나간다. 소리 내어 읽어 보면 더 큰 재미를 알 수 있다.

저 건너 김도령 나무하러 가세(놀이 시작을 알리는 말)

(앞사람) 등 굽어 못 가네 / (뒷사람) 등 굽으면 질매가지

(앞사람) 질매가지면 네무구지 / (뒷사람) 네무구면 동시리지

(앞사람) 동시리면 깜지 / (뒷사람) 깜으면 까마구지

(앞사람) 까마구면 높으지 / (뒷사람) 높으면 무당이지

(앞사람) 무당이면 뛰지 / (뒷사람) 뛰면 벼룩이지

(앞사람) 벼룩이면 붉지 /(뒷사람) 붉으면 대추지

(앞사람) 대추면 달지 / (뒷사람) 달면 엿이지

(앞사람) 엿이면 붙지 / (뒷사람) 붙으면 과거지

(앞사람) 과거면 좋지

아이들이 즐겨 부르는 '원숭이 똥구멍은 빨개 / 빨가면 사과 / 사과는 맛있어 / 맛있으면 바나나 / 바나나는 길어'도 앞사람의 뒷말을 이어가는 형식으로 전통 방식의 현대화로 볼 수 있다. 말잇기는 서로 주고받으면서 겨루듯이 해도 재미있다. 그러기 위해서는 상대편의 말을 귀 기울여 듣고 어떤 말로 받을지 빨리 생각하는 재치와 순발력이 필요하다.

처음에는 바로 떠오르지 않아 멈춰 버리기 일쑤지만 계속하다 보면 자기도 모르게 술술 풀리기도 한다. 가끔 생각지도 못한 말들로 꼬리에 꼬리를 무는 재미가 쏠쏠하다. 흡사 랩 같기도 하다.

말잇기와 성격이 다른 말놀이가 풀이노래인데 상식으로 알고 있는 부분을 앞에 놓는 방식이다. 다음은 언문풀이의 한 종류로 한글 자음 'ㄱ~ㅎ'까지를 익히는 데 활용되기도 했다.

가갸 가다가 / 거겨 거렁에 / 고교 고기잡아 / 구규 국 끓여서 / 나냐 나하고 /

너녀 너하고 / 노뇨 노나먹자

〈달 풀이〉는 노래로 불리면서 생명력을 이어 가기도 한다.

정월이라 초하룻날 흔떡 법떡 먹는 날 / 이월이라 한식날 한식 먹는 날 / 삼
월이라 삼짇날 제비 오는 날 / 사월이라 초파일 연등을 다는 날 / ······

1990년대까지 맥을 이어 가던 숫자풀이도 있다.

하나 하면 할머니가 지팡이 짚는다고 잘잘잘(또는 딸딸딸) / 두울 하면 두부
장수 종을 친다고 잘잘잘 / 세엣 하면 새각시가 거울을 본다고 잘잘잘 / ······

앞에서는 숫자가 늘어나고 뒤에서는 '잘잘잘'이 반복되면서 쉽게 따라할 수
있기에 오랫동안 불렸는데 요즘엔 듣기 어려워졌다.

특정한 단어를 빨리 말하는 잰말놀이도 있는데 '뜰의 콩깍지가 깐 콩깍지냐
안깐 콩까지냐'를 비롯해서 '간장 공장 공장장은 강 공장장이고 된장 공장 공
장장은 공 공장장이다'를 빨리 말해야 하는 방식이다. 같은 말을 중복해서 발
음하니 혀의 움직임이 꼬여서 정확하게 말하기 어려운데 빨리 말해야 하므로
쉽지 않다. 그래서 정확한 발음을 위해 연습용으로 쓰기도 한다.

그 밖에 회문(回文:palindrome)은 뒷말을 뒤집으면 앞말과 같게 되는 형식
의 말놀이다. 잘 알려진 것으로 '소주 만 병만 주소' '다 좋은 것은 좋다' '다시
합창합시다'가 있다. 요즘도 새롭게 만들어지고 있다. 사람들은 말놀이에 끝
없는 재미를 느끼는 것 같다.

간편하게 즐기는 아이 엠 그라운드와 시장에 가면

　세상이 편해지는 쪽으로 가고 있다. 전화 한 통이나 클릭 몇 번으로 물건을 고르고 결제까지 끝내면 원하는 물건이 문 앞에 와 있다. 그러나 편한 대가를 치러야 한다. 편한 만큼 경비 지출을 위해 늦게까지 일한다. 그러면 피곤하니까 또 편한 것을 찾는 악순환이 계속된다. 아이들은 움직임이 적어져 비만이나 소아 성인병이 늘어나고 작은 충격에도 팔이나 다리를 다친다.

　놀이도 편한 쪽으로 간다. 휴대전화로 게임 하기, 동영상 보기, 음악 듣기가 대세다. 또래들과 부딪히고, 밀고 당기고, 소리치는 것은 위험하고 번거롭게 여긴다. 편하게 앉아 놀거리가 생기니 다른 놀거리를 찾을 생각조차 없어진다. 그래서 습관처럼 휴대전화만 끼고 살다 보니 그나마 어디서나 쉽게 했던 간편한 놀이도 사라지고 있다.

　어디서나 아무런 준비물 없이 여럿이 모이면 쉽게 할 수 있는 놀이로 아이 엠 그라운드나 시장에 가면 같은 말놀이가 있다. 아이 엠 그라운드(I am ground)를 우리말로 풀면 '나는 운동장이다'란 말이 된다. 왠지 이상하다. 놀이내용을 보면 '아이 엠 크라운(I am crown)'이라야 한다. 임금(the crown)이 나라 이름을 대라고 명령을 내린 것인데 '크라운'이 박자에 맞지 않고 거센소리라서 '그라운드'가 된 것으로 보인다.

　아이 엠 그라운드나 시장에 가면은 가락에 동작이 곁들여진다. 그런데 박자를 맞춰야 하므로 아주 어린 아이들은 못한다. 가락은 네 박자를 두 번 하는데 '아이/엠/그라/운드/나라/이름/대/기'로 박자를 탄다. 동작은 '두 손으로 무릎

치기-손뼉치기-오른손 엄지-
왼손 엄지 들기'를 반복한다.

처음에 '아이/엠/그라/운
드/나라/이름/대/기' 하면서
다 같이 동작을 한다. 그리고
미리 정한 차례대로 한 사람
씩 나라 이름을 댄다. 이때 앞
의 두 박자(무릎-손뼉)는 동작

아이들이 운동장 한편에 모여 박자에 맞춰 손뼉을 치며 '시장에
가면'을 하고 있다.

만 하고 세 박자와 네 박자에 엄지를 세우고 나라 이름을 말한다. 자기 차례가
아니어도 동작을 함께하면서 박자를 맞춘다.

이런 방법으로 돌아가면서 계속 나라 이름을 댄다. 만약 자기 차례에 말하
지 못하거나 앞사람과 같은 나라를 말하면 벌칙을 받는다. 박자를 놓쳐도 마
찬가지다. 시장에 가면은 말 그대로 시장에 가면 볼 수 있는 것들을 말하는 것
인데 네 박자로 '시/장에/가/면' 하고 박자를 탄다. 동작은 아이 엠 그라운드와
같은데 규칙이 조금 다르다. 앞사람이 말한 것을 반복하고 새로 추가해서 말
해야 한다.

첫 번째 사람이 '시/장에/가/면/생/선도/있/고' 하면 다음 사람은 '시장에
가면 생선도 있고 오이도 있고' 하는 것이다. 이 놀이는 처음 시작하는 사람이
'학교에 가면' '동물원에 가면' '백화점에 가면' '병원에 가면' 하는 식으로 장소
를 선택할 수 있다.

이런 놀이를 할 때 자기 차례에서 말하려고 생각해 둔 것을 앞사람이 말해
버리면 머릿속이 하얗게 변해 아무 생각이 나지 않을 때가 있다. 여섯에서 여
덟 명 정도 놀이를 하면 생각할 시간이 있는데 서너 명이 빠른 박자로 진행하

면 더 심하다. 기억력과 창의력이 동시에 작동해야 하고, 알맞은 말을 빨리 구사해야 해서 순발력도 필요하다. 박자까지 맞춰야 하니 동시에 몇 가지를 해내기가 쉽지 않다.

놀이하다 보면 틀리는 사람이 자꾸 틀린다. 이번에는 틀리지 말아야지 하는 생각이 압박으로 작용한 탓이다. 틀린 사람으로 인해 다른 사람들은 쉴 수 있고 다시 준비할 시간을 갖게 되는데, 틀린 사람은 벌칙을 받고 바로 시작하는 바람에 또 틀리게 된다. 그러다 끝내 틀리는 횟수가 많아지면 자괴감이 들기도 하고, 다음에 이런 놀이를 꺼리게 되기도 한다.

한 번은 아이들과 놀이를 하는데 박자를 맞추지 못해 놀이가 중단되어 재미가 없어졌다. 박자를 맞추지 못하는 사람을 '박치'라고 하는데 뜻밖에 많은 아이들이 박치다. 아주 천천히 여러 번 연습해도 놀이가 시작되면 박자를 맞추지 못해 놀이가 끊어진다. 박치를 벗어나려면 박자를 익힐 수 있는 동요를 듣고 불러야 하는데 요즘은 동요를 학교 음악 시간에만 부른다.

박자에 따라 몸이 움직이는 것은 저절로 되어야 한다. 노래가 나오면 어깨를 들썩거리는 어르신들처럼 박자에 몸이 자동으로 반응해야 한다. 그래서 아침마다 좋은 동요를 들려주었다. 동요를 듣고 함께 손뼉 치고 발을 굴러 보는 것을 자주 하다 보면 박치에서 벗어날 수 있다고 생각했기 때문이다.

그런데 아이들끼리 노래하는 것을 보고 깜짝 놀랐다. 알아듣지 못하겠는 빠른 리듬의 노래를 신나게 부르는 것이다. 그제서야 '시장에 가면'에 박자를 맞추지 못하는 까닭을 알게 되었다. 아이들이 듣고 부르는 박자에 비해 '시장에 가면'이 너무 느려서 맞추지 못했던 것이다.

세상이 바뀌는 것은 당연하다. 긍정적인 것도 있지만 놀이에서는 그렇지 못한 점이 더 많은 것 같다. 아이 엠 그라운드나 시장에 가면은 사람들끼리 직접 만나 웃고 떠들고 노는 가운데 소통하는 즐거움을 준다. 정확한 박자와 그에 따른 동작, 순발력 있는 언어를 구사하도록 지원하는 점도 있다. 이런 장점을 살려 변화에 적응하는 방안을 찾아야 하는데 아직 숙제로 남아 있다.

'아하!'를 불러일으키는 수수께끼

말은 소통을 위한 것이다. 상대방이 한 말을 이해하고 적절하게 응대할 줄 알아야 한다. 수수께끼는 생각한 것을 말로 표현하는 연습을 할 수 있다. 말 속에 숨겨진 진짜 의미를 연상하고 추리하는 능력도 키울 수 있다.

잘 알려진 수수께끼가 '아침에는 네 발, 점심에는 두 발, 저녁에는 세 발인 것은?' 이다. 스핑크스가 오이디푸스에게 던진 수수께끼로 오이디푸스가 답을 맞추자 스핑크스가 창피해서 목숨을 끊었다는 이야기가 전해진다. 이 수수께끼의 답 '사람'을 듣고 나면 오래 기억된다.

그런데 '그리스 신화에 나오는 이 수수께끼의 주인공은?' 하고 문제를 내면 선뜻 답하지 못한다. 이것은 수수께끼가 아니라 지식이기 때문에 '아하!'가 없다. '아하!'는 언어에 숨은 뜻을 발견하게 해 언어 사용을 풍부하게 한다. 시에서 드러나지 않은 의미까지 읽었을 때 오래 기억되는 것과 같다.

1939년 한글학회에서 발행한 〈한글〉이란 잡지에 '놀이말'을 연재했는데 지금은 무슨 뜻인지 모를 수수께끼들이 있다. '눈은 많고 아가리는 하나인 것은 무엇?'(답: 광주리), '두 날개를 가지고 하루에도 몇 번씩 사람을 삼켰다 토했다 하는 것은?'(답: 사립문) 들이다. 답을 쉬 알 수 있는 수수께끼로는 '때릴수록 사는 것은 무엇?'(답: 팽이), '몸에 항상 가지고 있는 반찬 그릇은 무엇?'(답: 장딴지)가 있다.

인터넷을 검색해서 바로 답을 알아버리는 요즘은 수수께끼가 힘을 잃었다. 편리성은 이런저런 생각을 하며 답을 찾는 과정에서 얻는 연상의 즐거움을 사라지게 했다. 생각지도 않은 답을 들었을 때 '그래!' 또는 '아!' 하고 감탄할 수 있는 신선함도 빼앗아갔다. 이런 세태는 말놀이가 끊긴 것에 그치는 것이 아니라 생각하는 데 바탕이 되는 연상하고, 추리하는 능력의 단절로 이어지게 된다.

가끔 놀이 강연을 가서 수수께끼를 낸다. 처음 만난 어색함을 줄이기 위해서지만 수수께끼의 답을 찾는 과정에서 새로운 생각을 했으면 하는 바람도 있다. '그냥 놔두면 두 개인데 깨뜨리면 한 개인 것은?'을 자주 내는데 이런저런 답들을 말한다.

답을 말해주면 대부분 "아!" 하고 무릎을 친다. 늦게 이해하고 한참이 지나서 "아!" 하는 사람이 있어 웃음을 주기도 한다. 늦게 답을 이해한 사람은 이 수수께끼를 오래 기억할 것이다. 자기 생각을 충분히 비추었기 때문이다. 답은 남북을 가로지르는 '휴전선'이다.

답을 찾아 넘고 넘는 스무고개

스무고개가 우리나라에 퍼진 것은 1948년 8월 21일 라디오에 소개되면서
부터다. '재치 박사'라 부른 박사 두세 명이 답을 맞추는데 진행자가 "이번에는
식물 관련 문제입니다." 하고 영역을 정해주고 시작했다. 상당한 인기가 있어
꽤 오랫동안 유지되었다. 묻고 답하는 놀이는 답을 알고 싶은 지적 욕구를 자
극한다.

말로 하는 놀이는 공간의 제약을 받지 않아 자동차로 여행할 때에는 스무
고개가 제격이다. 문제를 내는 사람은 '예, 아니오'로만 답해야 한다. '글쎄요'
를 추가해 달걀, 벼처럼 살아 있을 수도 아닐 수도 있는 문제에 답하도록 해도
좋다.

스무고개 할 때는 '크기가 큽니까?'처럼 크기의 기준이 달라 답할 수 없는
질문은 하지 않는다. 조건을 달아 '사람 주먹보다 큽니까?' '탁구공보다 작습
니까?' 하고 물어야 한다. 앞사람과 같은 질문을 하거나 결정적 단서가 없는
질문도 피해야 한다. 앞사람이 질문하고 답한 것을 잘 듣고 종합해서 답을 추
리하며 질문해야 한다.

유아와 초등학교 1학년을 데리고 스무고개를 해 봤더니 제대로 진행되지
않았다. 앞사람의 질문과는 관계없이 자기가 궁금한 것을 생각나는 대로 물어
보기 때문이다. 앞사람이 "동물입니까?" 하고 물어 "예"라고 했는데 "살아 있
습니까?" 하고 묻거나 "고양이입니까?" "개입니까?" "토끼입니까?" 하고 온갖
동물이 나왔다. 고학년 아이들은 좀 달랐다.

"살아있습니까?" / "예."

"동물입니까?" / "아니오."

"나무 종류입니까?" / "예."

"열매를 따 먹는 것입니까?" / "아니오."

"꽃을 보는 식물입니까?" / "예."

"봄에 꽃이 핍니까?" / "예."

"사람보다 크게 자랍니까?" / "예."

"꽃의 크기가 사람 주먹보다 큽니까?" / "글쎄요."

"우리 학교에서 볼 수 있습니까?" / "예."

"정답은 목련입니까?" / "예."

고학년 담임을 맡으면 국어 수업 전에 스무고개를 했다. 놀이 참여를 이끌어 내기 위해 스무고개 안에 맞추면 구슬을 한 개, 십오고개 안에 맞추면 두 개를 주어 구슬이 스무 개가 되면 밖에서 한 시간 놀 수 있는 보상을 걸었다. 불필요한 질문을 하지 않도록 고개 수에 조건을 달았다. 국어를 잘하려면 연상하고 추리해서 귀납적으로 정리할 수 있어야 하는데 이런 능력을 기르는 데 스무고개가 가장 좋다.

스무고개는 다른 사람의 말을 귀담아듣는 능력을 기를 수 있다. "동물입니까?" 하고 물어 "예."라는 답이 나왔는데 살아 있냐고 물어보면 다른 아이들의 원성을 듣는다. 다른 사람의 말에 귀 기울이는 능력은 일상으로 확장되어 누군가 말하면 경청하려는 태도를 보인다. 그래서 해마다 새로 만나는 아이들과 스무고개를 한다.

2부

자연과 하나되는
재미

요즘은 에어컨이나 난방기로 더위와 추위를 어느 정도 피할 수는 있지만 사람은 계절과 무관하게 살 수 없다. 삶이 자연과 멀어지다 보니 주말이 되면 자연을 찾아 도시를 떠나는 사람이 도로를 가득 메운다. 그래서 캠핑을 하는 사람이 늘어나는지도 모른다.

그러나 도시를 떠나 찾은 자연은 일상과 별로 다르지 않다. 주변 환경이 자연이라는 것, 집보다 조금 불편하다는 차이가 있을 뿐이다. 자연으로 갔으면 자연과 소통을 해야 하는데, 그 방법을 모르기 때문에 집에서처럼 음식 준비하고, 먹는 것에 집중되어 있다.

여기에 소개하는 놀이들은 봄부터 겨울까지 자연 속에서 할 수 있는 것들이다. 자연과 친근하게 만나는 방법을 안내하고 싶었다. 자연과 함께하는 놀이를 통해 자연과 하나됨을 느끼고 나아가 값진 추억을 만들 수 있다. 봄에 공원을 갔을 때 물오른 버드나무가 예사롭지 않아 보이고, 차창 밖의 매끄러운 얼음판은 썰매 탔던 경험을 나누는 계기가 될 것이다. 이는 삶을 풍요롭게 하고 일상에 활기를 불어넣는 촉매가 된다.

사회가 바뀌어도 놀이가 지속되는 것은 그 지역의 자연환경과 밀접하게 연관되어 있기 때문이다. 특히 자연물을 활용한 놀이에서 이런 현상이 두드러진다.

인간은 자연환경에 적응하면서 삶을 영위하였다. 북극의 아이나 열대지방의 아이나 모두 똑같은 신체 조건을 갖고 태어나도 살아남을 수 있었던 까닭은 주어진 자연환경에 맞게 적응했기 때문이다. 적응은 자기를 둘러싼 환경을 이해하는 데서 출발한다.

자연은 이용의 대상이기도 하지만 때론 삶을 위협하기도 한다. 따라서 인간은 자연의 이용 방법을 알고, 막강한 위협으로부터 피하거나 숭배하는 식으로 적응했다. 인간이 감당할 수 없는 자연의 위력은 종교가 생긴 바탕이기도 하다. 그래서 자연과 관계된 놀이는 자연의 이해와 활용 그리고 신앙과 일정 부분 연관되어 있다.

자연물 놀이는 자연물과 인간의 직접적인 관계에서 이뤄진다. 주변에서 쉽게 접할 수 있는 나무, 풀, 돌, 흙과 같은 구체물을 비롯해 바람, 불. 물이 놀이의 매개로 활용된다. 이를 직접 이용하기도 하고 조작 활동을 통해 도구를 만들어 놀기도 한다. 이런 활동은 '대상 이해-활용 모색-놀잇감-놀이'로 이어지는데 그 과정에서 재미를 얻게 된다.

봄맞이로 하는 풀 겨루기

봄은 어른과 아이 모두에게 생기를 불어넣는 계절이다. 오롯이 자연에 기대살아왔던 옛사람들은 추위를 몰아낸 봄바람에 춤추었다. 어른들은 농사 준비에 바쁘고, 아이들은 산과 들로 뛰쳐나갔다. 아이들이 모이면 놀기 마련이다. 풀 겨루기는 봄철 대표 놀이다.

두 명이 할 수 있고, 편을 나눠서 겨루기를 하는데 주로 편놀이로 많이 했다. 나이 많은 아이를 중심으로 두 편으로 나눠 시간을 정한 다음 풀을 모은다. 이기려면 서로 다른 풀을 많이 모아야 하는데 어린아이들은 갓 나온 것과 조금 자란 것을 구별하지 못하는 경우가 많다.

쑥, 달래, 냉이, 씀바귀는 기본이고 땅빈대, 개별꽃, 명아주를 비롯해 야산에는 둥글레, 산마늘, 취나물 등 갖가지 풀들이 있다. 여기저기 흩어져 잎사귀를 뜯거나 뿌리째 캐와 두 편이 한곳에 모이면서 겨루기가 시작된다.

쉽게 구할 수 있는 풀들이 먼저 나온다. 한쪽에서 쑥을 꺼내면 맞은편에서도 같은 것을 꺼낸다. 그런데 쑥도 다 같은 쑥이 아니다. 흔한 참쑥도 있고 드문 인진쑥도 있으며 개똥쑥도 있다. 이를 모두 쑥으로 치기도 하고, 구분하기도 하는데 시작할 때 정하기 나름이다.

풀 이름을 말하며 겨루기를 할 수도 있다. 소루쟁이를 꺼내면서 "소루쟁이 내놔라." 하면 상대편에서 "소루쟁이 여기 있다." 하면서 겨룬다. 모은 풀의 이름을 알고 있어야 이길 수 있다. 쉽게 구할 수 있는 것이 끝나면 보기 드문 풀들이 나온다. 이때 상대가 꺼낸 풀이 없으면 감점이 되고 바닥에 작대기를 그어 표시한다.

하나씩 꺼낼 때마다 눈길이 모인다. 시간이 지날수록 바구니는 비어 간다. 감점이 많은 쪽이 지는데 진 편은 이긴 편을 업고 몇 발짝 간다든지 하는 벌칙을 미리 정해 놓는다. 서로에게 부담스럽지 않을 정도로 끝나는 게 좋다. 이겨서 기쁘다는 것으로 보상을 받았기에 벌칙은 형식에 그친다.

풀 겨루기 말고도 풀의 특징에 따라 풀싸움을 할 수 있다. 제비꽃(오랑캐꽃)은 꽃이 피고 열매가 갈고리 모양으로 꺾여 있어 서로 엇갈려 잡아당겨 끊는다. 줄기가 강한 질경이는 서로 엇갈려 잡아당겨 끊어지는 쪽이 진다. 잔디는 꽃대를 뽑아 손톱 끝으로 밀면 하얀 액이 끝에 모이는데 이 부분을 서로 댄다. 그러면 액이 한쪽으로 가게 되는데 액을 끌어온 쪽이 이긴다.

지친 몸과 마음을 달래러 자연으로 떠났다면 풀과 함께 놀아 보는 것은 어떨까.

봄을 알리는 소리 호드기와 풀피리

버들피리를 불 때는 리드가 혀 중간쯤에 가도록 한다.

아이들에게 봄을 느끼게 해주고 싶어서 버드나무 가지를 잘라 물에 담가놨다가 학교로 가지고 갔다. 버들피리를 만들어서 부는 것은 때를 놓치면 할 수 없는 놀이다. 버들피리를 만들려면 버드나무를 찾아야 한다. 버드나무는 우리나라에 40종이 자라는데 능수버들, 수양버들, 갯버들, 호랑버들 들이 있다. 버들피리는 모든 종으로 만들 수 있다.

버드나무는 물을 좋아해서 하천이나 공원 연못 근처에서 쉽게 찾을 수 있다. 3월 중순부터 물이 올라 4월에 접어들면 꽃이 피고 줄기를 뻗기 시작한다. 너무 이르면 물이 오르지 않아 줄기와 껍질이 분리되지 않는다. 또 줄기가 뻗기 시작하면 줄기 부분에 구멍이 생겨 바람이 새서 소리가 제대로 나지 않는다. 남쪽 지방은 3월 초순, 중부 지방은 3월 중순쯤에 버들피리를 만든다.

버드나무로 만든 피리를 '버들피리'라고 하는데 나무를 이용해 소리 나게 만든 것을 통틀어 호드기라고 한다. 풀로 피리를 만들면 풀피리라고 하는데 재료에 따라 이름이 붙는다. '댓잎 피리' '파피리' '갈댓잎 피리' '보리피리' '꽈리 피리' '조릿대 피리' '호박 줄기 피리' '민들레 줄기 피리' 들이 있다.

댓잎 피리는 댓잎의 떨림을 이용해 부는데 대나무 잎을 구하기 어려우면

길가에 흔한 강아지풀로도 할 수 있다. 굵은 잎보다 연한 잎을 골라 양손을 모아 그 사이에 끼고 부는데 세게 불어야 소리가 나므로 많이 불면 어지럽기까지 하다.

파피리는 파 잎사귀를 5~7cm 정도 잘라 입에 물고 부는데 도시에서도 재료를 쉽게 구할 수 있으나 파 냄새가 난다고 잘 하지 않으려고 한다. 버들피리를 불어 본 아이들은 파 피리를 부는데도 쉽게 소리를 냈다. 버들피리보다 대롱이 굵어 소리가 무겁게 났는데 파 냄새 때문에 오래 불지는 못한다.

갈댓잎 피리는 갈댓잎을 나팔처럼 길게 말아서 부는데 말아둔 게 풀리기 때문에 이쑤시개나 가는 가지로 끝을 찔러 풀리지 않게 고정해 놓고 좁은 곳을 불면 '두-' 하는 소리가 난다.

보리피리는 보릿대로 만드는데 음력 6월 5일(망종) 전후에 수확하기에 그때 피리를 만들어야 속이 넓고 고운 소리가 난다. 보리피리는 버들피리와 달리 구하기도 쉽지 않고 소리도 잘 나지 않지만 맑고 높은 소리가 난다. 만들고 나면 입에 물고 걸으며 불 수 있다.

보리피리를 만들 목적으로 가을에 큰 화분에 보리를 심었다. 심고 잊었는데 봄에 대가 올라오고 쑥쑥 자라 화분을 가득 메웠다. 출근하면서 보리가 크는 모습을 보면서 보리피리 만들 날을 기다렸다. 드디어 알곡이 달리고 누렇게 되어 아이들하고 보리피리를 만들러 나갔다.

마디 한쪽은 남기고 다른 쪽은 마디 바로 아래까지 세로로 가늘게 찢어야 한다. 옛날에는 손톱으로 눌러 찢었는데 여의치 않아 칼을 썼다. 소리가 안 난다고 보릿대를 버리는 아이가 많아 만들기를 중지시켰다. 화분에서 가위로 자르면 바로 만들 수 있기에 쉽게 버리는 것 같아 마음이 아팠다. 그래서 한 사람이 두 개 이상 사용할 수 없으니 신중하게 골라 만들라고 하였다.

익은 보리   보릿대 자르기   소리 구멍 찢기   보리피리 불기

나의 단호함에 교실 분위기가 무거워졌는데 한 아이가 피리 소리를 냈다. 맑고 높은 소리라 분위기가 밝아졌다. 아이들은 피리 소리를 낸 아이한테 어디를 어느 만큼 잘랐는지, 어떻게 불었는지 묻느라 교실은 활기를 되찾았다. 여기저기에서 피리 소리를 내는 아이들이 많아졌다. 어렵게 만들어서인지 소리가 난다는 것에 무척 감격스러워했다. 한 아이는 두 개를 만들어 불면서 다른 아이들에게 자랑하기도 했다.

'꽈리 피리'는 늦여름에 열매가 익어야 만들어 볼 수 있다. 꽈리 열매를 주물러서 속을 말랑하게 만든 다음 껍질이 상하지 않도록 속을 파내고 물로 깨끗이 씻는다. 그 안에 바람을 넣어 아랫입술에 댄 뒤 윗니로 가볍게 물면 '꽉-' 하고 소리가 난다. 입에 넣고 다니며 오리처럼 꽉꽉 불며 돌아다니기도 한다.

자두, 살구, 복숭아 같은 과일 씨를 이용해 만들기도 한다. 과일 씨로 피리를 만드는 것은 쉽지 않다. 먼저 과일 씨를 사포나 시멘트 바닥에 문질러 양쪽에 구멍을 내 씨앗 속을 모두 파낸다. 그런 뒤 잘 씻어서 입에 물고 불면 '삐-' 하고 소리가 난다. 소라는 작은 것으로도 만들고 큰 것으로도 만드는데 큰 것은 '나각'이라는 궁중악기로 쓰이기도 한다. 작은 것은 휘파람 같은 소리가 난다.

재료의 특성에 따라 만드는 방법도 다르고, 소리도 다르지만 소리가 쉽게 나지 않는다는 것이 공통점이다. 약하게 나는 역한 맛을 극복하고 소리 나는 방법을 찾는 과정이 쉽지 않다. 소리 내는 사람의 입 모양을 따라 해보고, 세게

피리 불며 만들기　　　서로 소리 내기　　　두 개로 불기　　　보리피리 보관하기

불어도 보고, 약하게 불어도 보면서 스스로 터득해야 소리가 난다. 소리가 나기 시작하면 그다음은 쉽다.

쉽게 소리가 나지 않는 것이 이 놀이의 매력이요, 재미다. 이런저런 노력 끝에 '삐-' '뚜-' 하는 소리가 날 때의 감격은 소리를 내려고 애쓴 시간과 노력에 비례한다. 이런 과정을 온전히 경험하는 것은 자연 변화에 관심을 갖는 계기로 작용한다.

아이들은 호기심 덩어리이다. '하룻강아지 범 무서운 줄 모른다'는 것은 아이들의 지극한 호기심의 또 다른 표현이다. 아는 것 하나 없이 세상에 나왔기에 하나하나 알아가려는 끊임없는 충동이 곧 호기심인 것이다. 어릴 적 왕성한 호기심으로 접했던 많은 경험은 성인이 되어 삶을 풍요롭게 하는 추억으로 갈무리될 것이다.

아이들과 피리를 만들고 시간이 한참 지나 미술 시간에 빨대로 만들기 수업을 했는데 한 아이가 빨대 끝을 버들피리처럼 눌러 '빨대 피리'를 만들었다. 한 명이 만들자 너도나도 앞다퉈 만들어 불었다. 버들피리와는 다르게 가볍고 경쾌한 소리가 났다.

할아버지처럼 에헴 수수깡 안경

수수깡으로 만든 안경과 기린

수수의 줄기를 수수깡 또는 수숫대라고 한다. 수숫대는 밭에 서 있는 수수의 줄기를 말하고, 수수깡은 베어서 말린 대를 뜻한다.

예전에는 둘레에서 수수깡을 쉽게 구할 수 있어 아이들 놀잇감으로 활용하기 쉬웠다. 수수깡은 가을에 수확한 수숫대를 비 맞지 않게 말려 잘 보관해 두었다가 만든다. 아래쪽은 속이 비어 있어서 중간 이상을 사용한다. 그런데 문구점에 갔더니 스티로폼으로 만든 수수깡밖에 없단다. 재배 면적이 줄고 손이 많이 가는데 값이 헐해서 더 이상 만들지 않는다고 한다.

할 수 없이 들판을 돌아다니며 어렵게 수수깡을 구했다. 수수깡으로 만든 놀잇감 으뜸은 안경이다. 초등학교 미술 공작 시간에 만들었던 기억을 더듬어 수수깡 안경을 만들었는데 속이 없어서 어쩔 수 없이 스티로폼을 이용해 만들었다. 수수깡 안경에 과거와 현재가 함께 있게 된 셈이다.

조선시대 그림을 보면 젊은이가 안경을 쓴 경우는 거의 없다. 안경은 노인의 상징으로 어른, 권위, 존경의 뜻으로 이해되었다. 아이들이 수수깡으로 안경을 만든 것은 어른의 권위를 흉내 내고 싶었기 때문으로 보인다.

수수깡 안경을 쓰고 할아버지 흉내를 내면서 느린 팔자걸음을 걷고 헛기침을 한다. 남은 수수깡으로 만든 곰방대를 물고 다른 아이들에게 호통을 치면

아이들이 수수깡으로 만든 안경을 쓰고 즐거워한다.

아이들은 집으로 달려가 수수깡 안경을 만들었다.

큰 잘못을 해도 '놀다가 그랬는데……' 하면 왠지 악의로 그런 것이 아니라고 여겨지는 것은 놀이가 가진 '비일상, 환상, 상상'에 대한 공감 때문이다. 놀이란 어쩌면 이런 곳에서 숨쉬고 활개칠 수 있다. 이를 가장 잘 구현한 것이 수수깡 안경이 아닌가 싶다. 수수깡 안경을 끼면 괜히 헛기침이 나온다.

"에헴!"

물을 이용한 보싸움

여름은 곡식과 열매를 튼실하게 영글도록 하는 계절이지만 무더위로 힘들고 지친다. 이때 물은 지친 몸을 추스르는 데 더없이 좋다. 냇가나 강가, 바닷가 물놀이가 더위를 식히는 데는 제격이다.

물에서 헤엄치고 물싸움도 하는 것 자체가 즐거움이요, 재미다. 물에 오래 있다가 추우면 몸을 말리면서 물수제비 뜨기도 하고, 두꺼비집도 짓고, 돌탑도 쌓는다. 너른 바위에 누워 몸을 데우면 더위가 저만큼 물러간다. 강이나 큰 개울에서 놀지 못하는 경우엔 보싸움 놀이가 좋다. '보'란 논에 물을 대기 위해 둑을 쌓거나 흐르는 냇물을 막아 두는 곳을 말한다.

예전에, 아이들은 어려서부터 어른들이 보를 막고 관리하는 것을 보면서 자랐다. 그래서 작은 개울에서 작은 규모의 보를 만들고 무너뜨리는 흉내를 냈다. 재미가 있어 되풀이해 놀다 보니 놀이로 정착하게 된 것이 보싸움이다.

놀이를 할 때는 보 위쪽이나 아래쪽 모두 쉴 짬이 없다. 보를 막을 재료를 주워 와야 하고, 흙을 파내고, 중간에 새는 곳을 보완해야 한다. 서로 한마음 한뜻이 되지 않으면 튼튼한 보를 만들기 어렵다. 따라서 자기 역할에 충실하게 되고 협동심이 키워진다. 이런 과정은 누가 누구한테 시키는 게 아니다. 자발적으로 이루어지면서 물의 깊이, 넓이, 물살의 세기와 보의 두께와 폭도 터득하게 된다.

이제 보싸움은 더 이상 하지 않는다. 놀 만한 조건을 갖춘 곳을 찾기 어렵기 때문이다. 그런데 더위를 피해 찾은 계곡이나 캠핑장 둘레를 살펴보면 좁은 도랑을 만날 수 있다. 흐르는 물이 적어 물놀이하기에 적당하지 않을 때 보싸움을 시도해 볼 수 있다. 보싸움이 아니더라도 점점 불어나는 물이 새나가지 않게 막는 과정에서 색다른 경험을 할 수 있다.

전국 곳곳에서 생겨나는 모험놀이터에는 물을 모터로 순환시켜 물길로 흘러가도록 만들었다. 그런데 물을 구경하는 것에 그쳐 아쉽다. 둘레에서 물을 끌어와 자연스레 흘러가도록 설계할 필요가 있다. 그러면 물놀이를 좋아하는 아이들이 모여 보싸움까지는 아니더라도 흐르는 물을 막고 놀 수 있다. 놀다 보면 물이 넘치거나 터지는 과정에서 큰 즐거움을 얻을 수 있다.

대신해 줄 수 없는 물수제비 뜨기

한여름, 물에서 놀다가 추워지면 삼삼오오 땅으로 나온다. 그러면 누군가 주변에 있는 돌로 물수제비 뜨기를 한다. 다른 사람도 이때다 하고 납작하고 손에 맞는 돌을 찾아서 보란 듯이 던진다. 돌이 날렵한 제비처럼 물 위를 가르고 튕긴 횟수를 센다. 던진 사람이 세는 숫자는 언제나 많고, 구경꾼은 그보다 적은 수를 센다.

물수제비 뜨기는 누구나 따라 할 수 있을 정도로 단순하지만 여러 번 튕기기는 쉽지 않다. 과학자들은 물과 처음 닿는 각도가 20도 안팎이면 이상적이라지만 허리를 약간 숙이고 돌에 회전을 주어 힘껏 던지면 잘 된다는 정도만 알아도 그만이다.

잘 던지는 요령은 하루아침에 터득하는 것이 아니라 끊임없는 도전과 수많은 시행착오의 결과로 얻어진다. 자꾸 하다 보면 튕기는 횟수가 늘어나는 것에 재미를 느끼게 된다. 여럿이 겨루는 형태를 띠면서 훌륭한 놀이가 되었을 것이다.

놀이방법의 단순함, 눈에 보이는 결과, 겨루기 요소, 놀잇감이 주변에서 쉽게 구할 수 있는 돌멩이라는 점은 놀이가 지속될 수 있는 뼈대가 되었다. 물과 가까운 곳에 삶의 터전을 잡게 되면서 누구나 일상에서 쉽게 하는 놀이가 된 것으로 보인다.

던지는 족족 퐁당퐁당 물에 빠지다가 어느 순간 돌이 물에서 튕기면 흥분한다. 던지는 횟수가 늘어나면서 질적인 변화가 나타나는 것인데 이를 눈으로 확인하는 순간의 느낌은 오래 기억된다. 이런 기억은 여러 번 던지려는 욕구로 이어져 팔이 아플 정도로 던지게 된다.

팅기는 횟수가 늘어나면서 얻어지는 기쁨과 만족감, 성취감은 재미로 이어진다. 다른 사람이 열 번, 스무 번 팅기는 것을 지켜보고 부러워할 수는 있어도 내가 두 번에서 세 번 팅겼을 때의 기분과 비교되지 않는다. 누군가가 돌을 고르는 요령, 던지는 방법을 가르쳐 줄 수는 있어도 던지는 것은 내가 한 것이고, 이때 세운 기록은 자기가 해낸 것이다.

아이들이 살아가는 동안 겪을 일은 쉬운 것보다 어렵고 힘든 일투성이다. 어려움에 맞닥뜨렸을 때 어떻게 할 것인가? 회피하고 누군가 대신해 주길 바랄 것인가? 누군가 대신해 준다면 그 결과도 그 사람 것이 된다. 게다가 언제까지 대신해 주기를 바랄 수도 없는 일이다.

인간에게 홀로서기는 기술이나 방법이 아니라 마음가짐이나 태도로 몸에 배게 된다. 그 과정을 견뎌낼 수 있도록 지원하는 놀이가 물수제비 뜨기라 할 수 있다.

모래에서 즐기는 두꺼비집 짓기

아이들이 노래를 부르며 두꺼비집을 짓고 있다.

아이들은 모래나 밀가루, 찰흙을 만지며 노는 것을 좋아한다. 자기들 생각대로 만들 수 있어 표현의 기회를 얻을 수 있기 때문이다. 손으로 만질 때 촉감도 즐겁다.

나라마다 수도는 강을 끼고 있듯이 마을이 있는 곳은 가까이에 개울이 있었다. 개울은 마을의 생명줄이면서 놀이터이기도 했다. 무더운 여름날 개울에서 멱을 감다가 추워지면 모래밭으로 나와 몸을 말리거나 두꺼비집 짓기를 했다. 개울가에는 늘 물이 있으니 모래가 젖어서 두꺼비집을 만들기 좋았다.

학교나 공원의 모래더미는 비가 와야 흠뻑 젖어 놀기 좋다. 모래가 마르면 집을 짓기 어렵고 먼지도 날리기 때문에 물뿌리개로 미리 적셔 놓고 놀기도 한다. 비가 억수같이 쏟아지는 날, 20년 제자한테 전화가 왔다.

"선생님, 비만 오면 초등학교가 생각나는데 아마 우리가 비가 오기만 하면 두꺼비집을 만들어서 그런가 봐요."

비와 모래, 그리고 잊지 못할 추억이 청년이 된 제자의 마음에 살아 있었다. 강이나 바닷가 모래는 힘을 주면 일정한 모양을 유지한다. 손이 들어가게 만든 굴이 두꺼비가 사는 집과 비슷해 두꺼비집이라는 이름이 붙었다. 두꺼비집을 지을 때는 먼저 바닥을 우묵하게 판 다음 주먹을 그 안에 넣고 다른 손으로 모래를 덧쌓아 가며 두드린다. 모래가 단단해지면 손을 살그머니 빼는데 모래가 무너져 내리지 않도록 해야 한다. 두꺼비집은 깊고 단단할수록 좋다. 크게 만들려면 팔뚝까지 모래를 쌓아야 한다.

한 손으로 두꺼비집을 두드리며 부르는 노래는 지방에 따라 다양한데 많이 불리는 노래는 아래와 같다.

두 껍 아 두 껍 아 헌 집 줄 게 새 집 다 오

'두껍아 두껍아 집 지어라 / 황새야 황새야 물 길어라
소가 밟아도 딴딴 까치가 밟아도 딴딴 / 무너질라 생각말고 잘도 잘도 지어라'

'두껍아 두껍아 네집하고 내집하고 바꾸자
두껍아 두껍아 헌집 줄게 새집 다오'(반복)

여럿이 겨룰 때는 손을 빼서 무너지지 않는 아이가 이긴다. 두 집이 무너지지 않으면 집 위에 돌을 올려놓아 무너지지 않은 사람이 이기거나 집을 더 깊게 지은 쪽이 이긴다.

외국에서도 모래를 가지고 노는 경우는 흔하다. 모래성을 쌓고, 모래를 이용한 조형물을 만들고, 모형 삽으로 모래를 파거나 굴을 만드는 식으로 놀지만 손을 넣고 두꺼비집을 만들며 놀지는 않는다. 손을 넣고 토닥거려 굴을 만드는 두꺼비집은 우리 고유의 놀이로 보인다.

욕심과 규칙의 경계 흙뺏기

저학년 아이들이 옹기종기 모여 흙뺏기를 하고 있다.

예전에는 흙을 만지며 노는 일이 많았는데, 가장 많이 하던 놀이가 흙뺏기다. 먼저 흙 사이에 있는 돌들을 골라내고 부드럽게 만들어 수북하게 모은 다음 중앙에 나뭇가지를 꽂아놓고 시작한다.

처음에는 서로 많은 흙을 가져가려고 애를 쓰지만, 횟수가 거듭할수록 쓰러뜨리지 않고 가져가려고 조금씩 가져가게 된다. 심한 경우 눈에 보이지 않을 만큼 아주 조금 가져가 친구들 항의를 받으면 다시 가져와야 한다. 나중에는 서로 적게 흙을 가져가려고 온갖 꾀를 다 쓴다.

그러다가 어느 한 명이 깃대를 쓰러뜨리면 주변 아이들이 모두 좋아한다.

흙뺏기는 흙이 있는 공터나 운동장 한쪽 구석에서 많이 하던 놀이로 '깃대 쓰러뜨리기' '흙 따먹기' '깃대 세우기'로 불렸다. 충북 충주나 제천에서는 '오줌싸개'라고도 한다.

요즘은 학교 운동장이나 놀이터를 빼고는 흙을 접할 수 있는 곳이 거의 없다. 이마저도 인조잔디를 깔거나 우레탄으로 덮어 놓기도 한다. 청결과 위생이 몸에 배다 보니 흙을 만지는 것에 거부감을 갖기도 한다. 그래서 흙뺏기를 하는 모습을 보기 어렵다. 그러나 해보면 무척 좋아한다.

흙뺏기는 놀이방법도 간단하고 처음부터 끝까지 모든 과정이 눈앞에서 이뤄지기에 별다른 생각 없이 몸으로 즐길 수 있다. 시작부터 끝까지 깃대가 몰입을 유도하여 놀이하는 내내 긴장감이 유지된다. 흙을 만졌을 때 손에 전해지는 새로운 느낌도 좋아한다. 그래서 한번 맛들이면 틈만 나면 흙뺏기를 즐긴다.

흙뺏기는 흙을 많이 가져오고 싶은 마음과 쓰러뜨리지 않아야 한다는 규칙이 서로 맞물린다. 남보다 많이, 더 좋은 것을 갖고 싶은 채워지지 않는 욕구를 채워보려는 욕망이 놀이로 만들어졌다. 시시포스의 신화처럼 굴레를 벗어날 수 없지만 다시 놀이를 시작하면 여전히 많은 흙을 가져가려는 모습에서 이 놀이의 끈질긴 생명력을 본다.

바람과 하나되는 바람개비

대나무를 깎거나 종이를 접어 날개를 만든 뒤 손잡이 자루에 꽂아 만든 아이들 놀잇감이 바람개비다. '팔랑개비'라고도 하고, 돌아간다는 뜻으로 '도르라기', 한자로 '회회아(回回兒)'라고도 한다. 세계 여러 나라에서 고유명사를 갖고 있는 것으로 보아 인류 보편의 놀잇감인 것 같다.

바람개비의 시작은 주술(믿음, 기원)과 관계되어 있다. 정월대보름에 새해 풍작을 기원하며 여러 곡식의 이삭을 긴 장대에 매달아 세웠고 그 밑에 바람개비를 달았다고 한다. 곡식이 잘 되느냐 안 되느냐는 비와 관련 있고, 비를 불러오는 것이 바람이었기에 바람개비를 달았다. 우리말에서 '바람'은 '바라다'의 뜻도 있는데 주로 농사를 짓고 살아서 비와 바람을 간절하게 바랐기 때문이 아닌가 생각해 본다.

그런데 바람개비 만드는 방법이나 노는 모습만 기록이 있고, 놀이의 의미는 기록이 없는 것으로 보아 주술의 의미는 사라지고 놀잇감으로 굳어진 것 같다. 조선시대에는 지금과 같이 날이 네 개가 아니고 대나무와 종이를 이용해서 두 날로 바람개비를 만들었던 것으로 보인다.

1학년 아이들과 바람개비를 만들었다. 색종이 바람개비는 쉬우니까 5분 정도면 만들 줄 알았는데 예상이 빗나갔다. 작은 손으로 색종이를 접어서 자르고, 풀칠하고, 실핀 꼽는 것 어느 하나 쉽지 않았다. 이미 만들어서 교실에서 뛰어다니며 성능을 시험하는 아이가 있는가 하면 아직도 날개를 붙이는 아이도 있었다. 뛰어다니는 아이들을 운동장으로 내보내고 만드는 아이들을 봐주었다.

운동장으로 나간 아이들 걱정에 밖을 내다보니 무작정 뛰는 아이, 그 자리에서 빙빙 돌면서 돌리는 아이, 뒤로 뛰는 아이, 멈춰서 이곳저곳으로 방향을 바꾸면서 어느 쪽이 잘 도는가 관찰하는 아이, 저마다의 방법으로 바람개비와 놀고 있었다. 아이들을 보면서 바람개비는 '바람을 탐색할 자유를 주는구나' 하는 생각이 번뜩 들었다.

아이들에게 성장과정이란 세상이란

아이들이 뛰어가면서 바람개비를 돌리고 있다.

낯선 환경을 주체적으로 탐색하면서

세상을 알아가는 것이라는 생각이 들었다. 마지막으로 완성한 아이를 데리고 운동장으로 나왔다. 여러 아이들이 내게로 달려온다.

"뒤로 뛰어도 잘 돌아요."

"이쪽으로 뛰면 더 잘 도는데 이쪽은 잘 안 돌아요."(바람의 방향을 이야기함)

저마다 열띤 목소리로 이야기한다. 내 손에 쥔 바람개비가 알았다는 듯이 힘차게 돈다.

하늘 높이 날아라, 연날리기

연은 만들기와 날리기가 결합된 놀이다. 연을 날릴 때는 바람이 어느 쪽에서 부는지 파악해 바람을 등지고 날려야 한다. 연이 뜨지 않을 때는 순간 잡아당겼다가 놓아주기를 반복하여 조금씩 올라가게 해야 하는데, 여러 번 연습해야 할 수 있다. 연이 높이 올라갔을 때는 연실이 늘어지지 않을 정도를 유지해야 연을 조종하기 좋다.

여럿이 연을 날리다 보면 자연스레 경쟁하게 된다. 연 겨루기의 기본은 '높이 띄우기'다. 누구 연이 높이 떠서 멀리 가는지 겨루는 것으로 실을 많이 가진 사람이 이기게 된다. 실의 길이와 관계 없는 '재주 부리기'는 많은 연습이 필요하다. 보통 왼쪽 오른쪽으로 급회전하고, 급강하, 급상승 같은 다양한 공중곡예를 부린다. '연줄 끊기'에 반드시 익혀야 되는 기술이기도 하다.

재주를 부리다가 옆에 있는 연과 싸움을 하는데 연이 서로 엇갈리며 서로 연실을 비벼서 연줄 끊기를 한다. 연을 잘 조종하는 기술도 중요하지만 연실의 질김과 약함이 승부를 가르기에 사금파리를 갈아 풀에 개서 연실에 발라 예리하게 만들기도 한다.

연날리기는 쉽지 않은 놀이다. 그러나 평소에 잊고 살았던 바람을 온몸으로 느끼고 이용하는 방법을 깨닫는 놀이가 연날리기다. 바람이 어느 쪽에서 부는지, 어느 정도 세기로 부는지 알아야 한다. 드디어 원하는 바람이 불면 연을 날리기 시작한다. 연을 올리고 내리면서, 멀리 보냈다가 가깝게 날리면서 자연과 하나됨을 느낄 수 있다.

추위를 이기는 팽이치기

팽이는 썰매, 연과 함께 겨울철을 대
표하는 놀이다. 지방에 따라 '팽이' '뺑
이' '핑딩' '뺑돌이' '도래기'로 불렀다.

최근에 팽이치기와 썰매타기가 재
현되고 있다. 마을 앞 개울을 막아 얼
음판을 만들고 아이들이 놀 수 있게 해
놓았다. '썰매장'이란 현수막과 썰매도
빌려주고 쉴 수 있는 천막도 쳐 놓았는
데 한쪽에 팽이도 있다. 반갑고 고마운

〈조선일보〉에 실린 팽이치는 아이들 사진

일이다. 썰매를 타다가 팽이를 치는 아이들을 보았는데 팽이가 잘 돌아가지 않
으니 두서너 번 치다가 만다.

"팽이 깎는다고 손 자른 아도 있지. 요령이 있어야지. 큰아가 작은아 꺼 만
들어 주고 그랬지, 추버도 머가 그리 재미있는 동. 눈만 뜨면 팽이 갖고 논으
로 갔지. 거 가면 아이들이 벌써 팽이치고 있어."

2001년 2월 12일 안동의 서미2리에서 놀이조사하면서 녹음해 두었던 황병
극(72세) 어르신 이야기를 다시 들었다. 상기되어 있는 목소리만으로도 팽이
치기가 어떻게 아이들과 함께했는지 알 수 있었다. 요즈음은 옛날처럼 얼음이
잘 얼지 않지만 기성품으로 나온 팽이로 방 안에서만 돌리지 말고 얼음이 언
날 팽이를 쳐 보게 하면 좋겠다.

얼음판에서 씽씽 썰매타기

철 만난 어린이들
추위 잊고 썰매 어름타기

〈경향신문〉에 실린 썰매타는 어린이들 사진

썰매타기의 매력은 별다른 연습 없이 바로 탈 수 있다는 것이다. 처음에는 서툴지만 금세 익숙해지고 빠른 속도로 이동할 수 있어 쾌감을 얻는다. 그러는 사이에 추위가 저만치 물러나고 이마에 땀이 맺힌다. 예전에는 신문에도 겨울을 알리는 신호로 썰매 타는 사진이 종종 실렸다.

썰매 탈 때 앉는 자세는 양반다리, 쪼그려 앉기, 무릎 꿇고 타기, 반쯤 선 형태가 있는데 자기가 편한 방식으로 타면 된다. 반쯤 서서 타려면 기술과 균형감각이 필요하기에 큰 아이들이 즐겨 탔다. 어느 정도 속도가 붙은 아이들은 곧추서서 내달려 아이들의 눈길을 받기도 했다.

외발 썰매는 고학년이나 중학생이 되어야 탈 수 있다. 발이 하나이기에 균형 잡는 능력이 있어야 한다. 좁은 곳도 갈 수 있고, 방향 전환이 쉽고, 더 빨리 달릴 수 있어 앞다퉈 만들어 탔다. 또래 친구들이 모두 타는데 혼자만 못 타면 못난이라고 여겨질 것이기에 어느 정도 나이가 되면 외발 썰매로 갈아탔다. 그래서 어떤 썰매를 타느냐에 따라 자연스럽게 나이가 구분되었다.

여러 문헌에 썰매에 대한 기록이 있는데 지금과 모습도 다르고 건축 공사에 물건을 나르는 데 쓰였다. 지금처럼 바닥에 철사나 날을 댄 썰매는 일제강점기부터 시작된 것으로 보인다. 놀이방법은 오늘날과 비슷하다.

썰매로 가장 흔히 했던 놀이는 누가 멀리, 빨리 갔다 오는지 겨루는 것이다. 맨땅에서 달리기 시합을 하면 변수가 크지 않지만 썰매는 날이 철사냐 칼날이냐에 따라, 꼬챙이에 따라, 썰매를 지치는 기술에 따라 속도가 달라진다. 출발선에서 한번 지쳐서 멀리가기, 썰매를 세워놓고 달려가 그 위에 올라타서 멀리가기, 썰매를 길게 이어 기차처럼 돌아다니기, 술래를 피해 도망 다니다가 차이면 술래가 바뀌는 썰매 술래잡기도 있었다.

썰매타기의 여러 방법들은 얼음만 지치는 단조로움을 줄이기 위한 방편으로 보인다.

3부

아기 놀이

아기를 낳고 기르는 것은 인류가 오랫동안 해온 일이다. 과거에는 할머니가 아기의 양육에 많은 부분을 담당했다. 그러나 요즘은 부부, 특히 엄마가 양육의 주체가 되어 아기를 키우는 경우가 많아졌다. 이런 상황에서는 오랫동안 많은 사람들의 지혜가 갈무리되어 전해지는 아기놀이가 좋은 나침반이 될 수 있다.

여기에 소개하는 아기 놀이들은 전통 육아방식 가운데 놀이와 관련된 것을 아기의 나이에 따라 모았다. 이 책은 놀이의 재미에 초점을 맞춰 정리했는데 아기 놀이의 재미는 똑같은 잣대로 적용하기 어려웠다. 아기는 제 몸을 추스르지 못하는 상황에서 스스로 재미를 찾아 즐길 수 없기 때문이다. 따라서 따로 마련하여 정리하게 되었다.

아기 놀이가 갖는 독특한 성격에 대해 고민하다가 '놀이'라는 말이 갖는 의미를 다시 생각하게 되었다. 사람의 활동에 놀이란 말을 붙여 처음 쓰일 때가 아기가 엄마 뱃속에서 움직일 때일 것이다. 어른들이 임산부에게 "아기 잘 놀아?" 하고 물으면 "예, 잘 놀아요." 하고 답한다. 이때 아기가 논다는 것은 발로 차거나 손을 움직이는 것을 뜻한다.

아기의 움직임은 엄마 뱃속이라는 안전한 상황에서 충분히 먹고 잔 다음일 것이다. 욕구가 충족되고 안전이 보장된 상태에서의 움직임을 '논다'고 한다. 아기가 움직임을 보이면 흔히 아기 놀이라고 하지만 이 책에서는 아기의 성장과 발달을 돕는 어른 활동까지 아기 놀이로 보았다. 아기 시기의 움직임은 아이의 성장과 발달에 직접 도움이 되는 활동이기 때문이다. 따라서 일반적으로 이해하는 놀이 개념과는 다른 관점에서 아기 놀이에 접근해야 한다.

놀이의 바탕은 자유로움이지만 아기 놀이에서는 자유가 어른들에 의해 얻어진다. 아기에게는 누군가가 집중해서 관심을 기울여야 한다. 아기는 어른들의 보살핌 속에서 편안함을 느낄 때 비로소 놀 수 있기 때문이다.

달라진 육아 환경에 맞게 아기의 발달을 돕는 여러 놀이들이 책이나 인터넷에 소개되고 있다. 이런 놀이도 도움이 되겠지만 오랜 역사 속에서 정제된 우리의 아기 놀이는 시대가 변해도 가치가 있다. 하나하나 따라 하다 보면 아이가 부쩍부쩍 크는 소리를 들을 수 있다.

돌 전에 할 수 있는 아기 놀이

돌 전의 아기는 감각과 동작을 훈련하는 것이 신체발달에 중요하다. 정서발달로 보면 신뢰감을 형성하는 시기다. 정서는 주로 주양육자인, 엄마를 통해 이뤄진다. 엄마에 대한 신뢰는 다른 사람과 관계 맺는 데 바탕이 되므로 매우 중요하다.

누워 있는 아기에게 할 수 있는 놀이

누워 있는 아기에게 해 줄 수 있는 놀이로는 쭈까쭈까와 둥개둥개가 있다. 쭈까쭈까는 아기가 누워 있는 상태에서 웅크린 팔과 다리를 쭉쭉 펴 주는 동작이다. 아기는 엄마 뱃속이라는 좁은 공간에서 손과 다리를 웅크리고 있다가 태어나서도 쉽게 펴지지 않은 상태로 있다. 따라서 아기가 누워있을 때 "쭈까쭈까"라는 구음과 함께 팔과 다리를 주물러 펴주는 동작을 반복한다.

보통 몸 안쪽(몸통)에서 바깥쪽(손과 발)으로 하는 것이 일반적이다. 충분히 반복하고 아기를 뒤집어 놓고 어깨와 등, 팔과 다리도 해준다. 그러면 아기의 경직된 신체를 풀어주고 아기의 감각을 자극해 신체발달을 촉진시키는 데 도움이 된다.

가볍게 흔들어 주는 활동으로 '둥개 둥개 둥개야' 하는 둥개둥개가 있다. 기분이 좋을 때도 해주지만 울거나 보챌 때도 한다.

둥 개둥 개둥 개야

아기 머리를 받치고 안아 가볍게 위아래로 흔들어 주면서 '어화둥둥 우리 아기(또는 이름)'를 반복하는 어화둥둥도 있다. 아기는 뱃속에서 엄마가 움직이는 대로 이리저리 움직였기에 가만히 누운 상태가 계속되면 불안해한다. 이럴 때 가볍게 흔들어 주면 편안해한다.

아기가 울거나 보챌 때 업으면 진정되는 것은 약간의 움직임이 심리에 안정을 주기 때문이다. 이런 놀이는 세계 모든 나라에서 하는데 각 나라의 문화 전통에 따라 리듬과 가사가 다를 뿐이다.

아기가 3개월 정도가 되면 어화둥둥보다 조금 발전된 이불그네도 좋다. 이불 안쪽에 아기를 눕히고 양쪽에서 들어 가볍게 흔든다. 이때도 '어화둥둥 우리 아기(또는 이름)' 하고 노래하면서 하는 것이 좋다. 아기의 등을 자극하는 효과를 주고 아기에게 정서적 안정감도 준다.

목을 가눌 때 할 수 있는 놀이

아기가 목을 가누고 엄마에 기대어 앉게 되면 여러 가지 놀이를 할 수 있다. 단군이 우리가 같은 민족임을 확인하기 위해 가르쳤다는 '단동십훈'을 이때부터 본격적으로 할 수 있다. 고개를 좌우로 돌리는 도리도리, 손을 쥐었다 폈다 하는 죔죔, 손을 마주치는 짝짜꿍, 곤지곤지가 있다.

아기는 보통 위에서 아래쪽으로, 몸 안쪽에서 바깥쪽으로 발달한다. 따라서 가장 먼저 움직일 수 있는 신체는 목이다. 보통 3개월 무렵부터 목을 가누기 시작하는데 아기가 자연스레 따라 할 수 있도록 어른이 목을 좌우로 움직이는 모습을 보여주면서 "도리도리!" 하고 말한다.

　그럼 아기가 점차 따라 하게 되고 이를 되풀이한다. 그러다가 나중에는 '도리도리'란 말만 들어도 고개를 좌우로 돌리게 되는데 아기는 자기의 놀이 능력에 만족하고 즐거워한다. 도리도리는 아기에게 목을 움직여 목둘레 근육을 자극해 목을 가누는 데 도움이 된다.

도 리　도 리　도 리　도 리

　도리도리가 가능한 시기부터 할 수 있는 놀이로 쬠쬠이 있다. 쬠은 주먹이라는 말을 가르치는 데도 도움이 된다. 아기는 스스로 손을 꼭 쥐고 있다. 이는 아기의 생존을 위한 방안 중 하나인 쥐기반사의 결과물이다. 험준한 지형을 지날 때 엄마의 머리카락을 꼭 잡고 있어야 했던 고대 생존 메커니즘이 아직 남아 있는 것이다.

　그러나 5~6개월이 지나면 서서히 쥐기반사가 사라지는데 그전에 손을 서서히 펴고 손바닥을 자극하여 만지기, 잡기, 조몰락거리기 같은 능력으로 발전한다. 쥐고 펴고를 반복하는 것은 손을 쓰는 바탕이 되는데 일상에서 이를 자극하는 것이 쬠쬠이다. 손가락 움직임이 가능하면서 사물을 보고 손을 뻗쳐 사물을 붙잡아 쥘 수 있게 된다.

쬠　쬠　쬠　쬠　　쬠　쬠　쬠　쬠

　여기에서 조금 더 발전한 놀이가 짝짜꿍이다. 짝짜꿍은 눈과 소리, 손이 함께 반응해야 가능한 놀이다. 귀로는 엄마 목소리 "짝짜꿍 짝짜꿍"을 듣고, 눈으로는 동작을 보고, 손은 따라 해야 하는데 쉽지 않다. 그래서 처음에는 아기 손을 잡고 여러 번 반복해서 몸이 기억하도록 하는 것이 필요하다. 어느 정도 시간이 지나면 소리를 듣고 하거나 듣지 않아도 혼자 반복하기도 한다. 이때 뽀뽀, 미소, 얼러 주기, 안아 주기 등의 보상은 아기가 반복하게 하는 좋은 동기가 된다.

짝 짜 꿍   짝 짜 꿍

　엄마가 "짝짜꿍 짝짜꿍" 하면 손뼉을 치고, "도리도리" 하면 고개를 좌우로 돌리고, "쥠쥠" 하면 주먹을 쥐었다 폈다 할 수 있을 정도로 아기가 크면 이제 능동적인 놀이를 할 수 있다. 곤지곤지가 그것이다. 이 놀이는 오른손 검지로 왼손 손바닥 가운데를 찌르는 동작을 말한다.

　쉬워 보이지만 아기에겐 어려운 동작이라 보자마자 따라 하는 아기는 거의 없다. 따라서 처음에는 어른이 손가락을 잡아 주어 동작을 익히게 하고 조금 익숙해지면 혼자 할 수 있도록 이끄는 것이 좋다. 이때 구음을 반복해 들려주면서 계속 보여 주면 나중에는 소리만 들어도 아기가 동작을 한다. 이를 자주 하면 손과 눈의 협응 능력에 도움이 된다.

곤 지 곤 지 곤 지 곤 지

외출할 때 할 수 있는 놀이
전통사회에서는 아기가 2개월이 지나야 엄마 등에 업혀서 외출할 수 있었다. 그 이전에는 온갖 위험에 노출되기에 '대문 밖이 저승'이라는 속언이 있을 정도였다. 아기를 업고 외출하려면 포대기에 감싸 등 뒤로 업었다. 아기를 업는 사람은 엄마를 비롯해 할머니, 누이, 고모였는데 가사를 전담한 사람이 주로 여성들이기 때문이다. 아기는 등에 엎드려 잠을 자거나 얼굴로 등을 부비거나 손이나 손바닥, 주먹으로 등을 두들기며 논다.

아기는 업혀서 밖으로 나가게 되면 누워 있을 때보다 다양한 경험을 하게 된다. 새로운 환경과 가족이 아닌 사람을 만나게 되고, 누이에게 업혔다면 그들이 하는 놀이를 관찰하기도 한다. 누이가 놀면서 뜀박질을 한다면 아기는 반동을 즐기면서 등을 꼭 붙잡아 자기를 안전하게 하는 방법도 익히게 된다.

이 경험은 즐거운 일로 기억되어 "어부바" "어부부" 하면서 업어달라고 조르기도 한다. 어부바란 말은 받침이 없고 발음하기 쉬워 말하기 연습으로도 좋다. 어부바를 하고 할 수 있는 놀이로 새 눈은 깜빡이 있다. 아기를 업고서 좌우로 고개를 돌려 아기와 눈을 맞추는 놀이로 가끔 방향을 달리해 아기와 고개가 엇갈리게 해서 아기의 기대를 높이고 재미를 주기도 한다.

새   눈 은 깜 빡   울 애 기 눈 은 반 짝

이런 놀이를 하면 아기는 엄마와 밀착되면서 친밀감을 느껴 심리적 안정을 얻게 되고, 엄마는 아기를 업은 상태에서 움직이며 간단한 일을 할 수 있다.

대가족이 함께 살던 때의 아기는 대부분 할머니, 할아버지 손에서 자랐다. 젊은 부모들은 일해야 하기에 조부모가 아기를 돌봤다. 이제는 핵가족을 이뤄 살게 되면서 아이를 기르는 주체가 바뀌고 방법도 달라졌다. 그런데 오랫동안 많은 사람들에 의해 차곡차곡 쌓여 하나의 결정체로 전해지는 놀이는 수

많은 정보와 지혜가 담겨 있음을 잊지 말아야 한다.

아기 돌보기 능력이 점차 뒷걸음치는 사이에 아기는 힘겹게 어린 시기를 보내고 있다. 미국이나 유럽의 아기는 태어날 때는 크고 건강하지만 신체 접촉을 많이 한 전통사회의 아기보다 더 자주 병에 걸리고 체중도 상대적으로 늘지 않는다고 한다.

인간은 새끼를 데리고 다니는 종이기 때문에 잦은 접촉과 눈 맞춤이 성장의 전제조건이다. 특히 돌 전에는 인간 본연의 특징을 따르는 것이 무엇보다 중요하다.

돌 즈음 할 수 있는 아기 놀이

아기는 자라면서 스스로 움직일 준비를 한다. 그 첫 번째가 걷기다. 걷기는 스스로의 노력도 필요하지만 주위에서 많은 도움이 필요하다. 아기가 기어 다니다가 잡고 서려고 할 때 이를 도와주는 놀이들이 있다. 이때의 놀이는 대부분 다리에 힘을 기르기 위한 활동과 연관된다.

간단한 노래를 반복해 부르면서 하는데 아기에게는 서려는 의욕을 북돋워 준다. 불무불무는 '부라부라' '부와부와'라고도 한다. 아기의 대근육을 사용하는 동작이기에 다리운동 겸 전신운동이 된다. 아기 겨드랑이에 손을 넣어 좌우 또는 앞뒤로 가볍게 흔들면서 아기가 다리에 힘을 주게 하는 동작을 반복한다.

이때 '불불 불어라 불무 딱딱 불어라'는 노래를 반복해서 불러준다. 경우에 따라 긴 노래를 부르기도 한다. 손을 떼면 아직 다리에 힘이 생기지 않아서 금세 주저앉는다. 그렇다고 그만두지 말고 다시 노래를 부르며 반복한다.

불 - 불 - 불어 라
불 무 딱 딱 불어 라

아기를 어른의 등에 앉혀 태우고 다니는 *끄덕끄덕*은 곧추선 상태에서 허리의 힘과 균형 감각을 길러주는 놀이다. 아기는 등에서 떨어지지 않으려고 허리에 힘을 주고, 균형을 잡는다. 처음에는 엎드려 태웠다가 익숙해지면 몸을 세우는 것이 좋다. 아기가 떨어질 수 있으니 한 사람은 아기를 태우고, 다른 사람은 따라다니며 아기가 떨어지지 않도록 한다.

불무불무와 비슷한 놀이로 고네고네가 있다. 지방에 따라서 '꼬네꼬네' '꼬나꼬나'라고 부른다. 주로 팔 힘이 센 남자 어른이 해주는데 한 손으로 아기 두 발을 잡고, 다른 손으로는 겨드랑이를 잡아 세운다. 이 상태에서 위아래로 가볍게 움직이다가 아기가 다리에 힘을 주면 겨드랑이에 넣은 손을 빼고 아기 두 발을 잡은 손으로 아기를 곧추세운다.

아기가 곧추서면 "고네고네 고네고네"라는 말을 빠르게 반복한다. 어른들은 아기를 떨어뜨리지 않을까 긴장하게 된다. 처음에는 아기가 바로 주저앉지만 호흡을 맞추면 꽤 오래 서 있을 수 있다. 아기와 아빠가 함께하는 놀이로 많이 했는데, 요즘은 위험하다고 여겨서인지 거의 하지 않는다.

불안하면 침대 위나 이불을 깔아 놓고 해보는 것도 좋겠다. 아기가 크면 해주고 싶어도 할 수 없다.

아빠들은 조금 격렬한 놀이를 많이 한다. 아기를 위로 던졌다가 받거나 빙글빙글 돌리는 놀이를 아빠들이 많이 해줬다. 아기들은 처음에는 위기를 느끼지만 곧 진짜 위험이 아니라는 것을 알게 되고 안심한다. 심한 긴장과 두려움이 안도로 바뀌는 순간 울어야 할지 망설이던 표정은 즐거운 웃음이 된다.

고네고네가 되면 거의 동시에 섬마섬마를 할 수 있다. 섬마섬마는 '서다'에서 온 말로 방 모서리에 기대어 잠깐 세워 두면서 "섬마섬마"를 반복해서 왼다. 아기는 아직 다리 힘이 약하기 때문에 금세 주저앉지만 되풀이하면 혼자 설 수 있는 힘이 생긴다.

섬마섬마는 '따로따로'라고도 하는데 '따로따로'는 혼자, 홀로라는 뜻을 갖는 의태어다. 섬마섬마나 따로따로는 기댈 수 있는 모서리나 벽에서 처음 시작하고 점차 다리에 힘이 생기면 기댈 곳이 없는 곳에서 같은 방법으로 해서 3, 4분 정도 온전히 설 수 있도록 한다.

걸음마를 위한 아기 놀이

아기가 혼자 설 수 있으면 걸음마를 할 준비가 된 것이다. 그렇다고 바로 걸음마를 할 수 있는 것은 아니다. 아기 팔을 잡고 어른의 발 위에 아기 발을 얹은 상태에서 '발 떼기' 연습을 한다. 아기는 앞으로 걷지만 어른은 뒤로 걷게 된다. "하나, 둘" 소리에 맞춰 발 떼기를 하면서 이곳저곳 다닌다.

걸음마는 아기에게 발을 떼어 놓으라는 뜻으로, 보통 가까운 거리에서 엄마나 아빠가 손뼉을 치면서 "걸음마 걸음마"를 반복해서 외면 서툴지만 조금씩 발을 떼어 놓는다. 처음에는 엉덩방아를 찧지만 되풀이하다 보면 조금씩 눈에 띄게 나아진다. 아기가 넘어지지 않고 엄마 품에 안기면 엄마는 기뻐하면서 잘했다고 칭찬해 준다. 그러면 아기도 즐거워하면서 스스로 하려고 한다.

걷는 시기는 아기마다 차이가 있기에 조금 빠르거나 늦게 걷는 것은 문제될 것이 없다. 아기마다 발달 정도가 조금씩 다르기 때문이다. 아기가 스스로 첫걸음을 내딛는 것은 모든 걸 어른에게 의존하지 않아도 된다는 큰 의미를 갖는다.

걸음마로 시작해 조금씩 걷기 시작하면 어른의 도움을 받아 다양한 형태의 놀이를 할 수 있다. 걷기가 된다는 것은 어느 정도 자기 몸을 가눌 수 있다는 것을 뜻한다. 이때부터 좀 더 적극적인 놀이를 하는데 대표적인 것이 비행기 타기다.

어른이 누워서 발로 아기를 들어 올려 공중에서 앞뒤나 위아래로 출렁거리는 것을 말하는데 옛날에는 '소리개 떴다' '비오 떴다'란 이름으로 했다. 움직이는 발 위에서 아기가 중심을 잡을 수 있는 것은 걷기를 하면서 자기 몸을 조절할 능력이 생겼기 때문이다.

이 시기에 아기가 자기 몸을 좀 더 오래 가눌 수 있도록 목발타기도 한다. 아기 발이 어른의 발 위로 가게 하고 어른은 아기의 손을 잡아 준다. 어른이 걸으면 아기 발도 같이 걷게 되는데 앞으로, 뒤로, 옆으로 걸으면서 이동의 즐거움을 느끼게 하는 놀이다. 아기가 어른과 직접 몸이 닿는 상태에서 움직이므로 안정감을 느끼기에 좀 더 오래 할 수 있는 놀이다.

무등 타기도 이때 하는 놀이다. 아기를 번쩍 들어 목 뒤에 양다리를 벌려 끼우고 손이나 팔 또는 몸통을 잡는다. 두서너 번 하면 익숙해져 아기가 어른의 머리를 잡게 된다. 어른은 아기가 떨어지지 않게 아기 다리를 잡아 준다. 높은 곳에서 본 세상은 아기에게 새로운 세상이다. 아기가 경험하는 첫 모험은 심리적 쾌감으로 이어진다. 무등 타기를 하면서 '담 너머에 담 너머에 무엇이 보이나'를 같이 불러주면 좋다.

담 너머에 담 너머에 무 엇 이 보-이나

멍 멍 개 가 보-이 나　　꼬 꼬닭 이 보　이 나

똥단지 팔기도 이때 많이 한다. 아기를 가로로 업은 상태에서 "단지 사려, 똥단지 사려" 하고 외치며 둘레에 있는 어른에게 단지를 사라고 한다. 어떤 사람은 "아이구 똥 냄새, 냄새 나서 안 사요." 하고, 어떤 사람은 "단지 얼마예요?" 한다. 안 산다고 하면 다른 사람한테 가고, 산다고 하면 그 사람에게 아이를 안기는 것이다.

이 놀이는 똥이 냄새 난다는 것을 알게 해서 배변 훈련을 돕는 면도 있고, 아기 배가 어른 등과 밀착되어 따뜻해지고, 이리저리 다니다 보면 위가 자극되어 소화 능력을 향상시키는 효과도 있다.

아기에게 중요한 것은 '무엇'이 아니라 '어떻게'이다. 이런저런 놀이를 하는 것보다 온전히 시간을 내서 아기에게 몰입하는 것이 아기에게 더 많은 도움을 줄 수 있다. 아기방을 갖추고 장난감, 보행기를 사 주는 것보다 안아 주고, 눈 맞춰 주고, 자주 만져 준다면 아기들은 더 행복해할 것이다.

마을 전체가 한 아이를 키운다는 말이 있다. 옛사람들은 내 아이, 남의 아이 가리지 않고 함께 키웠다. 요즘처럼 경험도 없고 주변 도움도 없이 아이를 키운다는 것은 어려운 과정이다. 그나마 조상들의 슬기가 고스란히 담겨 있는 아기 놀이 보물창고가 아직도 면면히 전해지고 있어 다행이다. 모두 열쇠를 쥐고 있기에 열기만 하면 보물을 얻을 수 있다.

두 돌 즈음 할 수 있는 아기 놀이

젖먹이 아기는 머리에서 발로, 몸 안에서 바깥 쪽으로 몸이 발달한다. 대근육이 먼저 발달하고 정교하고 섬세한 소근육은 나중에 발달하는데 조상들이 아기와 놀던 놀이도 이런 원리에 따른다. 도리도리를 먼저하고 이것이 가능하면 짝짝꿍과 곤지곤지를 하도록 한 것이다.

아이의 발달은 개인차가 크다. 자기 아이가 남들보다 더디게 자라면 무슨 문제라도 있지 않나 걱정하는 부모가 많다. 그러나 우리나라 아기의 월령 발달 지표를 보면 딸랑이를 손에 쥐고 갖고 노는 아기가 2개월에는 29%인데, 3개월에 67%, 4개월엔 96%로 되어 있다.

2개월에 딸랑이를 쥐면 빠른 편이다. 4개월에는 많은 아기가 딸랑이를 갖고 논다고 하지만 4개월이 지나도 안 되는 아기도 있는 것이다. 그러나 그 뒤로 거의 모든 아기가 딸랑이를 쥘 수 있으니 여기에 실린 놀이를 조금 늦게 해도 조바심 낼 필요는 없다.

아이가 두 돌이 지나면 어른에게 의존한 놀이에서 능동적인 놀이가 가능해진다. 이 시기에 할 수 있는 놀이로 '까꿍' '서울 구경' '실겅달겅' '코코코' '어느 손' '잠자리 날아갔다' 들이 있다.

까꿍은 아이 앞에서 사라졌다가 "까꿍!" 소리를 내면서 다시 나타나는 놀이로, 누운 까꿍과 선 까꿍이 있다. 누운 까꿍은 아기가 누워 있으면 어른이 손으로 얼굴을 가리고 있다가 "까꿍!"이라는 말과 함께 손을 눈에서 떼면서 아기와 눈을 마주치는 것이다. 선 까꿍은 아이 몰래 커튼이나 문 뒤에 숨어 있다가

"까꿍!" 하고 나타나는 것이다.

누운 까꿍은 갓난아기 때도 할 수 있는데, 선 까꿍은 혼자 걷기가 익숙해져야 할 수 있다. 누운 까꿍을 자주 하면 선 까꿍을 쉽게 받아들인다. 까꿍은 세계 모든 나라에서 행해지는 놀이로 아기를 어를 때 하는 소리란 의미도 있다. 특정한 놀이면서 일상에서 아기를 어를 때도 하다 보니 뜻이 확장된 경우로 보인다.

까꿍놀이는 한 대상이 눈에 보이지 않아도 있다는 것을 터득하게 한다는 것이다. 그런데 아기 처지에서는 같은 사물이 보였다가 보이지 않는 것이 교차하는 데서 오는 것에 흥미를 보이는 것이다.

숨바꼭질과 까꿍은 숨고 찾는 놀이로 생각하기도 하는데 완전히 꼭꼭 숨는 것이 숨바꼭질이고, 아기의 움직임을 살피고 있다가 "까꿍!" 하고 나오면서 놀래키는 것이 까꿍이다. 만약 나와야 할 때 나오지 않고 숨어 있다면 아기는 불안해서 울게 되고, 부모와 떨어지는 것에 거부감이 생길 수 있다. 그래서 적절한 순간에 "까꿍!" 하고 나와주는 것이 중요하다.

서울 구경은 "서울 구경하자(세)!"란 구음을 넣는다. 두 가지 방식이 있는데, 하나는 어른이 아이 겨드랑이에 두 손을 넣고 안아서 위로 던지며 받는 것이다. 처음에는 조금만 올려 아기가 놀라지 않게 해야 한다. 아기는 불안이나 위험을 느끼면 놀이로 받아들이지 않고, 울음으로 자기 상태를 알린다. 그러나 놀이라고 여기면 웃으면서 자기 감정을 나타낸다. "서울 구경하자!" 하는 구음으로 아이가 놀이라는 걸 알도록 해주면 좋다.

아이가 조금 더 크면 어른이 손바닥으로 아이의 양쪽 귀를 눌러 잡아 들어 올리면서 "서울 구경!"이라고 한다.

실경달경 또는 들강달강은 어른과 아이가 마주 앉아서 서로 손을 잡고 앞뒤로 밀고 당기는 놀이다. 아이 다리가 어른의 무릎 정도에 닿은 채 놀이가 진행된다. 아이의 어깨, 배, 허리를 자극해 주는 놀이다. 아이가 걸으려면 허벅지, 종아리, 발 같은 하체 근육보다 먼저 상체 근육이 발달해야 한다.

실경달경은 언뜻 보면 걷기와 관계없는 것처럼 보이지만 실제로는 걷는 능력을 좋아지게 하는 놀이다. 이 놀이를 할 때 부르는 노래가 지방마다 조금씩 다른데, 줄거리는 거의 비슷하다.

코코코는 어른이 검지로 코를 짚으며 "코코코!" 소리를 내다가 얼굴의 다른 곳을 짚는 놀이다. 아이는 모방 능력이 뛰어나기 때문에 어른이 하는 대로 따라서 짚는다. 어른이 "코코코!" 한 뒤 "눈!" 하면서 눈을 짚으면 아이도 따라서 눈을 짚는다. 코코코를 하다 보면 얼굴 부위의 이름과 자리를 알게 된다.

아이 능력이 좋아지면 놀이에 변화를 주는 것도 재미있다. 입으로는 "코코코, 눈!" 하면서 손으로는 귀를 잡는 것이다. 그러면 아이는 어른 동작을 따라 귀를 짚지 말고 "눈!" 소리에 맞춰 눈을 짚어야 한다. 동작을 따라 하는 것이 아니라 소리를 따라 해야 하는 것이다.

소리를 듣고 그대로 움직이는 능력은 생각보다 쉽지 않다. 처음에는 어른 동작을 따라 귀를 잡다가 되풀이하면서 점점 소리에 따라 눈을 짚게 된다. 아이들은 스스로 무언가를 하려고 꼼지락거린다. 그러나 마음먹은 대로 잘되지 않

어느 손가락으로 짚었는지 맞추는 어느 손 놀이

을 때가 더 많다. 코코코가 그런 예다. 소리를 따라 하지 않고 동작을 따라 한 뒤에는 "괜찮아." "다시 할까?" "천천히 해 볼까?" 하고 힘을 북돋아 주는 것이 중요하다.

어느 손은 어른이 아이의 목 뒤를 어느 한 손가락으로 짚은 뒤, 아이가 어느 손가락으로 짚었는지 맞히는 놀이다. 간지럼을 타는 곳은 다른 곳보다 예민한 곳으로 아이의 목 뒤는 특히 민감하다. 그곳을 손가락으로 짚어 자극해 주면서 두 사람은 친밀감을 느낀다. 어느 손가락인지 맞추는 게 중요한 게 아니니, 자유롭고 즐거운 분위기를 느낄 수 있도록 해야 한다.

잠자리는 잠자리가 여기저기 앉았다가 다시 날아가는 모습을 흉내 낸 놀이다. 아이가 주인공이 되어 논다는 면에서 중요하다. 아이가 "잠자리!" 하고 말하면서 어른 옷이나 살을 잡는다. 그러면 다음과 같은 차례로 논다.

(잡힌 사람) "날아간다!"
(잡은 사람) "누구한테?"
(잡힌 사람) "할머니한테!"

마지막에 '할머니한테' 할 때는 손을 옮겨 할머니를 짚는다. 같은 방법으로 사람을 바꿔서 반복한다. 이 놀이는 낯가림을 줄이는 데 아주 좋다. 평소에 엄마나 아빠처럼 가까운 식구들과 이 놀이를 자주하면 낯선 손님과도 쉽게 놀

수 있다. 놀이를 통해 경계심이 풀리니 마음에 안정을 얻는데 도움이 된다.

어디까지 왔나도 이 시기에 적당한 놀이다. 이끄는 사람이 앞에 서고, 아이를 뒤에 둔 다음 손을 잡고 천천히 걸으면서 묻고 답하면서 논다. 아이가 눈을 감고 "어디까지 왔나?" 하고 물으면 어른은 "큰 길까지 왔다." "슈퍼까지 왔다." "대문까지 왔다." 하면서 특정한 장소 이름을 붙여서 대답한다.

이 과정을 거치면 역할을 바꿨을 때 아이가 장소 이름을 댈 수 있다. 특정한 장소 이름을 익히게 할 뿐 아니라 머릿속으로 그 장소를 그려보는 기회를 제공한다. 평소에 아이와 함께 다닐 때 어른을 그냥 따라다니는 것이 아니라 장소에 대해 주체적으로 생각하고 이름을 알 수 있다.

이 놀이를 자주 했더니 아이가 특정한 장소에 대해 물어보는 횟수가 많아져 귀찮았다는 말을 들은 적이 있다. 아이가 자기 주변을 자세히 알고자 하는 욕구를 보인 것이다. 이런 질문은 아주 좋은 것이라고 답해 준 적이 있다.

아이의 몸과 마음이 바르고 튼튼하게 자랐으면 하는 바람은 모든 부모의 한결같은 마음이다. 그러나 어떻게 하는 것이 최선인지 모르는 상태에서는 늘 불안하다. 이럴 때 조상들의 지혜가 갈무리된 놀이는 바른길로 이끌어줄 것이다.

두 돌 이후 놀이

두 돌이 지나면 아이는 자기가 가고 싶은 곳으로 갈 수 있어서 아기를 돌보는 사람은 신경을 더 써야 한다. 만지면 안 되는 물건이나 떨어뜨리면 다치는 물건이 있다면 미리 치우는 것이 좋다. 요즘은 아이를 일찍부터 어린이집에 보내기 때문에 또래와 만나는 시기가 빨라졌다. 또래를 어떻게 대해야 하는지 다리셈, 어깨동무 씨동무, 문놀이로 배울 수 있다.

마음의 안정을 주는 다리셈

다리셈은 서로 마주 보고 다리를 엇갈려 끼고 앉아 노래에 따라 다리를 하나씩 짚어 간다. 노래 마지막에 짚이는 다리는 접는다. 놀이방법은 전국이 거의 같지만 부르는 노래는 지방에 따라 다르다.

다리셈은 아무런 준비물 없이 어디에서나 쉽게 할 수 있다. 놀이환경이 좋지 않은 요즘에 되살릴 만한 놀이다. 짧은 시간에 쉽게 어디서든지 할 수 있고, 어른과 아이가 함께할 수 있어 더 좋다. 사람은 정서적 교감을 나누며 마음을 안정시키고, 만족을 느낀다. 어린아이들은 무리 속에 끼워주는 것만으로 소속감을 느껴 재미있어 한다.

바닥에 앉을 수만 있다면 어디서든 다리셈을 놀이를 할 수 있다.

다리셈 놀이를 할 때 부르는 노래를 시작에 따라 나눠 보면 아래와 같다.

① '한알'로 시작하는 유형

• 한알깨 두알깨 삼우 지날때 육날 메투리 팥대 장군 노루 사슴이 범의 약 과 꼬드락 택깍 (황해도 신천)

• 한알때 두알때 사마중 날때 용낭 거지 팔때 장군 고드라 뺑 (전남 목포, 강 원 양구)

• 한알똥 두알똥 삼재 염재 닝금 다레 호박 꼭지 두루미 째깍 이모네 잔체 못 얻어먹으니 네 집이 불이야 내 집이 불이야 소문 놓구 가드라 콩(평북 선천)

• 한알공 두알공 세알공 네알공 단재 연재 임금 다래 꼬불딱 개새끼(함 북 청진)

② '이거리 저거리'로 시작하는 유형

• 이거리 저거리 각거리 견사 만사 주머니 끈/ 짝 벌려 새양강 목화밭에 독 서리 / 구시월에 무서리 동지섣달 대서리 (충북 충주)

• 이거리 저거리 각거리 천사만사 다만사 / 조리김치 장독대 총채 비파리 딱 (서울, 경기)

• 이거리 저거리 각거리 너희형 어디갔니 / 고사리 꺾으러 갔다 몇말 꺾었 니 닷말 꺾었다 (충남 보령)

• 이거리 저거리 각거리 천사만사 국거리 대장군 허리띠 똘똘 말아 장두칼 제비딱개 양한돈 너의 삼춘 어디갔냐 오사리 밭에 갔다왔다 엿말이냐 닷 말이다 오꼼조꼼 땡땡(서울)

- 이거리 저거리 각거리 짐도 맨도 또맨도 / 작발로 이어서 노래 준치 아래요 / 육구 육구 전라 육구 / 당산에 먹을 가루 / 손판때기 어퍼질 똥 (경남 진주)
- 이거리 저거리 각거리 동사밍경 열두탕끼 열두양 시무리바꾸 돌바꾸가 사워리 갈포(경북 안동)

③ 사설로 되어 있는 유형
- 오리 먹던 밥 그릇 딸 줄라니 더럽고 남 줄라니 아깝고 내나 먹자 홀쩍 (경북 점촌)
- 고모 집에 갔더니 닭 오리 잡아서 나한처럼 안 주네 / 우리 집에 와봐라 대추 안 주지 (강원도 정선)
- 새가 메를 먹다 / 목이 메서 물을 먹다 / 꼬륵 쩩 (황해도 봉산)

다리셈 노래는 우리나라 곳곳에 분포하기 때문에 어릴 때 했던 노래를 찾아보면 좋겠다. 한글학회 회보 〈한글〉에는 전국에서 행해지는 다리셈 노래가 소개되어 있는데 이 놀이가 얼마나 넓게 퍼져 있고, 오래 계속되었는지 보여준다.

소속감을 일깨워 주는 어깨동무 씨동무

유치원생 열 명 남짓이 그늘에 앉아 입을 모아 선생님이 부르는 노래를 따라 한다.

"어깨동무 씨동무 미나리 밭에 앉았다."

발도 잘 맞고, 앉는 순간과 동작이 잘 맞는다. 목소리가 점점 커지는 것을 보니 신난 것 같다. 다섯 명이 할 때는 일곱 살 아이를 가운데 두고 다섯 살 아이를 밖에 세웠는데 일곱 살 아이가 가운데 있으면서 전체를 이끌고 간다. 어린 아이를 가운데 두면 어려워하니 그리했나 보다. 처음에는 나무 그늘을 왔다 갔다 하더니 점점 영역을 넓히다가 마지막에는 다섯 명씩 어깨동무하며 교실로 들어갔다.

어제와 달리 오늘은 아예 다섯 명씩 어깨동무하고 노래에 맞춰 나온다. 노래도, 발도, 앉았다 일어서는 동작도 어제보다 안정적으로 잘 맞는다. 목소리도 크고 흥겹다. 이 놀이를 얼마 만에 본 것인가. 노래로만 어쩌다 들었는데 내가 근무하는 학교에서 보니 너무 반가웠다.

유치원 교사는 한 명씩 앉았다 일어나는 것을 연습시키고 두 명씩, 세 명씩 아이들을 늘려 나갔다고 한다. 그 까닭을 물었더니, "아이들이 어깨동무를 한 상태에서 앉았다 일어서니 자꾸 뒤로 넘어졌어요. 그래서 따로 연습했어요." 한다. "교실에서도 자기들끼리 어깨 걸고 돌아다녀서 놀랐어요." 하며 아이들이 재밌어해서 틈만 나면 한다고 자랑한다.

어린아이들이 서로 살을 부대끼고, 노래를 맞추고, 한 몸처럼 동작을 맞추니 하나된 것처럼 느껴진 것이다. 혼자서는 느끼지 못하는 색다른 움직임은 신선한 경험이 되고 재미로 이어진다.

이기고 지는 것보다 즐기는 문놀이

우리나라를 비롯하여 세계 여러 나라에서 오래전부터 널리 해 오고 있는 놀이로 문놀이가 있다. 두 명이 문을 만들고 나머지 사람들은 앞사람 허리나 어깨를 잡고 줄지어 통과하는데 노래는 나라마다 조금씩 다르지만 동작은 대체로 비슷하다.

동동 동대문을 열어라

남남 남대문을 열어라

열두 시가 되면은 문을 닫는다

문놀이 할 때 부르는 노래로 '동대문을 열어라'로 불리기도 하는데 멜로디는 독일의 오래된 캐롤에서 빌려온 것으로 알려졌다. 아이들은 '문을 닫는다'란 극적인 부분을 좋아한다. 놀이가 주는 긴장감이 아이들에게 점수를 딴 것이다. 놀이할 때 마지막에 잡히지 않으려고 빨리빨리 지나간다.

문놀이의 재미는 앞사람을 잡고 함께 움직이는 것에 있다. 여럿이 한 덩어리가 되어 움직이다 보면 그 안에 속해 있음을 확인한다. 나를 중심으로 앞사람을 따라가야 하고 뒷사람을 이끌어야 하는 존재로서 내가 있는 셈이다.

어린아이들은 이렇게 움직여 본 적이 없어 즐거움이 더 크다. 유치원 아이들과 문놀이를 했다. 예닐곱 명이 줄지어 문 앞에서 "문 열어 주세요." 하면 문을 만든 아이들이 "무슨 문?" 하면 동대문, 서대문, 남대문, 북대문 가운데 하나를 말해서 그 문이 맞으면 열어 주고, 그렇지 않으면 열어 주지 않는 간단한 놀이다.

문은 여기저기 다섯 개를 만들어 두었다. 문이 안 열리면 다른 문에 가서 같은 방식으로 노는 것이다. 문을 만든 아이들은 돌아다니는 아이들 모르게 문 이름을 바꾸면서 해보면 좋다.

아기 놀이와 놀잇감

예전에는 제대로 된 놀잇감이 없었다. 아기를 업고 외출할 때 방울이나 자물쇠를 옷고름에 달아준 것은 놀잇감의 의미보다 귀신을 쫓는 벽사의 의미가 크다. 따라서 놀잇감 없이도 놀 수 있는 몸놀이나 노래놀이가 전통 유아놀이의 특징이다.

놀잇감이 없는 놀이가 주종을 이룬다는 것이 놀이 빈곤을 의미하는 것은 아니다. 젖먹이 때는 놀잇감이 엄마와 아기의 직접 소통을 방해한다고 여겨 일부러 놀잇감을 주지 않았다. 놀잇감이 없는 놀이와 블록을 가지고 노는 놀이에서 엄마와 아기가 언어 및 긍정적 상호작용 결과가 놀잇감이 없는 경우에 더 활발히 이뤄졌다는 연구도 있다.

오늘날 어린 아기들의 대표 놀잇감으로 '모빌'과 '딸랑이'를 꼽는데, 이는 일제강점기 이후에 들어온 놀잇감이다. 모빌이 갓난아기가 누워 있는 상태에서 눈으로 따라가는 수동적인 놀잇감이라면, 딸랑이는 아기가 손에 쥐고 흔드는 것이어서 아기에게는 최초의 적극적인 놀잇감인 셈이다.

갓 태어난 아기의 시각은 겨우 전방 20cm 안에 있는 물체만 볼 수 있다. 따라서 천장에 매달린 모빌은 흐릿하게 보인다. 6개월이 되면 물체의 깊이를 감지하고 색을 구분하며 두 눈의 미세한 조절이 가능해진다. 한 살이 되면 시력 조정은 완전히 끝나고 구체적인 사물을 볼 수 있다.

그렇다고 모빌이 놀잇감으로 작동하는 것은 아니다. 아기는 보이는 것을 만져 보려는데 모빌은 너무 멀리 있다. 게다가 아기의 의도와 상관없이 움직여 처음에는 흥분하나 얼마 지나지 않아 관심에서 멀어진다. 따라서 슈타이너식 영유아 교육자들은 이런 모빌이 젖먹이에게 도움이 되지 않는다고 한다.

딸랑이는 소리를 내는 놀잇감이다. 청각은 태어나기 12주 전부터 갖춰진 상태라 태어나는 순간부터 소리를 듣게 된다. 그래서 아기는 자장가의 의미는 모르지만 들을 수 있다. 아기가 가장 좋아하는 소리는 엄마 목소리로, 다른 소리와 구별할 줄 안다.

시각은 늦게 나타나고 일찍 발달하는데, 청각은 일찍 나타나서 늦게 발달한다. 왜냐하면 언어 발달과 보조를 맞추어야 하기 때문이다. 그래서 딸랑이 소리에 일찍 반응하는 것이다.

아기를 돌보는 엄마나 주변 사람들이 딸랑이를 흔들어 관심을 끄는 용도로 쓰기도 하는데 아기가 조금 크면 더 이상 가지고 놀지 않는다. 그러나 아기는 익숙한 소리에 반응하기 때문에 걸음마를 시키거나 아이 관심을 끄는데 딸랑이를 활용하면 좋다.

아기들은 걷다가 넘어지면 스스로 일어난다. 세계 어느 아기나 크게 다르지 않고 어른들도 그러려니 한다. 그런데 요즘은 넘어지는 것을 걱정하는 것인지 아기가 걷기 시작하거나 그런 기미를 보이면 보행기를 사준다. 아기는 보행기에 앉아 이리저리 돌아다니며 즐거워하는데 이는 처음뿐이지 실상은 아기가 걷는 데 도움이 되지 못한다. 아기의 근육이 너무 약해 몸을 받칠 때 무리를 주어 발이 안쪽으로 돌아가게 만든다고 한다. 그래서 오랜 시간 보행기에 아기를 앉혀 두는 것은 생각해 볼 문제이다.

보행기에 앉혀 걷게 한다 해도 짧은 시간으로 한정하는 것이 좋다. 아기는 걷는 것 못지않게 넘어지는 것도 중요하다. 그런데 보행기에 탄 아이는 넘어지지 않아 혼자 걸을 때 자주 넘어져 결과적으로 늦게 걷게 된다. 엄밀하게 말

나무막대를 다리 사이에 끼우고 하는 죽마타기

하면 보행기는 아기를 돌보는 부모의 편의를 위한 것이지 아이 다리의 힘을 기르는 데 도움을 주는 도구가 아닌 셈이다. 인터넷에는 보행기를 너무 일찍 태워 배밀이를 못한다거나, 아기가 걷는 자세에 바르지 못한 결과로 나타났다는 기사가 많이 있으니 보행기를 사 주기 전에 미리 점검할 필요가 있다.

전통사회에서는 부모나 형들의 손을 잡고 걷게 했다. 서너 살이 되면 빗자루나 나무막대를 다리 사이에 끼고 죽마타기를 했다. '죽마고우'란 고사성어는 아주 어릴 적 함께 죽마를 타면서 자란 친구를 뜻한다. 성어로 널리 쓰이고 있다는 것은 누구든 걷게 되면 했던 놀이기 때문이다.

다리 사이에 낄 수 있는 적당한 크기면 어느 막대든 되고 장소나 시간, 규칙에 얽매이지 않아 어린아이들이 즐겨 했다. 김준근이 그린 그림을 보면 발가벗고 죽마 타는 모습을 볼 수 있다. 죽마 앞부분은 천으로 된 말머리 인형이 있는데 보통 막대와 구별하여 놀잇감이라는 것을 표시한 것이다. 아이들은 이런 말을 타면서 "말탄 대장 꺼덕 소탄 사람 꺼덕"이란 노래를 하면서 여기저기를 돌아다녔다. 걷기가 어느 정도 익숙해져야 이 놀이를 할 수 있다.

말 탄 대 장 꺼 - 덕
소 탄 사 람 꺼 - 덕

얼마 전까지 많이 놀았던 실전화놀이도 이 시기에 즐겨 하는 놀잇감 놀이다. 컵이나 대나무통 두 개를 실로 이어 말하고 듣기를 반복한다. 실을 타고 전해지는 목소리가 평소와 다르게 들려서 아이들이 재미있어한다. 실은 되도록 가늘어야 하고 팽팽하게 당겨져야 소리가 잘 들린다.

기차놀이도 끈만 있으면 쉽게 할 수 있는 놀이다. 긴 끈의 양 끝을 묶고 그 안에 들어가 줄을 잡고 여럿이 함께 움직이는 놀이로 어린아이부터 큰 아이까지 함께할 수 있는 놀이다. 집단 속에서 자기도 하나의 구성원으로 인정받는다는 것에 즐거워한다.

놀잇감을 가지고 노는 놀이는 어른에게 모든 보호를 받다가 갑자기 변화된 생활에서 느끼는 불안을 줄여주는 역할을 한다. 놀잇감을 가지고 놀면 노는 사람은 누군가 시키는 것을 단순히 따라 하는 게 아니라 자기 의지를 반영해야 한다.

아이들은 가정이라는 좁은 세상에서 넓고 낯선 세상으로 나아가려고 한다. 이런 불안한 상황에서 놀잇감은 자기를 확인하고 세상을 알아가며 나아가 동무들과 어울릴 힘을 얻게 하는 징검다리다. 그래서 아기의 발달단계에 맞는 적절한 놀잇감은 매우 중요하다.

놀이방법이 궁금해요

| 겨루는 재미 |

줄씨름

1) 둘이 마주 보고 서서 줄을 허리에 대각선 방향으로 감는다.
2) 자기 어깨 넓이만큼 다리를 벌린다.
3) 줄을 잡은 손만 사용하고 다른 한 손은 사용하지 않는다.
4) 발이 땅에서 떨어지거나 넘어지면 진다.

선씨름

1) 바닥에 선을 그어 경계를 만든다.
2) 두 사람이 경계선을 사이에 두고 오른발 바깥쪽을 마주 대고 서서 오른손을 맞잡는다. 왼발 바깥쪽을 마주 대고 왼손을 맞잡아도 된다.
3) 신호에 따라 서로 마주 잡은 손으로 밀거나 당겨 마주 댄 발이 땅에서 떨어지게 하거나 상대편을 넘어뜨리면 이긴다.
4) 다른 손으로 상대편을 밀거나 잡으면 그 사람이 진다.

돼지씨름

1) 지름 2m 정도의 원을 그리고, 그 안에 두 명이 들어간다. 여러 명이 함께할 때는 원을 더 크게 그린다.
2) 쪼그리고 앉아서 두 팔을 허벅지와 종아리 사이에 넣고 왼손은 오른쪽 발목을, 오른손은 왼쪽 발목을 잡는다.
3) 엉덩이를 들거나 두 발을 따로 움직여 걸으면 안 된다.
4) 모둠발로 뛰어서 엉덩이로 상대방을 밀어 넘어뜨리거나 원 밖으로 밀어내면 이긴다. 이때 발목 잡은 손이 풀어지면 진다.

오징어놀이

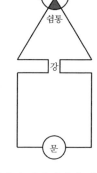

1) 놀이판을 그린다.

2) 인원은 8~10명이 적당하다.

3) 두 편으로 나누고 각 편의 대장이 가위바위보로 공
   격과 수비를 정하고, 공격은 놀이판 위쪽 머리에 수
   비는 놀이판 안쪽으로 들어간다.

4) 쉼통은 공격과 수비 모두의 쉼터로 두 발로 있을 수
   있다. 쉼통에서는 서로 공격하지 않는다.

5) 수비편 집은 놀이판 안이고 두 발로 있을 수 있다. 공격편이 들어가려면 외발로
   들어가야 한다. 단, 공격편이 강을 건너면 두 발로 다닌다.

6) 공격은 강을 건너면 어느 곳이든 두 발로 다닐 수 있다. 따라서 수비는 공격이 강
   을 넘지 못하도록 막아야 한다.

7) 다음의 경우에는 죽게 되어 놀이판 밖으로 나온다.

   - 수비, 공격 모두 손이 땅에 닿았을 때

   - 외발로 다니다가 든 발이 땅에 닿았을 때

   - 금을 밟았을 때

   - 상대 진영으로 끌려갔을 때

8) 상대편을 먼저 모두 죽이면 이기고, 공격편 누구든 수비 진영으로 들어가 찜통에
   발을 딛으면 남은 수비편 수와 상관없이 이긴다. 따라서 수비는 머리 부분도 잘
   지켜야 한다.

9) 수비가 공격에게 지면 다시 수비가 되어 시작하고 반대로 이기면 공격이 되어 다
   시 시작한다.

투호

1) 투호용 통(항아리, 쓰레기통, 분유통)을 준비한다. 통속에 모래나 흙을 넣으면 던진
   화살이 튀어나오지 않고 잘 꽂힌다. 또 통이 쓰러지지 않는다.

2) 투호용 화살은 일반 화살, 나무 막대(길이 50cm, 지름 1cm 정도), 나무젓가락, 바둑

알로 대체할 수 있다. 던질 수 있는 것이면 된다.

· 항아리, 쓰레기통 → 화살, 나무막대

· 분유통 → 나무젓가락, 바둑알

3) 던지는 선에서 통까지 거리는 보통 1.5m 정도로 하는데 나이에 따라 조정할 수 있다. 단, 놀이를 하다 안 들어간다고 거리를 조정하면 계속 가까워지므로 처음에 정한 거리를 지키는 게 좋다.

4) 한 사람씩 열 개의 화살을 던지는데 한 개가 들어가면 10점으로 계산한다.

5) 가장 많은 점수를 얻은 사람이 이긴다.

우물고누

1) 놀이판을 그린다.

2) 자기 말(바둑알, 지우개)을 두 개씩 준비한다.

3) 한 사람은 그림의 ㉠, ㉡에 다른 사람은 ㉢, ㉣에 놓는다.

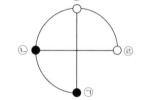

4) 가위바위보를 해서 누가 먼저 할지 정한다.

5) ㉠과 ㉣ 사이는 건너뛸 수 없고, 처음 시작할 때 ㉠이나 ㉣에 있는 말은 먼저 움직일 수 없다. 움직이면 바로 놀이가 끝나므로 시작할 때는 ㉡, ㉢을 움직여야 한다. 그래서 '우물고누 첫 수'란 말은 우물가에 있는 ㉠, ㉣의 말을 처음에 움직이면 무조건 이기게 되므로 '당연하다' '이치에 맞다'는 뜻을 갖는다.

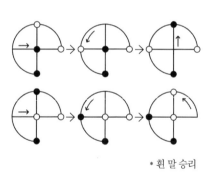

* 흰 말 승리

6) 자기 차례가 되었을 때 말을 움직이지 못하면 진다.

호박고누

1) 놀이판을 그린다.

2) 자기 집에 말을 3개씩 놓고 시작한다.

3) 가위바위보를 해서 누가 먼저 할지 정한다.

4) 자기 차례가 되면 선을 따라 한 칸씩 움직인다.

5) 원 안에서는 선을 따라 마음대로 움직일 수 있지만 자기 집에서 처음 있던 자리나 상대방 집으로는 들어갈 수 없다.

6) 자기 차례가 되었는데 말을 움직이지 못하면 진다.

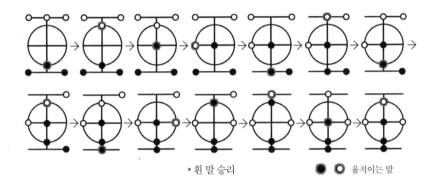

* 흰 말 승리　　　●　○ 움직이는 말

넉줄고누

1) 놀이판을 그리고 각자 말을 4개씩 준비한다.

2) 서로 번갈아 하는데 방향(앞,뒤,좌,우)과 상관없이 한 번에 여러 칸 갈 수 있고, 한 칸씩 갈 수도 있다.(시작하기 전에 정한다.)

3) 자기의 말을 움직여 말 사이에 끼어 있는 상대방 말을 따 먹는다. 단 모서리에 있는 말은 어느 한쪽에서 밀면 따먹을 수 있다.

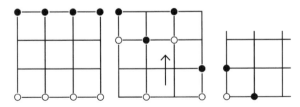

패랭이고누

1) 고누판에 여섯 개씩 말을 올려놓는다.

2) 차례를 정하고, 번갈아 가면서 말을 움직인다.

3) 자기 말 중 하나를 골라 열 칸을 간다. 열 번째 칸에 상대편 말이 있으면 그 말을 먹는다. 이동 방향은 왼쪽이나 오른쪽 모두 갈 수 있다.

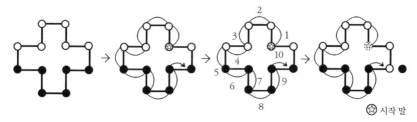

⭐ 시작 말

4) 움직이려고 집은 말은 반드시 움직여야 하며, 만약 열 번째 칸에 자기 말이 있으면 처음 있던 곳에 다시 내려놓고, 기회는 상대편에게 넘어간다. 따라서 말을 집기 전에 어디로 움직일지 눈으로 확인하고 말을 집어야 한다.

5) 상대편 말을 모두 먹으면 이긴다.

참고누

1) 말을 12개씩 준비한다(모두 24개). 표식말(꼰이 되었을 때 놓을 말)도 대여섯 개 준비한다.

○ ○ ○ ○ ○ ○ ○ ○ ○ ○ ○ ○

● ● ● ● ● ● ● ● ● ● ● ●   ● ● ● ● ● ● 표식말

2) 차례를 정하고 이긴 사람부터 고누판의 ●있는 곳에 말을 한 개씩 번갈아 놓는다.

3) 말을 놓다가 자기의 말 3개가 연속해서 놓이면 '꼰'이라고 외치고, 상대편 말 중 하나를 먹는다. 그 자리에는 어떤 말도 놓을 수 없으므로 표식말을 올려놓는다.

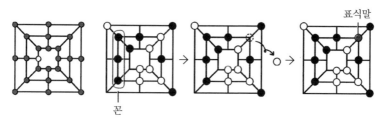

표식말

꼰

4) 더 이상 말을 놓을 곳이 없을 때까지 계속한다.

5) 모든 칸을 채우고 나면, 표식말을 떼어낸다.

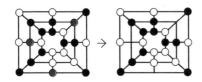

6) 표식말을 떼어내고부터는 빈 곳으로 말을 움직여서 '꼰'이 되면, 상대편 말 중 하나를 먹을 수 있다.

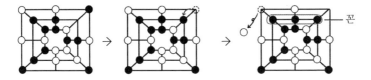

7) 자기 차례가 되었는데 움직일 말이 한 개도 없으면 한 차례 쉰다.

8) 쌍꼰이 되어도 상대편 말 한 개만 따먹는데, 놀이 시작 전에 2개씩 따먹기로 정할 수도 있다.

9) 상대 말이 2개 남으면 이긴다. 두 개로는 '꼰'을 만들 수 없기 때문이다.

| 자기를 표현하는 재미 |

닭살이

1) 인원은 10명 정도로 하고 닭과 살쾡이를 한 명씩 정한다.

2) 나머지는 울타리 역할을 맡는다. 울타리는 닭 주변에 쓰러져 있는다.

3) 살쾡이가 닭에게 말을 걸면 놀이가 시작된다.

4) 살쾡이의 말에 닭은 뻔한 거짓말인 줄 알면서도 닭장을 고쳐 주면 달걀을 주겠다고 한다.

5) 살쾡이가 쓰러져 있는 울타리를 하나씩 힘겹게 세운다.

6) 울타리를 세우고 닭에게 달걀을 달라고 한다. 닭은 핑계를 대고 못 주겠다고 한다.

7) 살쾡이는 속은 것이 분해서 닭을 잡으러 달려든다.

8) 튼튼하게 세워진 울타리가 닭을 지킨다. 울타리를 뚫고 들어오면 닭이 밖으로 도 망치고 다시 들어오고 나가기를 반복한다.

9) 살쾡이가 닭을 잡으면 역할을 정해 다시 한다.

쥐와 고양이

1) 인원은 10명 정도로 하고 쥐와 고양이를 한 명씩 정한다.

2) 나머지는 손을 잡고 둥글게 서서 울타리를 만든다.

3) 쥐는 울타리 안에서 고양이는 밖에서 시작한다.

4) 울타리는 손을 올리거나 내리면서 쥐는 드나들게 하고 고양이는 막는다.

5) 고양이가 쥐를 잡으면 끝나고 다시 역할을 정해서 논다.

소꿉놀이

1) 나이가 많은 사람이 중심 인물이 된다.

2) 중심 인물은 엄마, 아빠이고 주변 인물은 아기나 옆집 어른이 된다.

3) 주변에 있는 물건이나 자연물을 활용한다.

4) 밥 짓기를 비롯해 출근하기, 아기 보기를 본따서 논다.

5) 대화도 역할에 따라 적절히 구사한다.

6) 어느 정도 시간이 지나면 역할을 바꿔서 하기도 한다.

경찰과 도둑

1) 인원은 4명 이상으로 하고, 경찰과 도둑 두 편으로 나눈다.

2) 감옥으로 쓸 장소를 정한다.

3) 경찰은 감옥을 거점으로 한다.

4) 놀이가 시작되면 경찰이 감옥 앞에서 100까지 세고 도둑을 잡으러 간다.

5) 도둑들은 경찰이 수를 세는 동안 흩어져 적당히 숨을 곳을 찾는다.

6) 경찰이 도둑을 손으로 치면 잡은 것으로 인정한다.

7) 잡힌 도둑은 감옥에 갇히고 안 잡힌 도둑이 잡힌 도둑을 손으로 쳐 주면 풀려난다.

8) 경찰이 감옥만 지킬 수도 있어서 미리 '감옥 지키기 없기'라는 규칙을 두기도 한다.

9) 도둑이 찾기 어려운 곳으로 들어가면 놀이가 지루해져서 '~ 들어가기 없기'란 규칙을 두기도 한다.

10) 경찰이 도둑을 다 잡으면 역할을 바꿔서 다시 한다.

도둑잡기

1) 편을 나눠 하는 경우

① 가위바위보로 경찰과 도둑 두 편으로 나눈다.

② 도둑은 자유로이 적당한 곳에 숨고 경찰은 수숫단 등을 허리에 차고 경찰 흉내를 내면서 범인을 찾아 붙잡아 온다.

③ 경찰 가운데 한 사람이 재판관이 되어 도둑의 죄를 묻고 다스리는 놀이다.

④ 경우에 따라서는 행상인, 경찰관, 도둑 등 세 편으로 나눠 행상인의 물건을 도둑이 훔쳐 감추고 행상인은 경찰관에게 신고한다. 그러면 경찰관이 도둑을 잡아 조사하거나 포박, 설득하는 흉내를 내며 놀기도 한다.

2) 도둑을 정해서 하는 경우

① 가위바위보로 임금 한 명, 하인 여러 명, 백성, 개를 정하고 마지막 남은 한 명을 도둑으로 정한다.

② 백성들은 자는 척하고, 도둑만 일어나 주변을 살펴보고 솥을 훔친다.

③ 이때 개가 맹렬하게 짖어대므로 모두 놀라 일어나 한바탕 소동을 벌이고 임금에게 도둑이 들었음을 호소한다.

④ 임금은 하인과 함께 도둑이 도망간 곳을 알아보고 장터에 하인을 보낸다.

⑤ 시골 장터에서 도둑이 솥을 팔려고 할 때 하인이 도둑을 잡아온다.

⑥ 임금이 조사하여 훔친 솥이 분명해지면 죄의 경중에 따라 처벌하는데 되도록 부드럽게 충고하고 추방한다.

포수놀이

1) 사람 수만큼 종이(가로 5cm, 세로 8cm 정도)를 준비한다.

2) 종이에 역할을 쓰는데 '왕'과 '포수'는 꼭 쓰고, 돼지, 토끼, 곰 같은 여러 동물 이름을 쓴다.

3) 글씨가 보이지 않게 종이를 접어 섞은 뒤 흩어 뿌리고 저마다 종이를 한 장씩 집는다.

4) 종이에 쓰여진 것은 자기만 본다.

5) 왕은 자리를 잡은 뒤 자기가 왕임을 선언하다.

6) 왕 흉내를 내며 포수를 부른다. "포수야, 포수야! 이리 오너라."

7) 포수는 공손하게 머리를 조아리며 "전하 부르셨습니까?" 하고 나선다.

8) 왕은 포수에게 이유를 대며 특정한 동물을 잡아 오라고 명령을 내린다.

　(예: 오늘은 삼겹살이 먹고 싶으니 돼지를 잡아 오너라.)

9) 포수는 왕의 명령대로 동물을 찾는다. 이때 다른 사람들은 포수가 찾지 못하게 이런저런 흉내를 내며 시치미를 뗀다.

10) 포수는 왕이 말한 동물을 잡아 왕에게 데려간다.

11) 왕은 잡혀 온 사람의 종이를 달라고 해서 본 다음 명령을 내린다. 제대로 잡아 왔으면 잡혀 온 사람을 벌주고 그렇지 않으면 포수를 벌준다.

12) 벌칙은 왕이 심부름을 시키거나 엉덩이로 이름 쓰기 같은 간단한 것으로 한다.

13) 종이를 다시 걷어서 처음과 같이 한다.

수박따기

1) 가위바위보로 술래 한 명(수박 따는 사람)을 정한다.

2) 술래를 빼고 나머지는 가위바위보로 할머니를 뽑는다.

3) 나머지는 모두 앞사람의 허리를 잡고 길게 늘어선다.

4) 준비가 되면 수박 따는 사람이 할머니에게 수박을 따겠다고 한다.

5) 할머니는 '수박씨를 이제 심었다, 이제 싹이 났다, 이제 수박이 손톱만큼 컸다' 하면서 올 때마다 수박의 성장 과정을 표현한다. 그러면 수박을 따러 온 사람은 다

른 곳에서 잠깐 시간을 보내다가 다시 오기를 반복한다. 그사이 할머니와 수박은 재미있게 논다.

6) 할머니가 수박을 따도 된다고 하면 수박을 따 간다.

7) 수박은 맨 끝을 따는데, 넝쿨로 묶여 있어서 잘 떨어지지 않는다. 수박이 된 사람들은 잘 떨어지지 않는 흉내를 낸다.

8) 맨 끝 수박을 따면 어디론가 가지고 가서 감추어 놓고 다시 수박을 따러 간다.

9) 또 따러 왔다고 하면서 적당한 이유를 대고 수박 따가기를 반복한다.

10) 수박을 모두 따면 할머니가 수박을 찾으러 가서 숨겨 놓은 수박을 다 찾으면 놀이가 끝난다.

| 운에 기대는 재미 |

어미새끼

1) 인원은 2명씩 짝을 지어 두세 쌍 정도가 적당하다.

2) 2명 중 한 명은 어미가 되고 한 명은 새끼가 된다.

3) 어미와 새끼를 정하면 목표 지점을 정하는데 될 수 있으면 멀리 정하는 것이 좋다.

4) 주먹과 가위, 보자기에 따라 몇 발자국 뛸지 정한다. 보통 주먹 한 발, 가위 세 발, 보자기는 다섯 발로 한다.

5) 어미는 어미끼리 모여서 가위바위보를 준비하고, 새끼는 출발선에 선다.

6) 어미들이 가위바위보를 해서 이기면 자기 새끼에게 뛸 발짝 수를 알려준다. 어미가 3명일 경우 2명이 이기면 2명의 새끼가 뛸 수 있도록 하는 것이 좋다.

7) 위와 같이 반복해서 자기 새끼가 목적지를 돌아오게 한다.

8) 새끼가 돌아온 편은 새끼가 가위바위보를 하고 어미가 뛴다.

9) 어미와 새끼 모두가 목적지를 돌아 먼저 오면 이긴다.

윷놀이

1) 윷가락, 말, 말판, 놀이판(윷 던지는 멍석)을 준비한다.

2) 던진 윷의 모양에 따라 도, 개, 걸, 윷, 모가 정해진다. 윷과 모는 한 번 더 놀 수 있다.

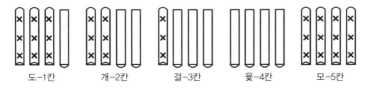

도-1칸 개-2칸 걸-3칸 윷-4칸 모-5칸

3) 한 편에 보통 4개의 말(넉 동)을 갖고 시작하고 윷을 던져 나오는 끗수만큼 말을 옮긴다.

4) 자기편 말이 있는 곳에 말이 또 하나 오면 업어서 함께 움직일 수도 있다. 업은 개수에 따라 두동사니, 세동사니, 넉동사니라고 한다.

5) 던지는 끗수에 닿는 밭에 상대편 말이 있으면 그 말을 잡고, 한 번 더 할 수 있다.

6) 놀이판 밖으로 윷이 나가면 낙(落)이라 하여 말을 놓지 않기도 한다.(시작하기 전에 정한다.)

7) 출발점에서 시작하여 한 바퀴를 돌아 상대편 말보다 먼저 4개의 말이 모두 나오면 이긴다. 나오는 길은 한 바퀴 돌아 나기(ABCDA 21밭), 반 바퀴 돌아 나기(ABEDA, ABCEA 17밭), 1/4 바퀴 돌아 나기(ABEA 12밭)가 있다.

승경도

1) 둘이 놀거나 4~8명이 편을 나눠 놀기도 한다.

2) 관직이 적힌 놀이판은 기름먹인 종이(가로 40cm × 세로 2m 안팎)로 만든다. 각 칸은 300여 개로 나뉘어져 있는데 칸

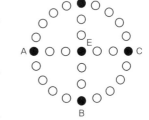

윤목

마다 큰 글씨로 관직을 써놓았고, 그 아래는 다시 5개의 칸으로 나눠 작은 글씨로 관직을 써놓았다.

3) 구르는 나무란 뜻의 윤목(輪木)이 필요하다. 윤목은 손에 쥘 정도의 크기인데 5각

기둥의 모서리를 파서 1~5까지 표시한 것으로 끗수를 알 수 있는 일종의 주사위다.

4) 말은 일정한 형태가 없으나 구별되도록 표시하는데 크기보다는 색깔을 달리해 구분한다.

5) 놀이가 시작되면 첫 번째 결과에 따라 신분이 결정되기 때문에 가장 중요하다. 신분은 크게 유학, 진사, 무과, 문과, 은일로 가장 낮은 출신이 유학이고 가장 높은 출신은 숨어 지내는 선비를 뜻하는 은일이다.

첫번째	1(도)					2(개)					3(걸)					4(윷)					5(모)				
	유학					진사					무과					문과					은일				
두번째	1	2	3	4	5	1	2	3	4	5	1	2	3	4	5	1	2	3	4	5	1	2	3	4	5
	도	개	걸	윷	모	도	개	걸	윷	모	도	개	걸	윷	모	도	개	걸	윷	모	도	개	걸	윷	모
	진사	무과	문과	은일		참봉	문과	감찰	교관		직장	부장	별검	선전관		사복내승	주서	부정	전적		시직	한림	익찬	돈령도정	

6) 자기 차례가 되면 윤목을 굴려 나온 숫자만큼 이동한다.

7) 누가 먼저 끝까지 올라가는가를 겨루는데 문관의 경우 사패장까지, 무관의 경우 도원수까지 올라가서 은퇴하면 놀이가 끝난다. 문관의 가장 높은 관직을 보면 아래 표와 같다.

부원군					우의정					좌의정					영의정					사패장				
1	2	3	4	5	1	2	3	4	5	1	2	3	4	5	1	2	3	4	5	1	2	3	4	5
도	개	걸	윷	모	도	개	걸	윷	모	도	개	걸	윷	모	도	개	걸	윷	모	도	개	걸	윷	모
우의정		좌의정	판중추	영의정	부원군			좌의정	영의정	우의정		영의정	사패장		우의정		좌의정	사패장		영의정				퇴

남승도

1) 둘이 놀거나 4~8명이 편을 짜서 놀기도 한다.

2) 놀이판은 전국의 명승지가 적혀 있다.

3) 놀이가 시작되면 첫 번째 결과에 따라 신분이 결정되기 때문에 가장 중요하다. 신분은 낮은 차례로 미인, 어부, 스님, 도사, 한량, 시인이다.

1	2	3	4	5	6
미인	어부	스님	도사	한량	시인

4) 윤목을 던져서 출발점을 정한다. 가령 1이 나오면 종암, 2는 천축, 3은 남한, 4는

용문, 5는 청심, 6은 신륵에 말을 놓고 차례를 기다린다.

5) 차례대로 자기 출발점에서 윤목의 숫자대로 이동한다. 즉 남한산에 말이 놓였는데 다음번에 윤목을 굴려 나온 숫자에 따라 인천, 지지, 조피, 탄금, 한벽, 처인으로 이동하는 식이다. 지지는 한 번 쉬는 것이고, 조피는 안성의 조피산, 탄금은 충주의 탄금대, 한벽은 제천의 한벽정, 처인은 용인의 처인성을 말한다.

광주/남한산					
1	2	3	4	5	6
인천	지지	조피	탄금	한벽	처인

여기에서 중요한 것은 명승지가 어디에 있는지 알아야 말을 움직일 수 있다는 것이다. 한벽이 나왔다면 제천 의림지와 함께 있는 한벽정을 찾아 그곳에 말을 놓아야 한다.

6) 경기도를 거쳐 충청도, 경상도, 전라도를 돌다가 강원도를 축으로 북한의 명승지를 유람하고 마지막에 서울에 먼저 도착하는 사람이 이긴다.

뱀주사위놀이

1) 놀이판, 주사위 1개. 서로 구분되는 말(인원 수 만큼)을 준비한다.

2) 가위바위보나 주사위를 던져서 차례를 정한다.

3) 주사위를 던져서 나온 수만큼 말을 옮긴다.

4) 도착한 곳이 고속도로가 시작되는 곳이면 위로 올라가고, 뱀 꼬리에 닿으면 꼬리를 타고 뱀 머리 쪽으로 내려간다.

5) 주사위를 던져 상대방 말이 있는 곳에 가게 될 경우 어떻게 할 것인지 정한다.

　① 상대방 말이 있는 자리에 말을 놓을 수 있다.

　② 상대방 말을 잡을 수 있고, 잡힌 말은 처음부터 다시 시작한다. 단, 말을 잡는다고 또 하지는 않는다.

6) 말이 100까지 먼저 도착하면 이긴다.

고무줄놀이

1) 2명이 고무줄을 잡아 줘야 해서 적어도 3명이 있어야 한다. 나무나 기둥에 고무줄을 매어 놓고 둘이 하거나 편을 짜서 할 수도 있다.

2) 노래나 줄의 형태(외줄 또는 양끝을 묶은 줄)에 따라 놀이방식이 달라진다. 양끝을 묶어 긴 타원형으로 만들거나 세 명이 삼각형 모양으로 고무줄을 잡아 할 수도 있다.

3) 닿지 않고 넘기, 낮은 곳에서부터 점차 높여가며 재주 겨루기, 계속 돌면서 뛰거나 넘기를 주로 한다.

4) 외줄로 많이 하는데 여러 가지 발동작과 기술이 필요하다. 줄의 높이는 보통 발목→장딴지→무릎→엉덩이→허리→가슴→입→머리→만세(두 손을 높이 쳐들고 고무줄을 잡는 것) 차례로 한다.

5) 동작을 할 때 노래 박자를 맞추지 못하거나 밟아야 할 때 줄을 못 밟으면 죽는다. 또 줄을 건드리는 경우에도 죽고, 죽은 사람은 줄을 잡고 있어야 한다.

6) 편을 먹고 할 경우 죽은 사람을 살려 줄 수 있는데, 그 방법은 죽은 사람의 몫을 대신 해주는 것이다.

달팽이놀이

1) 두 편으로 나누고 한 편은 4~5명 정도가 적당하다.

2) 가위바위보를 해서 안쪽과 바깥쪽 중 어디를 집으로 할지 정한다.

3) 시작 신호와 함께 안쪽은 바깥쪽으로, 바깥쪽은 안쪽으로 뛰어나간다.

4) 뛰어가다가 상대편과 만나면 가위바위보를 한다.

5) 이기면 진행 방향으로 계속 가고, 지면 자기 집으로 돌아간다. 이때 진 사람은 선을 무시하고 자기 집으로 빨리 되돌아간다.

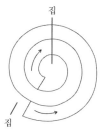

6) 대기하고 있던 사람은 자기편이 지면 빨리 뛰어나가서 달려오는 상대편과 가위 바위보를 한다.

7) 이와 같은 방식을 되풀이하여 상대편 집으로 먼저 들어가면 이긴다.

떡장수놀이

1) 가위바위보로 술래를 한 명 정한다.

2) 달팽이 놀이판을 그리고 안쪽은 집, 바깥쪽 입구는 가게 라고 한다.

3) 술래는 떡이 될 만한 것(깡통이나 페트병)을 준비하여 가 게에 놓아두고, 나머지는 집에 들어가 대기한다.

4) 술래가 아닌 사람들은 집에서 문(나뭇가지나 돌로 표시)을 열고 가게를 향해 줄지 어 나간다.

5) 가게 앞에 도착하면 앞사람과 술래가 떡을 살 것인지 말 것인지 흥정한다. 이때 뒤에 있는 사람은 거들면서 분위기를 돋운다.

6) 술래는 '많이 주겠다, 싸게 주겠다, 맛있다' 같은 이유를 들어 팔려고 하고 사는 사 람은 '냄새 난다, 너무 비싸' 같은 핑계를 떡을 발로 찰 기회를 노린다.

7) 한참 흥정하다가 떡을 발로 차 멀리 보내고 자기 집으로 줄지어 도망간다.

8) 술래는 떡을 가게에 가져다 놓고 사람들을 잡으러 간다.

9) 집에 들어오면 문을 닫아야 한다. 들어가기 전에 술래에게 차이면 술래가 되고, 또 문을 닫아 버려 못 들어가서 차이면 술래가 된다.

10) 술래가 집 안으로 들어오면 모두 차여서 술래를 빼고 다시 술래를 정한다.

그네뛰기

1) 적당한 나무에 그네를 매고, 그네 앞의 나뭇가지 또는 꽃가지를 목표물로 정해 그 것을 발끝으로 차거나 입에 무는 것으로 내기를 한다.

2) 그네 앞 장대에 매단 방울을 발로 차서 소리를 울리게 하는 '방울 차기'가 있는데 그네를 뛰어 높이를 재는 방법이다.

3) '자로 재기'는 그네줄 앉을개(발판)에 긴 자줄을 매달아 그네가 높이 올라갔을 때 줄의 정지 지점에서부터 공중으로 몇 미터 올라갔는지 재는 것으로, 요즘 나온 방법이다.

널뛰기

1) 널판 양쪽에 한 사람씩 올라서고 널판 가운데에는 한 사람이나 두 사람이 올라앉아 널판이 움직이지 않게 한다. 만약 뛰는 사람의 몸무게가 차이 나면 가벼운 쪽으로 널판을 길게 한다.
2) 무릎을 굽히며 모둠발로 널판을 구르는데 처음에는 천천히 뛰기 시작한다.
3) 자기 힘으로 튀어 오르는 것과 상대방의 힘을 이용하는 것이 조화를 이뤄야 제대로 뛸 수 있다.
4) 단순히 오르고 내리기에서 익숙해지면 무릎을 곧추 펴거나 두 다리를 앞뒤나 옆으로 벌리는 등의 다양한 동작을 하기도 한다.

대말타기

1) 나무(대나무)로 길이 2~3m, 굵기는 지름 4~5cm 정도 되도록 막대기를 2개 준비한다.
2) 막대기 아랫부분에 발을 올려놓을 수 있게 나무토막을 대고 단단하게 못을 박거나 노끈으로 묶어 발판을 만든다.
3) 발판의 높이는 보통 바닥으로부터 30~50cm 정도로 하고 더 높일 수도 있다.
4) 완성되면 올라타서 떨어지지 않도록 하고 돌아다니며 논다.
5) 혼자할 때는 뒤로 가기, 껑충껑충 뛰기를 하고 익숙해지면 아래와 같은 방법으로 겨루기도 한다.
   - 목표 지점을 정해서 돌아오기
   - 편을 나누어 계주 형식으로 겨루기
   - 누가 오랫동안 내려오지 않고 걸어가는지 겨루기

비행기 낙하산

1) 인원은 5~6명이 적당하다.

2) 술래를 정하고 나머지는 늑목 한 칸에 한 명씩 땅에 발을 딛고 선다.

3) 술래는 늑목에서 3~4m 정도 거리를 두고 선다.

4) 준비가 되면 술래가 큰 소리로 주문(비행기 또는 낙하산)을 외친다.

5) 나머지는 술래의 주문에 따라 동작을 해야 한다.

   -비행기: 늑목 꼭대기까지 올라가서 술래 손에 닿지 않아야 한다.

   -낙하산: 땅에 발을 딛고 있어야 한다.

6) 술래는 주문을 외치고 늑목으로 뛰어간다.

7) 술래의 주문을 제대로 하지 못해 술래에게 차이면 그 사람이 술래가 된다. 아무도 못 차면 다시 술래가 되어 놀이한다.

8) 늑목이 높으므로 '비행기' 주문을 했을 때 술래가 몇 칸까지 올라가서 칠 수 있는지를 미리 정한다.

| 익숙해야 느끼는 재미 |

자치기

1) 어미자와 새끼자를 준비하고, 구멍은 어미자로 새끼자 정도의 깊이만큼 판다.

2) 시작하기 전에 500자 또는 1000자를 먼저 내는 사람이 이긴다고 정한다.

3) 각 단계를 통과(자수를 낸 사람)하면 다음 단계로 가고 통과하지 못하면 탈락한다.

4) 1단계 - 공격자가 구멍 위에 새끼자를 걸쳐 놓고 어미자로 걸어 올릴 채비를 하면 수비자들은 앞쪽 여기저기에서 새끼자 받을 준비를 한다. 공격자가 어미자로 새끼자를 들어 올려 멀리 보낸다. 이때 수비가 공중에서 새끼자를 잡으면 공격자는 죽는다. 새끼자를 받지 못하면 새끼자가 떨어진 곳에서 구멍을 향해 던지는데, 그 때 공격자는 어미자를 구멍에 걸쳐 놓아야 한다. 수비가 던진 새끼자가 구멍에 들어가거나 어미자를 맞히면 공격자는 죽는다. 새끼자가 구멍에서 한 자('자'는 어미

자를 기준으로 잰다) 안쪽으로 떨어져도 공격자는 죽는다.

5) 2단계 - 공격자는 구멍 안에 새끼자를 비스듬하게 걸쳐 놓고, 어미자로 그 끝을 쳐서 공중으로 올린 다음 다시 어미자로 힘껏 쳐서 멀리 보낸다. 이때 수비가 새끼자를 잡으면 공격은 죽는다. 새끼자가 땅에 떨어지면 그 자리에서 다시 구멍으로 던진다. 이때 공격은 날아오는 새끼자를 어미자로 친다. 헛치면 죽고 맞아서 날아가 땅에 떨어지면 그곳까지 어미자로 자수를 잰다. 1단계를 제외하고 나머지 단계에서 모두 새끼자를 던지면 어미자로 치는 것은 같다.

6) 공격자가 성공하면 눈으로 거리를 측정하여 '20자'라고 했을 때 수비자가 맞다고 판단되면 '20자 먹어'라 하고, 안 될 것 같으면 '재'라고 한다. 길이를 재라고 했을 때 '20자'가 안 되면 공격자가 죽고 '20자'가 충분히 되면 재는 수고를 끼쳤다고 두 배인 '40자'를 얻는다.

7) 3단계(양손 치기) – 한 손으로 새끼자를 잡았다가 떨어뜨리면서 어미자로 쳐서 멀리 보내고 뒷부분은 2단계와 같다.

8) 4단계(한손 치기) – 한 손으로 새끼자와 어미자를 같이 잡고 있다가 새끼자를 공중에 띄운 다음 떨어지는 새끼자를 쳐서 멀리 보내고, 그 뒤는 2단계와 같다.

9) 5단계(한 번 치고 날리기), 6단계(돌려치고 날리기), 7단계(다리 사이로 치고 날리기)를 비롯하여 단계가 높아질수록 난이도가 높아진다. 지역에 따라 차례가 바뀌기도 하며 중간 단계를 생략하기도 한다.

다섯 알 공기

1) 한 알 집기: 한 알을 위로 던지고 바닥에 있는 공기알을 집은 다음 떨어지는 공기를 잡는다. 이와 같이 바닥에 있는 공기를 하나씩 모두 집으면 한 알 집기가 끝난다.

2) 두 알, 세 알, 네 알 집기: 한 알 집기와 같은 방법으로 집는 돌의 수만 다르다.

3) 고추장: 네 알을 손안에 넣은 상태에서 한 알을 위로 올리고 검지로 바닥을 찍고 '고추장' 하면서 떨어지는 한 알을 받는다.

4) 된장: 손안에 있는 다섯 알을 모두 위로 올리고 엄지 빼고 네 손가락을 모아 바닥

을 훑듯이 짚은 다음 '된장' 하면서 떨어지는 모든 공기알을 받는다.

5) 꺾기: 다섯 알을 모두 손등에 올린 다음 위로 띄워서 아래로 낚아채듯 잡는다.

6) 동나기: 꺾기에서 받은 알의 개수가 '나이'가 된다. 즉 세 알을 받으면 세 동이 되는데, 받은 만큼 계속 쌓인다. 따라서 처음에 몇 동 내기를 할 것인지 정하고 그 나이를 먼저 해낸 사람이 이긴다.

7) 열 살에 죽으면 다음번에는 열 살부터 시작한다.

8) 잡다가 주변의 공기알을 건드리면 죽는다.

9) 꺾기에서 손등에 올린 것을 모두 잡지 못하면 죽는다.

많은 공기

1) 공깃돌을 100~200개가량 준비하고 바닥에 흩어 놓는다.

2) 개인 놀이로 하기도 하고 편을 나눠 할 수도 있다.

3) 바닥에 있는 공깃돌 여러 개를 모아서 한 손으로 잡아 꺾기 하듯이 손등에 올려 많이 얹은 사람이 먼저 시작한다.

4) 흩어져 있는 공깃돌을 3)번처럼 손등에 올리고 몇 개가 얹히든 다시 공중으로 띄우고 내려오는 것 중에 한 개만 받는다. 이때 한 개도 올리지 못하면 죽는다.

5) 받은 돌 한 개를 위로 올리고 바닥에 있는 공깃돌을 집을 수 있는 만큼 집는다. 이때 다른 돌을 건드리면 죽는다. 손안에 있는 것이 자기의 돌이 된다.

6) 성공했으면 딴 돌 가운데 한 개를 집어 5)의 과정을 되풀이해서 공깃돌을 딴다.

7) 바닥에 있는 공깃돌이 없어질 때까지 계속하고 많이 딴 사람이 이긴다.

8) 익숙해지면 '세 알 이상 집기'처럼 집어야 할 개수를 정하기도 한다.

제기차기

1) 땅강아지(맨제기): 제기차기의 가장 기본으로, 제기를 차올려 제기가 공중에 머무를 동안 땅에 발을 딛고 있다가 내려오면 다시 차올린다.

2) 헐렁이: 땅에 발을 딛지 않고 계속 차는 것이다.

3) 양발차기: 오른발과 왼발을 번갈아 차는 것으로, 발 안쪽이나 바깥쪽 어느 쪽으로

차도 상관없다.

4) 종드리기 방법

① 진 사람이 세 걸음쯤 떨어진 곳에서 이긴 사람 발쪽으로 제기를 던져 준다.

② 제기를 발로 차면 또 종을 드려야 한다. 헛발질을 하거나 찬 제기를 수비가 받으면 종드리기가 끝난다.

③ 이긴 사람이 제기를 발로 찬 다음 손으로 잡고 멀리 뛰어가서 다시 제기를 차면 그 개수만큼 종드리기를 더 받을 수 있는데 이를 '새끼치기'라고 한다.

쌩쌩이

1) 실, 단추(구멍 2개 이상 뚫린 것), 가위를 준비한다.

2) 대각선으로 마주 보는 단추 구멍에 실을 넣고 끝을 묶는다.

3) 실 양쪽 끝을 엄지에 걸친 다음 단추를 실 가운데에 놓는다.

4) 실을 한쪽 방향으로 돌리면 가운데 있는 단추가 돌아가면서 실이 꼬인다.

5) 실이 어느 정도 꼬였을 때 양쪽으로 잡아당기면 실이 풀리면서 단추가 돌아간다. 손을 움직이지 않거나 실을 급하게 잡아당기면 단추가 돌다가 멈춰 버린다.

6) 천천히 실을 당겼다 놔주기를 반복하면 단추가 돌아가면서 '붕붕' 소리를 낸다.

비석치기

1) 넓적한 돌 또는 나무토막으로 자기 손바닥만 한 크기의 망(비석)을 준비한다.

2) 5~6m 거리를 두고 수평이 되게 두 줄을 긋는다.

3) 편을 나눈 뒤 각 편의 대장이 가위바위보로 공격과 수비를 정한다.

4) 진 편은 한쪽 줄에 망을 세워 놓고 이긴 편은 마주 그은 줄에서 자기 망을 던져 상대편 망을 쓰러뜨린다.

5) 맞추면 계속 던져 남은 비석을 쓰러뜨릴 자격이 있고 맞추지 못하면 그 단계에서 죽게 된다.

* 비석치기 단계

① 던지기 : 선 채로 그냥 던져서 맞춰 쓰러뜨린다. 한 발 뛰어 발로 망 밟고 집어서

던지기/ 두 발, 세 발도 같다.

② 세 발 뛰어차기 : 망을 던져 놓고 세 발을 뛴 다음 네 발째 차서 쓰러뜨린다.

③ 발등(도둑발) : 망을 발등 위에 올려놓고 가서 망으로 쓰러뜨린다. 오른발, 왼발 모두 한다.

④ 발목(토끼뜀) : 망을 발목 사이에 끼워놓고 깡충깡충 뛰어가서 발목에 낀 채로 망을 앞으로 던져 비석을 쓰러뜨린다.

⑤ 무릎(오줌싸개) : 망을 무릎 사이에 끼우고 걸어가 쓰러뜨린다.

⑥ 가랑이(똥꼬) : 앞에서 보았을 때 망이 보이지 않도록 망을 가랑이 사이에 끼워 걸어간다. 비석 가까이에서 뒤돌아선 다음 망을 비석 위에 떨어뜨려 쓰러뜨린다.

⑦ 배(배사장) : 망을 배 위에 올려놓고 가서 망을 떨어뜨려 쓰러뜨린다.

⑧ 신문팔이 : 망을 겨드랑이에 끼우고 가서 쓰러뜨린다.

⑨ 어깨(훈장) : 어깨 위에 망을 올려놓고 가서 쓰러뜨린다. 양 발 모두 한다.

⑩ 머리(떡장수) : 머리 위에 망을 올려놓고 가서 쓰러뜨린다.

⑪ 장님(봉사) : 망을 던진 뒤 눈을 감고 걸어가 망을 찾아 눈을 감은 채로 던져 쓰러뜨린다.

6) 가는 도중에 망을 땅에 떨어뜨리거나 비석을 쓰러뜨리지 못하면 죽는다.

7) 단계가 점차 올라가서 먼저 장님까지 통과하면 이긴다.

굴렁쇠

1) 굵은 철사나 자전거 테를 이용해서 굴렁쇠를 만들고 철사 끝을 구부리거나 좁은 막대기로 굴렁대를 만든다.

2) 굴렁쇠가 넘어지지 않도록 굴렁대로 조정하면서 앞으로 나아간다. 이때 넘어지려는 방향으로 틀어야 넘어지지 않는다.

3) 여럿이 굴릴 때에는 기차놀이라고 하여 한 줄로 늘어서서 왼손으로 앞사람 허리춤을 잡은 채 굴리기도 한다.

4) 편을 나누어 일정한 거리를 두고 이어달리기 하는 방법도 있다.

망차기

1) 2명이 하기도 하고 여러 명일 경우 편을 나눠 한다.

2) 1번 방에 망을 던져 놓고 외발로 서서 땅에 디딘 발로 망을 차서 다음 칸으로 간다.

3) 3번에서는 4번으로 망을 차고 X로 된 칸에서는 (1)한 발, (2)(3)두 발, (4)한 발로 딛고 4번으로 간 뒤, 차례대로 8번까지 간다. 8번에서 하늘로 망을 찬다.

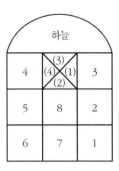

4) 망이나 발로 금을 밟으면 죽고, 들고 있는 발이 땅에 닿아도 죽는다.

5) 하늘에서는 망을 발등에 올려놓고 위로 올려 받는다.

6) 망을 가지고 들어온 반대 순서로 돌아 나온다.

7) 1번 방을 성공하면 2번~8번까지 같은 방식으로 한다.

8) 8번까지 성공하면 '하늘'로 망을 던져 놓고 가서 뒤로 돌아 망을 던진다. 망이 떨어진 방은 자기 땅이 된다. 이때 망이 금에 닿지 않고 방 안에 들어가야 한다.

9) 자기 땅을 빼고 다시 앞서 했던 방식을 되풀이해서 땅을 넓혀간다.

10) 자기 땅에는 표시(○ 또는 ×)를 하고, 두 발로 디딜 수 있는데 다른 사람은 이 땅에 들어갈 수 없고 건너뛰어야 한다.

11) 땅을 많이 차지하거나 상대방이 뛰어넘을 수 없어 포기하면 이긴다.

망줍기

1) 2명이 하기도 하고 여러 명이 할 때는 편을 나눠 한다.

2) 1과 2, 4와 5, 7과 8, 그리고 하늘에서는 두 발로 딛고 3과 6에서는 한 발로 딛는다.

3) 먼저 1번 칸에 망을 놓고 8번까지 가고, 7과 8번에서 뒤로 돌아 나오며 1번 칸 망을 줍는다. 성공하면 다음 칸에 망을 놓고 계속 한다.

4) 망이 3번 칸에 있으면 3번은 건너뛰고 두 발을 동시에 4와 5에 놓아야 하는데 6번 칸에 있을 때도 같다.

5) 망이 있는 칸은 발을 딛지 못한다.

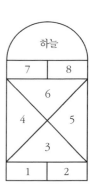

6) 망은 돌아올 때 줍는데 이때 두 발을 놓는 칸에 망이 있으면 옆 칸에서 외발로 선 채 줍는다.

7) 3번 칸에서 죽으면 다음에 자기 차례가 되었을 때 3번 칸에서 시작한다.

8) 8번까지 성공하면 하늘로 가서 망을 발등 위에 올려놓고 위로 차올려 잡아서 다시 돌아오면 땅을 차지할 권리를 갖는다. 땅을 차지하는 방법은 출발 지점에서 뒤돌아 놀이판을 향해 머리 위로 망을 던져 망이 정확하게 칸 안으로 들어가면 그 칸은 자기 땅이 된다.

9) 자기 땅에는 표시(○ 또는 ×)를 하고 두 발로 디딜 수 있는데 다른 사람은 이 땅에 들어갈 수 없고 건너뛰어야 한다.

10) 땅을 많이 차지하거나 상대방이 뛰어넘을 수 없어 포기하면 이긴다.

| 소유하는 재미 |

딱지접기

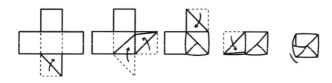

딱지치기

1) 넘겨 먹기: 딱지를 들고 상대방 딱지 위를 힘차게 쳐 넘기거나(배꼽치기), 발을 상대방 딱지 옆에 가까이 대고 딱지를 비스듬히 쳐서(바람치기) 상대의 딱지가 넘어가면 딱지를 딴다.

2) 날려 먹기: 한 손으로 딱지를 잡고 앞으로 날려서 더 멀리 날아간 사람이 상대에게 딱지 한 개를 따는 방법이다. 여러 명이 할 때 가장 멀리 날린 사람이 나머지 사

람들의 딱지를 한 개씩 딴다.

3) 밀쳐내기: 일정한 구역(원이나 삼각형)을 정한 다음 자기 딱지로 상대의 딱지를 쳐서 그 구역 밖으로 밀어내면 따먹는 방법으로, 넘겨먹기와 함께 가장 널리 했다. 이때 내리치는 딱지가 구역 안으로 들어가면 다음 사람에게 차례가 넘어간다.

구슬치기

* 삼각형 따기

1) 삼각형과 평행하게 던지는 선(2m 정도)을 그린다.

2) 삼각형은 한 변을 보통 한 뼘 정도의 길이로 그리는데 인원수에 따라 조정할 수 있다.

3) 놀이할 사람은 삼각형 안에 구슬을 넣는다. 한 명이 구슬 몇 개를 넣을지 미리 정한다.

4) 누가 먼저 할지 차례를 정한다. 방법은 삼각형 옆에서 던지는 선을 향해 엄지 구슬(던지는 구슬)을 던진다. 선에 가까운 사람이 앞 차례가 되는데 선을 넘어가면 아무리 가까워도 뒷 차례가 되기에 알맞은 세기로 던지는 기술이 필요하다.

5) 정해진 차례대로 던지는 선에서 삼각형에 모여 있는 구슬을 맞힌다.

6) 엄지 구슬에 맞아 삼각형 밖으로 나간 구슬을 따먹는다. 한 개라도 삼각형 밖으로 내보내면 엄지 구슬이 있던 자리에서 또 맞힐 수 있다.

7) 계속하다가 따먹지 못하면 다음 차례 사람이 같은 방법으로 한다.

땅따먹기

1) 저마다 작은 망(돌멩이)을 한 개씩 준비하고, 큰 원이나 사각형의 놀이판을 그린다.

2) 뼘을 넓게 펼쳐 놀이판 구석에 자기 집을 그린다.

3) 가위바위보로 차례를 정한다.

4) 차례대로 자기 망을 튕긴다. 망이 머문 자리가 '지점 1', 그곳에서 튕기면 '지점 2'가 되고 다시 튕겨 출발했던 집으로 돌아온다.

5) 망이 집에 들어오면 '자기 집-지점 1-지점 2'를 선으로 연결한 땅을 갖게 된다.

6) 다른 사람 땅으로 들어간 망이라도 튕기어 돌아오면 남의 땅을 따먹을 수 있다.

7) 땅을 차지하면 뼘재먹기로 땅을 넓힐 수 있고 실패할 때까지 계속할 수 있다. 이 때 뼘재먹기를 한다. 뼘재먹기는 자기 땅과 땅 사이 또는 자기 땅과 벽 사이 길이 가 한 뼘이 되면 서로 이어 자기 땅으로 갖는 것이다.

8) 돌아오지 못하면 땅을 갖지 못하고 다음 사람 차례가 된다.

9) 더 이상 땅을 차지할 곳이 없으면 땅의 넓이로 승부를 가린다.

| 어려움을 이겨내는 재미 |

긴줄넘기

1) 줄 돌릴 사람 2명을 정한다.

2) 나머지는 한 줄로 서서 줄로 뛰어 들어갈 준비를 한다.

3) 줄이 돌아가기 시작하면 바로 줄로 뛰어 들어가서 노래에 맞춰 동작을 한다.

4) 동작을 하다가 줄에 걸리는 사람은 돌리는 사람과 교대한다.

산가지 옮기기

1) 산가지(성냥개비 또는 나무젓가락) 10개를 한 줄로 늘어놓는다.

2) 옆의 산가지 두 개를 뛰어넘어서(방향은 관계없음) 포개어 한 쌍이 되게 한다. 이때 한 쌍도 한 개로 여겨 뛰어넘을 수 있다.

3) 산가지가 다섯 쌍이 되면 성공이다. 옮기는 과정은 다음과 같다.

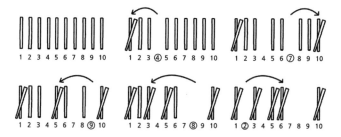

산가지 모양 바꾸기

1) 쓰레받기 모양 바꾸기

산가지 2개를 옮겨서 쓰레받기 안에 있는 쓰레기를 밖으로 나가도록 한다.

2) 물고기 모양 바꾸기

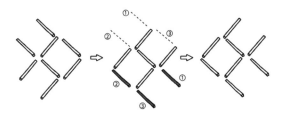

주사위 산가지

1) 주사위와, 산가지 21개를 준비한다.

2) 바닥에 주사위 숫자에 해당하는 개수의 산가지를 늘어놓는다.

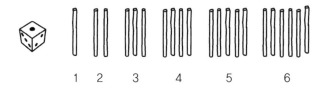

3) 빚의 한도(빚이 10개면 놀이 끝)를 정한다.

4) 주사위를 던져서 높은 끗수가 나온 사람이 먼저 시작한다.

5) 갑이 먼저 주사위를 던져 '3'이 나왔으면 산 가지 '3'을 가져간다. 같은 방법으로 상대방 인 을도 주사위를 던지고 '5'가 나왔다면 산 가지 '5'를 가져간다. (그림1)

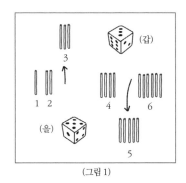

(그림 1)

6) 다시 갑이 주사위를 던져 '5'가 나왔다. 그런데 을이 이미 '5'에 해당하는 산가지를 가져갔기 때문에 산가지를 가져올 수 없다. 그러면 자기가 가져간 산가지 '3'을 제자리에 돌려주고 2개를 빚지게 된다. (그림2)

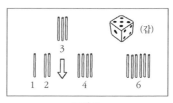

(그림 2)

7) 을이 '1'이 나오면 가져간다. (그림3)

8) 다음 판에 갑이 '6'이 나오면 빚진 2개를 제자리에 돌려준다. 산가지 '2'가 두 벌 생기지만 괜찮다. 경우에 따라 같은 개수가 여러 벌 있기도 하다. (그림4)

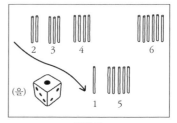

(그림 3)

9) 바닥에 산가지가 없어지면 산가지를 많이 가져간 사람이 이긴다. 빚진 사람은 당연히 지게 된다.

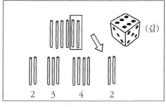

(그림 4)

산가지 떼어내기

1) 2~4명 정도가 적당하다.

2) 산가지 50~80개 정도를 바닥에 골고루 퍼지게 흩어 놓는다.

3) 누가 먼저 할 것인지 가위바위보로 차례를 정한다.

4) 1등부터 차례로 산가지를 떼어내는데 다른 산가지를 건드리면 그대로 두고 다음 사람에게 차례가 넘어간다.

5) 건드리지 않고 떼어내면 계속해서 할 수 있다.

6) 산가지가 모두 없어질 때까지 하고 가장 많이 가져간 사람이 이긴다.

삼팔선놀이

1) 인원은 6~10명이 적당하고 두 편으로 나눈다.

2) 놀이판은 인원수에 따라 그리는데 8명이면 9개의 칸(4개는 좁게, 5개는 넓게)을 그린다.

3) 공격 편은 맨 위 넓은 칸에 있고, 좁은 칸에 수비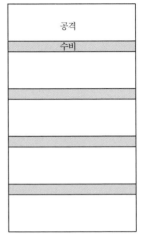
가 한 명씩 서면 준비가 끝난다.

4) 공격은 수비에게 차이지 않도록 조심하며 다음
칸으로 넘어가야 한다.

5) 넘어가다가 몸 어느 곳이라도 술래에게 차이면
죽는다.

6) 공격 중 한 사람이라도 마지막 칸까지 갔다가 시
작한 곳으로 되돌아오면 죽었던 사람 모두 살아
나 놀이를 다시 시작한다.

7) 공격편이 모두 죽으면 공격과 수비가 역할을 바
꾼다.

8) 공격편에서 한 명이 남고 더 이상 넘어갈 수 없으면 수비와 '짱(가위바위보)'을 할
수 있다. 공격이 이기면 다음 칸으로 넘어가 새로운 수비와 짱을 하고 수비를 다
이기면 다시 공격편이 되어 논다. 지면 역할을 바꿔 다시 시작한다.

꽃단지

1) 10여 명이 하는데 두 편으로 나누고 공격과 수비
를 정한다.

2) 바닥에 지름 2~3m 정도의 작은 원을 그린 후
50cm 간격을 두고 바깥으로 큰 원을 그린다. 원의
크기는 인원수에 따라 달리 할 수 있다.

3) 공격편은 작은 원, 수비 편은 큰 원과 작은 원 사이
에 서서 시작한다.

4) 공격편은 수비 진영을 뛰어넘어 밖으로 나가면 두 발로 돌아다닐 수 있다.

5) 수비는 공격이 밖으로 나가지 못하게 막고, 수비 손에 닿은 공격자는 죽는다.

6) 밖으로 나온 공격자는 두 발로 다니다가 수비 진영을 한 발로 찍으면서 몇 번 찍
었는지 큰 소리로 외친다.

7) 찍는 횟수는 쌓인다. 즉 처음에 2번을 찍고 도망다니다가 다음에 찍을 때는 3번 부터 센다.

8) 한 사람이 10까지 찍은 뒤 다시 작은 원으로 들어오면서 "찡!" 이라고 외친다.

9) 찡을 외치면 죽었던 사람이 모두 살아나 다시 공격을 한다.

10) 수비도 밖으로 나갈 수 있는데 깨금발로 다니면서 공격편을 칠 수 있다. 이때 두 발이 땅에 닿으면 죽는다.

개뼈다귀

1) 땅에 개뼈다귀 모양의 놀이판을 그린다.

2) 8~10명이 하고 두 편으로 나눠 공격과 수비를 정한다.

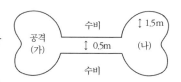

3) 공격은 맞은편 집을 몇 번(2~3번) 갔다 올 것 인지 정하고 시작한다.

4) 공격편은 수비를 뚫고 (가)에서 (나)로 가야 한다. 이때 격렬한 몸싸움이 벌어진다.

5) 수비는 지나가는 공격수를 끌어당겨 밖으로 나가게 하거나 금을 밟게 해서 죽여 야 한다. 이때 공격도 마찬가지로 수비를 금 안으로 끌어당겨 죽일 수 있다.

6) 정해진 횟수만큼 갔다 오거나 수비를 다 죽이면 다시 공격을 하고 수비는 상대편 이 모두 죽어야 공격할 수 있다.

네둠벙

1) 땅에 놀이판을 그린다.

2) 8~10명이 하고 두 편으로 나눠 공격과 수비를 정한다.

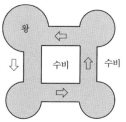

3) 가장 큰 둠벙을 '왕'이라 하고 공격은 왕에서 출발하여 화살표 방향(⇨)으로 나아간다.

4) 수비 진영은 네둠벙 안쪽의 네모칸과 바깥쪽이다.

5) 수비는 공격이 이동하지 못하게 막는다. 이때 서로 밀 거나 당겨 자기 진영으로 들어오게 하거나 금을 밟으면 죽는다.

6) 공격 중 한 명이라도 왕으로 돌아오면 죽은 사람이 모두 살아나서 계속 공격을 한
   다. 한 바퀴를 너무 쉽게 돌아 공격이 유리하면 바퀴 수를 늘릴 수도 있다.
7) 수비는 상대편 모두를 죽여야 공격할 수 있다.

돼지창자

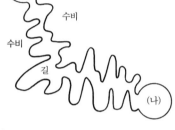

1) 출발점(가)와 도착지점(나)는 폭이 3~5m
   정도로 크게 그리고 길이는 50m 정도로
   그리는데 더 길게 그려도 된다. 중간에 쉴
   수 있는 조금 큰 공간도 그려 놓는다.
2) 놀이 인원은 많을수록 재미있어서 적어
   도 10명은 넘는 것이 좋다.
3) 두 편으로 나누고 공격과 수비를 정한다.
4) 공격편은 모두 (가)에 들어가서 나갈 준비를 하고 수비는 길목 중간중간에 대기한
   다. 수비는 폭이 좁은 곳을 지키는 것이 유리하다.
5) 공격은 수비를 피해 (나)까지 가야 하고 수비는 길을 건너뛰어 다니면서 공격편을
   끌어내야 한다. 놀이판이 크기 때문에 금을 밟았는지 가려내기 어려워 보통은 어
   느 정도 밟아도 허용한다.
6) 공격 중 한 명이라도 (가)로 되돌아와 찜통을 발로 찍으면 죽은 사람이 모두 살아
   나 다시 공격하고 그렇지 못하면 공격과 수비의 역할을 바꾸어 다시 시작한다.

| 창작의 재미 |

그림자놀이

1) 주변을 어둡게 하고 빛이 나오는 광원(백열등, 손전등, 촛불 따위)을 준비한다.
2) 손가락을 이리저리 움직여(붙이기, 펴기, 오므리기, 꼬기 따위) 모양을 만든다.
3) 만든 모양의 이름을 붙이고 동의를 구한다.

4) 손 말고도 종이나 나무막대, 접시 같은 물건을 이용하기도 한다.

5) 사물이나 동물 그림자로 간단한 이야기를 만들 수도 있다.

칠교

1) 칠교 조각과 칠교 그림을 준비한다. 칠교 조각은 나무, 플라
   스틱, 두꺼운 종이, 아크릴 등으로 만드는데 7개의 도형 (큰
   삼각형 2개, 중간 삼각형 1개, 작은 삼각형 2개, 평행사변형 1개,
   정사각형 1개)이 나온다.

2) 어떤 모양을 만들 때 칠교 조각 일곱 개 모두를 사용해서
   완성해야 한다. 도형이 겹쳐서도 안 된다.

3) 칠교 그림을 보면서 만드는데 주어진 것을 차례로 만들기도 하고 만들고 싶은 것
   을 골라가면서 만들기도 한다.

4) 2명이 해서 같은 모양을 누가 더 빨리 만드는지 겨룰 수도 있다.

5) 계속하다 보면 칠교 그림에 없는 것을 만들어 낼 수 있다.

둘이서 하는 실뜨기

1) 한 사람이 기본형을 만든 뒤 번갈아 가며 주고받는 식으로 실뜨기를 한다. 계속하
   다가 더 이상 잇지 못하는 사람이 진다.

2) 이어가는 형태는 보통 '날틀-바둑판-젓가락-베틀-소 눈깔-거미-물고기-절굿
   공이'로 이어진다.

3) 실이 엇갈리는 곳에 두 손을 넣고 다음 형태를 만드는 식으로 한다.

혼자서 하는 실뜨기

1) 다른 사람에게 배우거나 책을 보고 따라 하는 방식으로 전개된다.

2) 둘이 하는 실뜨기와 달리 셋째 손가락으로 기본형을 만든다.

3) 실뜨는 방법을 일관된 용어로 정하면 편리하다. 대부분 사용하는 용어는 앞실/뒷
   실, 위/아래, 고리, 누른다, 뜬다, 당겨오기, 돌리기, 나바호(아랫고리 벗기기), 공유,

맞바꾸기 들이 있다. 용어를 먼저 터득하고 실뜨기를 하면 빨리 익힐 수 있다.

4) 여러 가지 실뜨는 방법을 활용하여 주어진 모양을 만들 수 있다.

5) 자기가 익힌 것을 다른 사람에게 가르쳐 주다 보면 훨씬 더 오래 기억할 수 있다.

손뼉치기

1) 두 사람이 마주 앉아 노래를 정한다. 보통 3/4박자 또는 4/4박자 노래를 고른다.

2) 박자 또는 노랫말에 맞는 기본 손동작을 만들고 이를 중심으로 변화를 준다.

3) 어려운 동작을 길게 만드는 것보다 쉬운 동작을 만들어 반복하는 것이 좋다.

4) 동작이 익숙해지면 노래를 부르며 둘이 손뼉치기를 한다.

5) 아래는 가장 많이 하는 '반달'의 기본 동작이다.

자기 손뼉 한 번	오른손 등을 서로 엇갈려	오른손바닥으로 마주친다
푸	-	른
자기 손뼉 한 번	왼손 등을 서로 엇갈려	왼손바닥으로 마주친다
하	-	늘
자기 손뼉 한 번	각자 오른손등과 왼손 바닥을 위아래로 마주친다	두 손을 세워 마주친다
으	은	하
자기 손뼉 한 번	한 사람은 위에서 상대방은 아래에서 손바닥끼리 마주친다	두 손을 세워 마주친다
수	-	-

나무 다람쥐

1) 가위바위보로 일등부터 차례를 정하고 꼴찌는 술래가 된다.

2) 일등은 놀이를 이끄는 역할이고 앞 순위가 죽으면 다음 순위가 차례로 위로 올라간다.

3) 일등은 여러 가지 주문을 하고 나머지는 일등을 따라 한다.

4) 정해진 주문을 수행하지 못하면 죽는다.

5) 작은 원을 그리고 술래는 그 안에 쪼그려 앉는다.

6) 일등은 술래의 머리 위를 한쪽 발로 지나면서 주문을 왼다.

7) 주문은 '나무 다람쥐' '쇠 다람쥐' '돌 다람쥐' '고무 다람쥐' '의자 다람쥐'처럼 일등 마음대로 정한다.

8) 술래는 마지막 사람의 주문이 끝나면 바로 치러 간다. 이때 주문한 물체를 집거나 올라가 있지 않은 상태에서 술래가 치면 그 사람이 술래가 된다.

9) 술래가 치러 올 때 처음 출발점(술래가 앉아 있던 원) 안을 발로 찍으면 술래가 치지 못한다.

10) 술래에게 차인 사람이 술래가 되고 여럿이면 가위바위보로 정한다.

왕대포

1) 가위바위보로 일등부터 차례를 정하고 꼴찌는 술래가 된다.

2) 작은 원을 그리고 술래는 그 안에 들어가 등을 구부리고 손으로 발목을 잡고 있다.

3) 일등부터 차례로 술래의 등을 뛰어넘는다. 이때 일등이 주문을 하면서 그에 따른 행동을 하고 차례대로 일등과 같이 주문을 하고 동작을 따라 한다.

4) 주문과 그에 따른 동작을 못 하면 그 사람이 술래가 된다.

5) 중간에 술래가 되어 빠져나가면 순위가 앞으로 당겨지고 술래는 맨 뒤 차례가 된다.

말타기

1) 여러 명이 할 수 있고 가위바위보로 말, 마부를 뽑는다. 끝까지 진 사람이 말이 된다.

2) 마부가 말의 눈을 가린 채 말 머리를 자기 겨드랑이에 끼면 기본자세가 완성된다.

3) 마부는 곧추서고 말은 허리를 굽혀 다른 사람이 탈 수 있게 한다.

4) 이 상태에서 마부가 말을 데리고 돌아다닌다.

5) 다른 사람들은 말 등에 올라탄다. 올라타는 사람이 말의 발길질에 맞으면 죽는다.

6) 죽은 사람은 말이 되고, 말을 했던 사람은 마부가 되어 4), 5)처럼 한다.

7) 말의 발에 치이지 않고 말 등에 올라탔어도 말이 이리저리 움직여 떨어지면 말이 발로 차기 때문에 꼭 붙잡고 있어야 한다. 여러 명이 올라타 무게를 견디지 못하고 말이 무너지면 처음부터 다시 한다.

말뚝박기

1) 놀이하는 사람을 두 편으로 나눈다.

2) 각 편의 대장이 가위바위보를 해서 진 편은 말이 되어 수비한다.

3) 수비 가운데 한 명은 마부가 되어 서고, 나머지 사람들은 허리를 굽혀 앞사람 다리 사이에 머리를 들이밀고 길게 늘어선다.

4) 이긴 편은 공격이 되어 차례대로 말 위에 올라탄다.

5) 말을 타다가 한 명이라도 떨어지면 공격과 수비를 바꾼다.

6) 말이 쓰러지면 처음부터 다시 한다.

7) 공격편이 모두 타면 맨 앞사람과 마부가 가위바위보를 한다.

8) 이긴 편이 말을 타고 진 편은 말이 되어 다시 한다.

무궁화꽃이 피었습니다

1) 술래를 한 명 정하고, 술래는 집(벽이나 기둥) 쪽을 향하여 선다.

2) 나머지는 출발선에 서서 대기한다.

3) 술래는 '무궁화꽃이 피었습니다!' 하고 큰 소리로 말한다. 이때 천천히 또는 빨리 말한다.

4) 술래가 말하는 동안 다른 사람들은 술래 쪽을 향해 움직인다.

5) 술래는 말을 마치고 뒤돌아본다. 그 순간 그대로 멈춰야 하는데 이때 움직이면 포로가 된다.

6) 포로가 되면 술래와 손을 잡고 줄지어 늘어선다. 그러다가 술래에게 가까이 간 사람이 술래와 포로가 잡은 손을 쳐서 끊어 준다.

7) 포로와 술래를 향해 다가가던 사람 모두 원래 출발선으로 도망가야 한다.

8) 이때 술래는 도망가는 사람을 쫓아가서 출발선 안으로 들어가기 전에 쳐야 한다. 차인 사람은 술래가 되고 아무도 잡지 못했다면 다시 술래가 된다.

왕짱구

1) 지름 1m 되는 원을 그린다.

2) 가위바위보로 일등부터 꼴찌까지 차례를 정한다.

3) 원 주위에 있다가 일등부터 차례로 원 안을 밟으며 '왕', 밖으로 한 발짝 뛰며 '짱', 마지막 발을 땅에 내려놓으며 '구'라고 한다. 이때 되도록 원에서 멀리 떨어지도록 한다.

4) 2등도 일등과 마찬가지로 하는데 마지막 '구'에서 일등의 발을 밟을 수 있다. 이때 발을 밟히면 죽는다.

5) 나머지도 차례대로 위와 같이 하는데 뒤로 갈수록 공격할 사람이 많아진다. 5등이라면 1등부터 4등까지 누구라도 발을 밟을 수 있다.

6) 모두 나오면 일등부터 '왕짱구' 또는 '짱-구', '짱구'를 할 수 있다. 일등이 '왕짱구'를 했다면 끝번까지 '왕짱구'를 해야 하고 '짱구'를 했다면 똑같이 따라 해야 한다.
   - 왕짱구: 원을 밟으며 '왕'하고 밖으로 나오며 '짱구'를 한다. 다른 사람이 너무 멀리 가 있을 경우 일등이 그 사람을 탈락시킬 목적으로 한다.
   - 짱-구: '짱'에 한 발 '구'에 한 발씩 천천히 움직이면서 상대방을 공격한다.
   - 짱구: 급하게 공격할 때 '짱구'를 빨리 외치면서 한 발만 떼었다 밟는다.

7) 일등부터 끝번까지 '왕짱구'나 '짱구'를 하면서 주변 사람을 공격한다.

8) 원 안으로 발짝을 뗄 때 금을 밟으면 죽는다.

9) 모두 죽으면 나중에 죽은 사람이 앞 순위가 되고 맨 먼저 죽은 사람은 꼴찌가 되어 놀이를 다시 시작한다.

| 쫓고 쫓기는 재미 |

진놀이

1) 인원은 10~12명이 좋다. 두 편으로 나누고 각 편은 나무나 농구대를 자기편 진으로 정한다.

2) 진 사이의 거리는 사람 수에 따라 멀게(20~30m) 또는 가깝게(10m 안팎) 한다.

3) 중심 규칙은 진에서 상대보다 늦게 나와야 상대를 잡을 수 있다.

4) 누군가 상대를 유인하러 먼저 나간다. 이때 상대편 모두는 그 사람보다 늦게 나온 셈이기에 진에서 나와 그를 잡을 수 있다.

5) 잡으러 나오면 자기 진 쪽으로 도망간다. 쫓는 사람은 상대편에서 누군가 나온다면 자기가 먼저 나온 것이 되어 잡히므로 상대쪽을 살펴야 한다.

6) 쫓거나 쫓기는 상황이 반복되는데 이때 상대편의 누구보다 먼저 나왔고 늦게 나왔는지를 파악하는 것이 중요하다.

7) 늦게 나온 사람이 먼저 나온 사람을 치면 그 사람은 포로가 된다.

8) 포로를 잡아 자기편 진으로 데려갈 때(포로는 손을 머리에 올려 표시)는 다른 사람이 잡을 수 없다. 이를 '보호'라고 한다.

9) 포로를 구출해 줄 수 있는 방법은 같은 편 사람이 포로의 손을 치면 된다. 포로를 구출해 함께 자기 진으로 데리고 갈 때는 다른 사람이 잡을 수 없다.(보호)

10) 상대편을 모두 포로로 만들거나 상대편 진지를 손이나 발로 치면 이긴다.

얼음땡

1) 6~10명 정도가 모여 가위바위보로 술래를 정한다.

2) 술래가 제자리에 서서 '무궁화꽃이 피었습니다'를 큰 소리로 외칠 동안 나머지는

술래로부터 멀어진다.

3) 술래가 쫓아와서 치려고 할 때 얼른 '얼음' 하면서 손을 가슴에 얹고 멈춰 서면 칠 수 없다.

4) '얼음' 하고 나서는 움직일 수 없고 다른 사람이 쳐주면서 '땡' 하면 다시 움직일 수 있다.

5) '얼음' 하기 전에 술래에게 차이거나 '얼음' 하고도 움직이면 그 사람이 술래가 된다.

6) 술래가 바뀌면 다른 사람에게 술래임을 알린 다음 다시 시작한다.

   * 얼음인 상태에서 술래 몰래 움직이기도 하는데 이를 '도둑발'이라고 한다. 이렇게 움직여 얼음끼리 부딪치면 '쨍그랑' 하고 살아난다. 이는 처음 시작할 때 허용할 것인지 정한다.

색깔찾기

1) 술래 한 명을 정한다.

2) 술래는 나머지 사람들과 3~4m 정도 떨어진 곳에 선다.

3) 술래가 '○○색'이라고 큰 소리로 외치고 쫓아가면 나머지는 그 색깔을 짚어야 한다.

4) 술래가 주문한 색을 짚으면 술래가 칠 수 없다.

5) 다른 사람이 짚은 색을 같이 짚어도 된다.

6) 술래가 말한 색을 짚지 못한 상태에서 술래가 치면 그 사람이 술래가 된다.

꼬리따기

1) 가위바위보로 술래를 정한다.

2) 나머지 사람 중에 맨 앞을 맡을 사람(대장)을 정한다.

3) 대장의 뒤로 앞사람의 허리를 잡고 줄줄이 이어 선다.

4) 술래는 꼬리를 잡으려고 움직이고, 대장은 두 팔을 벌려 술래를 제지한다.

5) 대열이 끊어지거나 꼬리가 잡히면 새로 술래를 정하고 다시 한다.

그림자 밟기

1) 가위바위보로 술래를 한 명 정한다.

2) 술래는 '무궁화꽃이 피었습니다'를 외치고 다른 사람의 그림자를 밟으러 돌아다닌다.

3) 술래는 반드시 다른 사람 그림자의 머리를 밟아야 한다.

4) 술래에게 밟힌 사람은 술래가 되어 다시 시작한다.

줄줄이 그림자 밟기

1) 가위바위보로 술래를 한 명 정한다.

2) 나머지 사람은 한 줄로 늘어서는데 술래가 크게 벌린 한 발짝 정도의 간격으로 선다. 이때 해를 등지고 서서 자기 그림자를 볼 수 있도록 한다.

3) 술래는 큰 걸음으로 한 발짝씩 뛰어 차례로 모든 사람의 그림자를 밟아야 술래에서 벗어날 수 있다.

4) 나머지는 술래가 지나갈 때 앉거나 몸을 움직여 그림자를 못 밟게 한다. 이때 발을 떼면 안 된다.

5) 술래는 한 걸음씩만 움직이며 그림자를 밟아야 한다. 그림자를 밟지 못하면 처음으로 돌아가서 다시 해야 한다.

토끼와 거북이

1) 가위바위보로 술래를 한 명 정한다.

2) 놀이하기 적당한 계단에서 한다. 계단의 층계가 많을수록 재미있다.

3) 술래는 계단에서 3~4m 정도 떨어진 곳에 있고 나머지는 계단 맨 위에 선다.

4) 술래가 토끼, 호랑이, 거북이 중 하나를 외친다. '토끼'는 두 칸, '호랑이'는 세 칸 내려가야 하고 '거북이' 하면 혀를 내밀며 '메롱' 한다.

5) 계단 끝까지 내려오면 손으로 땅을 짚고 계단 꼭대기로 도망간다.

6) 이때 술래가 쫓아가서 차면 그 사람이 술래가 된다.

바야바

1) 술래는 주문을 자유롭게 부를 수 있고 나머지는 주문에 맞는 행동을 해야 한다.

2) 주문의 종류

　① 구령 : 한 다리를 계단에 걸쳐 놓는다.

　② 토끼 : 한 칸만 올라가야 한다.

　③ 거북이 : 계단에 한 발을 걸치고 있다가 밑에 있는 다리를 들고 '메롱' 한다.

　④ 강아지 : 계단 꼭대기에 있을 때 하는 주문으로 막 뛰어 내려와 땅에 도착해야 한다.

　⑤ 전화기 : '따르릉' 하면서 한 바퀴 돌고 '철컥' 하면서 계단에서 한발 내렸다 다시 제자리로 온다.

　⑥ 도둑발 : 조심스레 내려오다 술래가 안 볼 때 얼른 뛰어 내려와 땅을 짚는다.

　⑦ 만화책 : 술래가 웃겨도 웃지 않고 두 손을 책 보듯이 하면서 끝까지 내려온다.

　⑧ 바야바 : 술래가 외치면 술래에게 차이지 않도록 얼른 계단 위로 도망간다.

3) 주문대로 행동을 하지 않거나 술래에게 차이면 술래가 바뀐다.

| 숨고 찾는 재미 |

까막잡기

1) 가위바위보로 술래를 한 명 정한다.

2) 술래가 된 사람은 수건으로 눈을 가린다.

3) 다른 사람들은 술래 주위에서 손뼉치며 '날 잡아라, 날 잡아봐라' 하고 놀려 댄다.

4) 술래는 그중 한 명을 잡는다.

5) 술래는 얼굴이나 옷맵시를 더듬어 보고 그 사람 이름을 말한다. 이때 맞추면 술래가 바뀌고, 못 맞추면 계속 술래가 된다.

신호등 까막잡기

1) 술래를 한 명 정해 눈을 가린다.

2) 나머지는 술래 둘레에서 도망 다니다가 술래의 주문에 따라 행동해야 한다.

3) 술래의 주문은 다음과 같다.

　노란불-박수치며 이동 / 파란불-그냥 이동 / 빨간불-정지

4) 술래가 잡을 수 있다고 여겨지면 빨간불을 한다. 이때 잡힐 것 같은 사람은 앉기도 하고 몸을 뒤로 젖히기도 한다. 단, 발을 떼면 안 된다.

5) 잡으면 더듬어서 누군지 맞춰야 한다. 이때 나머지 사람은 움직일 수 있고 술래가 맞추지 못하도록 겉옷을 바꿔 입히기도 한다.

6) 맞추면 잡힌 사람이 술래가 되고 못 맞추면 계속 술래가 되어 처음과 같이 한다.

숨바꼭질

1) 술래집을 어디로 할지 정한다.

2) 가위바위보로 술래를 한 명 정한다.

3) 술래는 집 쪽으로 돌아서서 눈을 감은 채 미리 정한 수를 센다. 보통 100까지 세는데 '무궁화꽃이 피었습니다'를 열 번 하는 것으로 대신한다.

4) 수를 셀 동안 나머지는 숨을 곳을 찾아 재빨리 숨는다. 술래가 수를 세는 중간에 '찾는다' 하면 아직 숨지 않은 사람들은 '아직도~' 하면서 숨을 시간을 확보한다.

5) 술래는 100까지 다 세었으면 '찾는다'를 외치고 아무런 소리가 나지 않으면 그때부터 찾기 시작한다.

6) 술래가 찾으러 간 사이 숨어 있는 사람이 뛰어나와 술래보다 먼저 술래집을 손으로 짚으면 산다. 만약 술래가 먼저 술래집을 짚거나 그 사람의 몸을 손으로 치면 죽는다.

7) 술래가 숨어 있는 사람을 보고 그 사람 이름을 부르며 술래 집을 치면 이름을 불린 사람은 죽게 되어 밖으로 나와야 한다. 이름이 다르면 술래 몰래 다른 곳으로 숨을 수 있다.

8) 더 이상 찾을 수 없으면 술래가 '못 찾겠다 꾀꼬리! 신발 들고 나와라' 하고 외치

면 숨어 있던 사람들은 술래 말대로 신발을 들고 나온다. 이 사람들은 살아남게 된다.

9) 술래에게 잡힌 사람끼리 가위바위보로 술래를 정하고 다시 한다.

수건돌리기

1) 수건을 준비하고 술래 한 명을 뽑은 다음 둥그렇게 둘러앉는다.

2) 술래는 수건을 감추어 들고 사람들 둘레를 빙빙 돈다. 이때 나머지는 손뼉을 치며 아는 노래를 함께 부른다.

3) 둘레를 돌다가 노래가 끝나기 전에 상대가 눈치 채지 못하게 등 뒤에 수건을 슬쩍 떨어뜨려 놓고 계속 돈다. 이때 한 사람 뒤에 정확하게 놓아야 한다. 앉아 있는 사람과 너무 멀리 놓거나 누구에게 놓은 것인지 알 수 없게 되면 돌아와서 쳐도 무효가 된다.

4) 앉아 있는 사람은 절대로 뒤돌아보지 말아야 하며 손을 뒤로해서 더듬어 볼 수는 있다.

5) 술래가 수건을 떨어뜨린 곳까지 돌아와 수건이 놓인 사람을 치면 그 사람이 술래가 된다.

6) 자기 뒤에 놓은 것을 알면 수건을 집어 들고 술래를 뒤쫓아가 친다. 술래에게 차이면 벌칙을 받고, 쫓아오는 사람 자리에 앉으면 수건을 쥔 사람이 술래가 되어 놀이를 계속한다.

콩 심기

1) 손으로 감출 수 있는 작은 물건(콩, 동전 등)을 한 개 준비한다.

2) 술래와 숨길 사람 한 명씩 정한다. 보통 술래는 마지막까지 진 사람이고 숨길 사람은 술래를 빼고 가위바위보로 정한다.

3) 숨길 사람이 술래에게 숨길 물건을 보여준 다음 빙 둘러앉은 사람들의 두 손바닥에 '콩 숨기자, 콩 숨기자' 하는 구음을 하면서 콩을 심듯이 꾹꾹 찔러주면 나머지 사람은 '불콩불콩' 하고 받는다. 이때 술래는 '내 콩내라, 내 콩내라' 하면서 누구에

게 콩을 숨기는지 지켜보면서 따라다닌다.

4) 숨기는 사람은 주는 것처럼 하고 받는 사람은 받지 않았어도 받은 것처럼 해서 술래가 알아채지 못하도록 한다. 그러다가 누군가에게 몰래 콩을 준다.

5) 한 바퀴 돈 다음에 숨기는 사람이 손바닥을 펼쳐 보이면 콩이 없다. 술래는 누가 가졌는지 찾아내야 한다.

6) 나머지 사람은 다양한 표정과 동작으로 술래를 속인다.

7) 콩을 가진 사람을 찾아내면 그 사람이 술래가 되고 찾지 못하면 다시 술래가 된다.

8) 세 번 맞추지 못하면 다른 사람이 정한 벌칙을 받는데 주로 노래를 하거나 엉덩이로 이름쓰기, 심부름 해주기를 한다.

꼼꼬미

1) 술래집을 어디로 할지 정한다.

2) 가위바위보로 술래를 한 명 정한다.

3) 술래가 집 쪽으로 돌아서서 눈을 감고 있으면 나머지 중 한 사람이 술래의 뒷목을 손가락으로 콕 짚는다.

4) 그런 다음 등을 툭툭 치면서 '누구게?'를 합창한다. 술래는 뒤로 돌아서 찌른 사람을 찾는다. 술래가 찾아내면 찌른 사람이 술래가 되고 찾지 못하면 다시 술래가 되어 숨바꼭질 놀이를 한다.

5) 그 뒤에는 숨바꼭질과 같은 방법으로 논다. 다만 집을 칠 때 '꼼꼬미'라고 외치고, 못 찾겠다고 할 때도 '못 찾겠다, 꼼꼬미'로 한다.

6) 술래가 될 때마다 3)과 4)의 단계를 거쳐 술래를 벗어날 수 있는 기회를 준다.

감자 숨바꼭질

1) 술래는 커다란 나무를 집으로 정하고, 눈을 감은 채 100까지 세고 나머지는 함께 숨을 곳을 찾는다.

2) 숨을 곳은 나머지 사람 모두가 숨을 만한 넓은 장소여야 한다. 예를 들어 큰 나무 밑의 움푹 패인 곳(숨은 후 나뭇잎으로 덮음)이나 창고 안 구석 같은 데가 있다.

3) 술래가 찾으면 나머지 모두 가위바위보로 술래를 정해 다시 논다.

보물찾기

1) 동물 가족(예: 토끼 가족-아빠, 엄마, 언니, 형, 동생)을 각각 종이에 적는다. 이것이 보
   물이 된다.
2) 주변의 지형지물을 이용해서 보물을 숨겨 놓는다.
3) 보물이 숨겨져 있는 영역을 가르쳐준다.
4) 보물을 찾아 토끼 가족을 완성시켜야 한다.
5) 완성된 보물을 제시하면 작은 선물을 준다.

신발찾기

1) 가위바위보로 술래를 한 명 정한다.
2) 술래가 눈을 가리고 있는 동안 나머지는 자기 신발을 한 짝씩 숨긴다. 이때 일정
   한 범위를 정해야 술래가 찾을 수 있다.
3) '다 숨겼다'고 하면 술래는 신발을 찾으러 간다.
4) 신발을 찾으러 다니는 술래를 쫓아다니며 '엄마 엄마 신발 찾아줘' 하고 조른다.
5) 술래가 신발을 모두 찾으면 술래를 빼고 다시 술래를 정한다.
6) 다 찾지 못하면 다시 술래가 되거나 술래가 찾은 신발 주인끼리 가위바위보로 술
   래를 정하기도 한다.

깡통차기

1) 지름 30~40cm 정도의 원을 그리고 그 안에 빈 깡통을 놓고 시작한다.
2) 가위바위보로 술래를 한 명 정한다.
3) 누구나 깡통을 찰 수 있는데 미리 몇 번 찰 수 있는지 정한다.(예: 한 사람이 3번 차
   기, 3명이 한 번씩 나누어서 차기)
4) 술래가 깡통을 주워 원 안에 넣는 동안 모두 숨어야 한다.
5) 술래는 깡통을 원 안에 넣고 숨은 사람을 찾으러 다닌다.

6) 숨은 사람을 찾으면 그 사람 이름을 대고 깡통을 밟으며 '어디 어디에 있는 아무
   개 꽝' 하면 그 사람은 죽는다.

7) 들킨 사람은 깡통 주변에 있어야 한다. 들켰어도 뛰어나와 술래보다 먼저 깡통을
   차면 잡혔던 사람 모두가 다시 도망쳐서 숨는다. 또한 술래 몰래 나와서 깡통을
   차도 모두 도망쳐 다시 숨는다.

8) 술래가 모두 찾으면 처음에 들킨 사람이 술래가 되거나 가위바위보로 다시 정한다.

| 말놀이의 재미 |

아이 엠 그라운드 / 시장에 가면

1) 모두 빙 둘러앉는다.
2) 시작할 사람과 돌아가는 방향을 정한다. 보통 오른쪽 방향으로 돌아간다.
3) 노래와 함께 다 같이 동작을 한다.

1	2	3	4	5	6	7	8
아이	엠	그라	운드	나라	이름	대	기
시	장에	가	면	○○도		있	고
두 손 무릎치기	자기 손뼉치기	오른손 엄지척	왼손 엄지척	두 손 무릎치기	자기 손뼉치기	오른손 엄지척	왼손 엄지척

4) '시장에 가면' 놀이는 앞사람이 말한 것에 덧붙여 말해야 한다.
   – 앞사람이 '시장에 가면 생선도 있고' 하면 '시장에 가면 생선도 있고 / 수박도 있고'

5) 두 놀이 모두 주문을 바꿔 할 수 있다.
   – 아이엠 그라운드: 도시 이름, 과일 이름, 동물 이름
   – 시장에 가면: 학교, 병원, 놀이터에 가면

6) 주문을 바꾸는 것은 처음 시작하는 사람이 바꿀 수 있다.

7) 앞사람과 같은 것을 말하거나 박자를 못 맞추면 탈락하여 벌칙을 받는다. 벌칙을
   받은 사람이 시작을 해서 다시 한다.

8) 벌칙은 엎드린 상태에서 등을 두드리며 '인디언 밥'하는 식으로 짧게 한다.

스무고개

1) 가위바위보를 해서 마지막까지 이긴 사람이 대장이 된다.

2) 대장은 아무것(보통 눈에 보이는 물체나 동식물)이나 한 가지 생각해서 종이에 적는다.

3) 한 사람씩 대장에게 묻는다. 이때 반드시 한 가지만 물어야 한다.

4) 대장은 질문에 '예' 또는 '아니오'로만 답해야 한다.

5) 한 번 묻고 답하는 것이 한 고개를 넘는 것이다. 고개는 스무고개이고, 그 안에 대장이 적은 답을 맞춰야 한다.

6) 스무고개 안에 맞추면 대장을 바꾸어 다시 한다. 맞춘 사람이 대장이 되기도 하고 가위바위보로 다시 대장을 뽑기도 한다. 맞추지 못하면 새로운 문제를 내고 다시 시작한다.

2부 자연과 하나되는 재미

버들피리 만들기

1) 버드나무 가지는 한두 시간 지나면 줄기에 물이 말라 채취해서 바로 만들어야 한다. 페트병에 물을 조금 담아 꺾은 가지를 넣어 뚜껑을 꼭 닫아 놓으면 몇 시간은 원래 상태를 유지한다. 냉장고에 넣어 두면 일주일 이상 가기도 한다.

2) 버드나무 가지의 끝을 전정가위나 칼로 매끄럽게 자른다.

3) 자른 부위를 두 손으로 잡고 비튼다. 이때 속대와 껍질이 분리되는 느낌이 든다. 이는 잘 열리지 않는 마개를 힘주어 돌렸을 때 어느 순간 틀어지는 느낌과 비슷하다. 이때 너무 힘을 주면 껍질이 찢어지니까 조심스럽게 비틀어야 한다. 시작 지점에서 아래로 조금씩 내려가면서 비틀어 10cm 정도는 되게 한다.

4) 가지를 밑에서 밀면 하얀 속대가 앞으로 조금 삐져 나온다. 이 부분을 이로 물고 조심스레 빼낸다. 겉껍질로 버들피리를 만든다.

5) 겉껍질의 0.5cm 정도를 칼이나 가위로 눌러 벗겨낸다. 이 부분이 '황(簧:리드 reed)'에 해당한다. 파란 겉껍질이 벗겨지고 옅은 속껍질이 보인다.

6) 하얀 속껍질을 눌러 납작하게 만들면 버들피리가 완성된다. 입이 닿을 부분을 납작하게 하지 않으면 불어도 소리가 나지 않는다.

수수깡 안경

1) 속이 꽉 찬 수수깡을 20~30cm 정도 자른다.
2) 껍질과 속대 모두를 사용해야 하므로 껍질은 벗겨 따로 놓아 둔다.
3) 속대는 가볍고 잘 부러지므로 조심해서 다루어야 한다. 안경을 만들기 위해서는 2cm정도 길이의 속대 다섯 개, 3cm정도 두 개가 필요하다.
4) 안경 알 부분은 껍질을 둥그렇게 휘어서 위쪽 반원을 만들어 속대에 고정하고 같은 방법으로 아래쪽을 만든다. 이와 같이 두 개를 만들면 안경 알이 완성된다.
5) 완성된 안경알을 연결할 부위에 속대를 놓고 그 사이를 껍질로 찔러 고정시킨다.
6) 안경알 바깥쪽의 속대를 껍질(7~9cm)로 찔러 안경다리를 만든다.
7) 귀걸이는 속대를 약 30도 정도 비스듬히 찔러 만든다. 맞은편도 이와 같이 한다.
8) 안경이 완성되면 써 보고 간격을 조정한다.

보싸움

1) 두 패로 나누고 가위바위보를 해서 이긴 편이 위 또는 아래를 고를 권리를 갖는다.
2) 막을 위치가 정해지면 보를 쌓는다. 보는 둘레에 있는 돌과 흙, 짚이나 풀, 풀뿌리를 가지고 쌓는다. 또한 물의 양, 물살 등을 고려해서 어느 정도 두께로 쌓아야 무너지지 않을까를 생각하면서 쌓는다. 가져오는 사람과 쌓는 사람의 역할을 나눠서 효율을 높이기도 한다.
3) 흐르는 물을 완전히 막으면서 쌓으면 물이 계속 모여 쌓기도 전에 무너지기 때문에 조금 흘러가도록 한 다음, 아래쪽은 남김없이 물을 빼면서 동시에 바닥을 깊고 넓게 해야 둑이 무너지는 것을 방지할 수 있다.
4) 보가 어느 정도 완성되면 위에서는 흐르는 물을 완전히 막아 물을 가둔다. 마지막 남은 부분까지 막으면 모든 준비가 된 것이다.
5) 위를 막는 쪽에서 보를 터도 되느냐고 물어보고 터도 된다면 한꺼번에 보를 허문

다. 이때 한꺼번에 내려가게 하는 것이 중요하다. 그러면 위쪽에 괴었던 물이 한꺼번에 흘러 내려오는데 아래쪽에서는 중간에 허물어지는 곳을 보강하여 최대한 자기 보가 무너지지 않도록 바삐 움직여야 한다.

6) 물이 한꺼번에 내려왔을 때 아래 보가 무너지면 위 보가 이기고 무너지지 않으면 아래 보가 이긴다. 승부가 결정되면 서로 자리를 바꾸어 한다.

서산 두꺼비집 찾기

1) 먼저 가위바위보로 술래를 정한다.
2) 술래는 아이들과 떨어져 있고 술래를 빼고 나머지 사람이 집을 짓는데 한 사람이 여러 개의 집을 만든다.
3) 여러 개 가운데 한 개의 집에 자기 집 표시를 해 놓고 물러선다. 자기 집 표시는 나뭇잎을 넣어 둔다든지 표시가 나는 돌을 넣어 둔다.
4) 집을 다 만든 다음 모래밭에서 나온다. 이때 자기 발자국을 지운다.
5) 술래를 불러 집을 찾으라고, 술래가 찾으면 그 사람이 술래가 되고 찾지 못하면 또 술래가 된다.

흙뺏기

1) 2~4명이 가위바위보로 차례를 정한다.
2) 이긴 사람부터 차례로 흙더미의 흙을 가지고 온다. 이때 양은 얼마든지 상관없으나 반드시 조금이라도 가져가야 한다.
3) 흙을 가져가다가 꽂아둔 깃대를 쓰러뜨리면 진다.
4) 쓰러뜨린 사람은 알밤을 맞거나 엉덩이로 이름 쓰기와 같은 벌칙을 받고 다시 시작한다.

바람개비 만들기

1) 색종이를 대각선으로 접었다가 편다.
2) 접은 선을 따라 중심 바로 전까지 가위로 자른다.

3) 네 귀퉁이를 한쪽 방향으로 중심에  모아 손으로 잘 고정한다. 손놀림이 서툰 아이들은 풀을 이용하는 것이 좋다. 중심에 모은 종이가 눌리지 않게 해야 바람이 그 사이로 잘 지나가 바람개비가 잘 돌아간다.

4) 수수깡이나 얇은 나무막대로 중심에 압정이나 핀으로 고정한다.

두 날 바람개비 만들기

1) 먼저 세로 12~15cm, 가로 4~5cm정도 되는 조금 두꺼운 종이를 준비한다. 보통 마분지 두께가 적당한데 너무 얇으면 돌아갈 때 형태를 유지하지 못하기 때문이다.

2) 세로의 5분의 2정도 지점인 3~5cm까지 잘라 날개를 만든다. 가위가 있으면 좋고 없으면 손으로 찢어도 된다.

3) 몸체가 되는 아래쪽은 중앙에서 양쪽을 1/4 정도 자른 후 한쪽은 앞으로 다른 쪽은 뒤로 겹치게 접는다.

4) 아랫부분에 클립을 끼운다.

5) 마지막으로 날개를 펴면 완성된다.

썰매 만들기

1) 재료

　　가) 판자-두께 1.5cm, 길이 40cm, 넓이 30cm가량 되는 것 한 장

　　　　넓은 판자가 없으면 좁은 것을 여러 개 붙여서 넓게 만들어도 된다.

　　나) 막대기 - 지름 30cm, 길이 10cm가량의 것 두 개

　　다) 각목 - 가로 5cm, 세로 3cm, 길이 30cm가량 되는 두 개

　　라) 굵은 철사(1m가량)와 길이 3cm가량 못 열두 개 정도

2) 만드는 방법

　　가) 판자 밑에 각목을 대고 못을 박는다.

　　나) 철사를 가지고 40cm씩 두 개를 잘라 각목 아래쪽에 댄다. 이때 사전에 철사

끝을 불에 달궈 각지게 해서 각목에 박아 고정시킨다.

다) 못은 조금 박은 뒤 구부려 철사를 붙잡게 한 상태로 박는다.

라) 꼬챙이는 철사 한쪽을 불에 달군 후 막대기에 거꾸로 박아 두 개를 만든다.

3부 아기 놀이

다리셈

1) 인원은 6~8명이 적당하다.

2) 노래 부를 사람 한 명을 정하고, 두 줄로 마주 보고 앉는다.

3) 이때 맞은편에 앉은 사람과 다리를 편 상태에서 한 다리씩 서로 엇갈려 낀다.

4) 노래를 부르며 손바닥으로 다리를 차례로 짚어 나가다가 노래의 마지막에 해당하는 다리를 뺀다.

5) 빼낸 다리의 다음부터 짚으며 노래를 다시 시작해서 위와 같이 한다.

6) 두 다리를 다 뺀 사람이 일등이고 계속하여 꼴찌까지 뽑는다.

7) 꼴찌는 나머지 사람들이 주는 벌칙을 받고 놀이를 다시 시작한다.

어깨동무 씨동무

1) 갔다 올 지점을 정한다.

2) 어깨동무를 한 상태에서 노래를 부르며 목표 지점을 향해 걷는다.

3) 노래의 두 마디(어깨동무 씨동무/ 보리가 나도록 씨동무)가 끝나는 '무'에서 쪼그려 앉는다.

4) 앉을 때마다 그 지점에 한 사람씩 떼어 놓는다.

5) 마지막 한 사람이 남으면 목적지를 되돌아오는데 이때 떼어놓은 사람을 한 사람씩 어깨동무하면서 데리고 온다.

문놀이

1) 두 사람이 손을 마주 잡고 서서 문을 만든다. 이때 문을 여러 개 만들 수도 있다.

2) 사람들이 줄지어 문 앞으로 오면 문지기가 '무슨 문'이라고 묻는다. 시작 전 문 이름을 정한다.(예: 동대문, 서대문, 남대문, 북대문)

3) 사람들은 입을 맞춰 문 이름을 말한다. 이때 문지기가 정한 문이면 줄지어 문을 통과할 수 있고, 틀리면 열리지 않는다. 그러면 다른 문으로 가서 위와 같이 한다.

4) 문을 맞춰서 열린 문은 문지기끼리 새로운 이름을 정하고 다시 문을 만든다.

5) 같은 방식으로 묻고 답하고, 열고 닫히는 식으로 계속한다.

참고문헌

자료

동아일보, 〈까막술래잡기〉, 1939년 12월 17일자 4칸 만화.

경향신문, 〈철 만난 어린이들〉 1957년 12월 20일자. 2면

조선일보, 〈제철만난 팽이꾼들, 신문로에서 팽이치는 아이들〉, 1954년 5월 5일자 사진 기사.

경기도, 『경기도지』, 경기도지 편찬위원회, 1956.

경희대학교 민속학연구소 편, 『서산민속지』(하), 서산문화원, 1987.

고려대학교민족문화연구소, 『한국민속대관』4-2, 고려대학교 민족문화연구소 출판부, 1982.

논산문화원, 『논산의 민속』, 논산문화원, 1992.

광주민속박물관, 『광주의 민속놀이』, 라이프, 1995.

문공부 문화재 관리국, 『한국민속종합조사보고서』, 각 시도, 1969~1981.

강성복, 『금산의 민속놀이』, 금산문화원, 1994.

강성복, 『부여의 민속놀이』, 부여문화원, 1994.

단행본

김광언, 《동아시아의 놀이》, 민속원, 2004.

김길소, 《전래놀이 들여다보기》, 도서출판 예맥, 2010.

김종만, 《아이들 민속놀이 백가지》, 우리교육, 1993.

나현성, 《한국유희사 연구》, 백상문화사, 1977.

노명우, 《호모 루덴스, 놀이하는 인간을 꿈꾸다》, 사계절, 2011.

놀이연구회, 이상호 엮음, 《가슴펴고 어깨걸고 1》, 우리교육, 2002.

도유호 외, 주강현 해제, 《북한 학자가 쓴 조선의 민속놀이》, 푸른숲, 1999.

삼동청소년회, 《한국의 전통놀이》, 삼동윤리, 1997.

서종원, 《한국의 근대 놀이문화》, 채륜, 2015.

심우성, 《우리나라 민속놀이》, 동문선, 1996.

유안진, 《한국 고유의 아동놀이》, 정민사, 1981.

임재해, 《민속문화론》, 문학과 지성사, 1986.

전완범, 《한국전래동요연구》, 바들산, 1995.

정낙림,《놀이하는 인간의 철학》, 책세상, 2017.

최상수,《한국전래 어린이 놀이》, 웅진출판사, 1989.

최영년, 황순구 역,《속악유희》, 범우사, 2002.

한경애,《놀이의 달인, 호모 루덴스》, 그린비, 2007.

한성겸,《재미있는 민속놀이》, 금성청년출판사(평양종합인쇄공장), 1994.

홍양자,《우리 놀이와 노래를 찾아서》, 다림, 2000.

구보타 기소우, 고선윤 역,《손과 뇌; 손은 외부의 뇌다》, 바다 출판사, 2014.

노르베르트 볼츠, 윤종석 외 역,《놀이하는 인간; 놀지 못해 아픈 이들을 위한 인문학》, 문예출판사, 2017.

라프 코스터, 안소현,《라프 코스터의 재미이론》, 디지털미디어리서치, 2008.

로제 카이와, 이상률 역,《놀이와 인간》, 문예출판사, 2003.

미하이 칙센트미하이, 최인수 역,《몰입; 미치도록 행복한 나를 만난다》, 한울림, 2004.

스튜어트 브라운·크리스토퍼 본, 윤미나 역,《플레이, 즐거움의 발견》, 흐름출판, 2010.

스튜어트 컬린, 윤광봉 역,《한국의 놀이》, 열화당, 2003.

스티븐 나흐마노비치, 이상원 역,《놀이, 마르지 않는 창조의 샘》, 에코의서재, 2008.

알렉스 라이트, 김익현 역,《분류의 역사》, 디지털미디어리서치, 2010.

엘렌 케이, 정혜영 역,《어린이의 세기》, 지식을만드는지식, 2012.

요한 하위징아, 이종인 역,《호모 루덴스; 놀이하는 인간》, 연암서가, 2012.

조셉 코넬, 양선하 역,《자연 놀이》, 현암사, 1996.

무라야마 지준, 박전열 역,《조선의 향토오락》, 집문당, 1992.

크레이그 스탠포드, 한국동물학회 역,《직립보행; 인간으로 진화하는 열쇠》, 전파과학사, 2009.

퍼거스 휴즈, 유미숙 외 역,《놀이와 아동발달》, 시그마프레스, 2012.

필립 아리에스, 문지영 역,《아동의 탄생》, 새물결, 2003.

논문

김기정, 〈요한 호이징아의 놀이와 문화에 대한 비판적 연구〉,『인문연구』제63호, 영남대학교 인문과학연구소, 2011.

김덕선, 〈영남지방의 고유한 아동놀이에 대한 수집개발과 분석연구〉, 『논문집』 제5호, 대구교육대학교, 1969.

김정미, 〈초등학교 아동이 선호하는 민속놀이의 유형〉, 이화여자대학교 석사학위논문, 2000.

박혜인, 〈초등학교 어린이의 교육과 놀이〉, 『제4회 국립민속박물관 어린이 박물관 학술대회 발표문』, 2015.

배동윤, 〈아동의 놀이문화에 대한 문화기술적 분석〉, 서울교육대학교 학사학위논문, 1987.

오은순, 〈한국전통놀이의 변천사〉, 『몬테소리교육연구』 제14-2호, 한국몬테소리교육학회, 2009.

유서현, 〈아동놀이 실태에 관한 조사〉, 『교육논총』 제9호, 경인교육대학교, 1978.

이상호, 〈초등 교육과정과 교과서에서 민속놀이 수용의 실상과 문제〉, 안동대학교 석사학위논문, 2004.

이상호, 〈한국 아동놀이의 지속과 변화〉, 안동대학교 박사학위논문, 2018.

이중구, 〈한국전통사회 놀이문화의 변천과정〉, 『관광학 연구』 제22-2호, 한국관광학회, 1998.

이창식, 〈한국의 연희, 유희 총일람〉, 『비교민속학』 제9호, 1992.

장장식, 〈무형문화유산으로서 어린이놀이의 보존과 전승 방향〉, 『한국민속학』 제49호, 한국민속학회, 2009.

조재경, 〈전래 어린이놀이의 분류와 활용프로그램 연구, 안동대학교 석사학위논문, 1998.

지경운, 〈아동유희실태조사(추계분)〉, 『한국체육학회지』 제1호, 한국체육학회, 1955.

최범규·이녹범, 〈초등학생의 성별에 따른 놀이 성향〉, 『한국학교체육학회지』 제14-1호, 한국학교체육학회, 2004.

한양명, 〈한국대동놀이 연구: 편싸움을 중심으로〉, 중앙대학교 박사학위논문, 1994.

사진, 악보 제공

43쪽, 포수놀이, 양정자

48쪽, 어미새끼, 양정자

53쪽, 승경도, 국립민속박물관 공공누리 제1유형

54쪽, 청구람승도, 국립민속박물관 공공누리 제1유형

58쪽, 회전그네, 뺑뺑이, 국가기록원

66쪽, 그네뛰기, 국립중앙박물관 공공누리 제1유형

67쪽, 그네, 국가기록원

70쪽, 널뛰기, 국립중앙박물관 공공누리 제1유형

85쪽, 제기차기, 강성복

94쪽, 굴렁쇠, 국가기록원

143쪽, 손뼉치기, 양정자

147쪽, 나무 다람쥐, 강성복

148쪽, 왕대포, 강성복

156쪽, 무궁화꽃이 피었습니다, 양정자

165쪽, 얼음땡, 양정자

170쪽, 꼬리따기, 양정자

177쪽, 까막술래잡기, 동아일보

222쪽, 두꺼비집 짓기, 양정자

229쪽, 팽이치기, 조선일보

230쪽, 썰매타기, 경향신문

254쪽, 다리셈, 양정자

260쪽, 죽마타기, 김준근, 김달진미술연구소

274쪽, 윷목, 국립민속박물관 공공누리 제1유형

김숙경 채보 223쪽 두껍아 / 237쪽 둥개둥개 / 238쪽 도리도리, 죔죔죔 / 239쪽 짝짜꿍, 곤지곤지 / 240쪽 새눈은 깜빡 / 242쪽 불무불무 / 243쪽 고네고네 / 244쪽 섬마섬마 / 246쪽 무등 타기 / 250쪽 실겅달겅, 코코코 / 252쪽 어디까지 왔나 / 260쪽 말탄 대장

살아 있는 교육 42

놀다 보면 크는 아이들
열두 가지 재미를 품은 놀이의 세계

2021년 10월 10일 1판 1쇄 펴냄

글 이상호
일러스트 이종철

편집 김소원, 김로미, 이경희, 임헌, 조성우 | **교정** 김성재
디자인 남철우
제작 심준엽
영업 나길훈, 안명선, 양병희, 원숙영, 조현정 | **독자 사업(잡지)** 정영지
새사업팀 조서연
경영 지원 신종호, 임혜정, 한선희
인쇄와 제본 (주)천일문화사

펴낸이 유문숙 | **펴낸 곳** (주)도서출판 보리
출판등록 1991년 8월 6일 제9-279호
주소 (10881) 경기도 파주시 직지길 492
전화 031-955-3535 | **전송** 031-950-9501
누리집 www.boribook.com | **전자우편** bori@boribook.com

값 22,000원

보리는 나무 한 그루를 베어 낼 가치가 있는지 생각하며 책을 만듭니다.

ISBN 979-11-6314-220-1 03370